Les États de l'Union européenne

Groenlar
(DANEMA
Alaska
(ÉTATS-UNIS)
CANADA
Saint-Pierre-
et-Miquelon (F)
Chicago
New York
ÉTATS-UNIS
océan
océan
Los Angeles
Hawaii
(É-U)
MEXIQUE
AMÉRIQUE
Mexico
CUBA
RÉPUBLIQUE
DOMINICAINE
1
3
HAÏTI
2
Guadeloupe (F)
Martinique (F)
GUATEMALA
SALVADOR
NICARAGUA
COSTA RICA
Pacifique
GUYANA
SURINAM
Guyane
française
VENEZUELA
PANAMÁ
COLOMBIE
ÉQUATEUR
BRÉSIL
PÉROU
BOLIVIE
Polynésie française
Rio de Janeiro
PARAGUAY
São Paulo
URUGUAY
CHILI
Buenos Aires
ARGENTINE
les numéros renvoient
aux légendes à droite
2 000 km

Les États du monde

La France administrative

code des départements

01 Ain
02 Aisne
03 Allier
04 Alpes-de-Haute-Provence
05 Alpes (Hautes-)
06 Alpes-Maritimes
07 Ardèche
08 Ardennes
09 Ariège
10 Aube
11 Aude
12 Aveyron
13 Bouches-du-Rhône
14 Calvados
15 Cantal
16 Charente
17 Charente-Maritime
18 Cher
19 Corrèze
2A Corse-du-Sud
2B Haute-Corse
21 Côte-d'Or
22 Côtes-d'Armor
23 Creuse
24 Dordogne
25 Doubs
26 Drôme
27 Eure
28 Eure-et-Loir
29 Finistère
30 Gard
31 Garonne (Haute-)
32 Gers
33 Gironde
34 Hérault
35 Ille-et-Vilaine
36 Indre
37 Indre-et-Loire
38 Isère
39 Jura
40 Landes
41 Loir-et-Cher
42 Loire
43 Loire (Haute-)
44 Loire-Atlantique
45 Loiret
46 Lot
47 Lot-et-Garonne
48 Lozère
49 Maine-et-Loire
50 Manche
51 Marne
52 Marne (Haute-)
53 Mayenne
54 Meurthe-et-Moselle
55 Meuse
56 Morbihan
57 Moselle
58 Nièvre
59 Nord
60 Oise
61 Orne
62 Pas-de-Calais
63 Puy-de-Dôme
64 Pyrénées-Atlantiques
65 Pyrénées (Hautes-)
66 Pyrénées-Orientales
67 Rhin (Bas-)
68 Rhin (Haut-)
69 Rhône
70 Saône (Haute-)
71 Saône-et-Loire
72 Sarthe
73 Savoie
74 Savoie (Haute-)
75 Ville de Paris
76 Seine-Maritime
77 Seine-et-Marne
78 Yvelines
79 Sèvres (Deux-)
80 Somme
81 Tarn
82 Tarn-et-Garonne
83 Var
84 Vaucluse
85 Vendée
86 Vienne
87 Vienne (Haute-)
88 Vosges
89 Yonne
90 Belfort (Territoire de)
91 Essonne
92 Hauts-de-Seine
93 Seine-Saint-Denis
94 Val-de-Marne
95 Val-d'Oise

Les foyers de peuplement
AMÉRIQUE DU NORD
Chicago
New York
Los Angeles
Mexico
océan
équateur
Bogotá
AMÉRIQUE DU SUD
Lima
Pacifique
Rio de Janeiro
São Paulo
Buenos Aires
Atlantique
Londres
Paris
EUROPE
Moscou
Istanbul
Le Caire
Lagos
AFRIQUE
ASIE
Beijing (Pékin)
Tianjin
Séoul
Tokyo
Osaka-Kobe
Shanghai
Téhéran
Delhi
Karachi
Dhaka
Calcutta
Bombay
Hong Kong
Manille
Jakarta
océan Indien
Pacifique
OCÉANIE
agglomérations de plus de 7 millions d'habitants
zones très peuplées
5 000 km
Source : ONU, WUP, 2004.

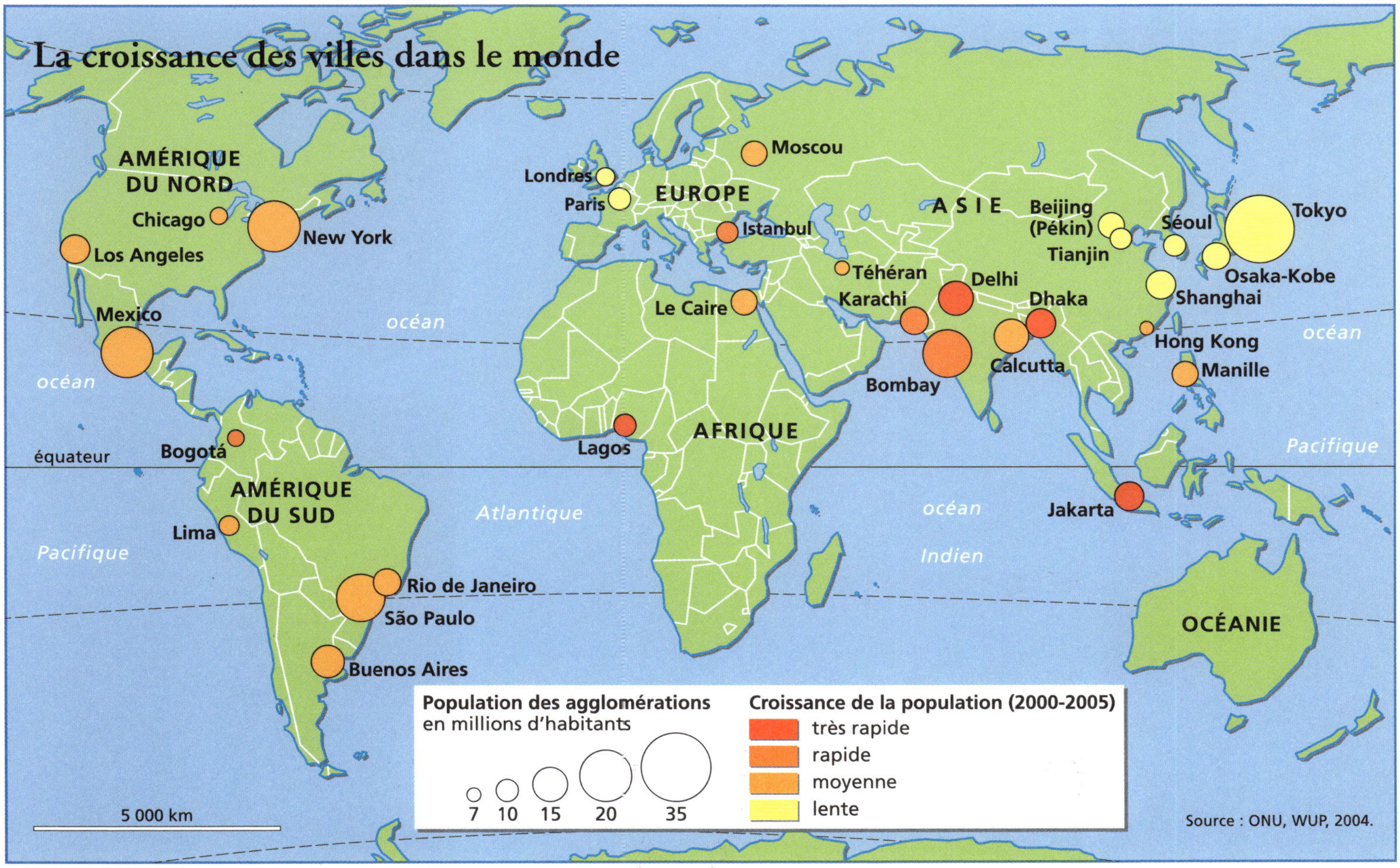
La croissance des villes dans le monde
AMÉRIQUE DU NORD
Chicago
New York
Los Angeles
Mexico
océan
équateur
Bogotá
AMÉRIQUE DU SUD
Lima
Pacifique
Rio de Janeiro
São Paulo
Buenos Aires
Atlantique
Londres
Paris
EUROPE
Moscou
Istanbul
Le Caire
Lagos
AFRIQUE
ASIE
Beijing (Pékin)
Tianjin
Séoul
Tokyo
Osaka-Kobe
Shanghai
Téhéran
Delhi
Karachi
Dhaka
Calcutta
Bombay
Hong Kong
Manille
Jakarta
océan Indien
Pacifique
OCÉANIE
Population des agglomérations en millions d'habitants
7 10 15 20 35
Croissance de la population (2000-2005)
très rapide
rapide
moyenne
lente
5 000 km
Source : ONU, WUP, 2004.

1 BELIZE
2 HONDURAS
3 JAMAÏQUE

4 DANEMARK
5 PAYS-BAS
6 BELGIQUE
7 LUXEMBOURG
8 ALLEMAGNE
9 SUISSE
10 LITUANIE
11 RÉPUBLIQUE TCHÈQUE
12 SLOVAQUIE
13 AUTRICHE
14 HONGRIE
15 ROUMANIE
16 MOLDAVIE
17 SLOVÉNIE
18 CROATIE
19 BOSNIE-HERZÉGOVINE
20 SERBIE
21 MONTÉNÉGRO
22 MACÉDOINE
23 ALBANIE
24 BULGARIE
25 MALTE

26 GAMBIE
27 GUINÉE-BISSAU
28 LIBERIA
29 BURKINA FASO
30 GHANA
31 TOGO
32 BÉNIN
33 GUINÉE-ÉQUATORIALE
34 OUGANDA
35 RWANDA
36 BURUNDI
37 MALAWI
38 SWAZILAND
39 LESOTHO

40 CHYPRE
41 LIBAN
42 ISRAËL
43 TERRITOIRES AUTONOMES DE PALESTINE
44 JORDANIE
45 GÉORGIE
46 ARMÉNIE
47 AZERBAÏDJAN
48 OUZBÉKISTAN
49 KIRGHIZSTAN
50 TADJIKISTAN
51 KOWEÏT
52 BAHREÏN
53 QATAR
54 ÉMIRATS ARABES UNIS
55 BANGLADESH

Les Ateliers Hachette présentent :

CM2
Cycle 3

HISTOIRE GÉOGRAPHIE

Maryse CLARY
Maître de conférences à l'IUFM d'Aix-Marseille

Geneviève DERMENJIAN
Maître de conférences à l'IUFM d'Aix-Marseille

L'équipe remercie les professeurs des écoles qui ont participé à la relecture de cet ouvrage.

HACHETTE Éducation

- Responsable éditoriale : **Stéphanie-Paule Saïsse**
- Secrétaire d'édition : **Delphine Deveaux**
- Création de la maquette intérieure : **Valérie Goussot**
- Mise en pages : **Typo-Virgule**
- Création de la maquette de couverture : **Laurent Carré**
- Illustration de la couverture : **Alain Boyer**
- Exécution de la couverture : **Typo-Virgule**
- Recherche iconographique : **Anne Pekny**
- Fonds en parchemin des « Le sais-tu ? », des lexiques, des résumés, du sommaire et des pages d'ouverture de partie : **Nathalie Desverchère**
- Mascottes des bandeaux : **Alain Boyer**
- Cartographie et frises chronologiques : **Cartographie Hachette Éducation (Pascal Thomas)**
- Fabrication : **Jeanne Arbousset**

ISBN : 978-2-01-117298-3

AVANT-PROPOS

Une nouvelle collection qui donne du sens aux apprentissages

Les *Ateliers histoire et géographie*, riches de plus de 350 documents iconographiques et de textes, aident les enfants à comprendre que l'histoire et la géographie font partie intégrante du monde qui les entoure, répondant ainsi aux orientations des nouveaux programmes. Les élèves abordent ces matières en véritables acteurs de leurs savoirs.

Une nouvelle collection conforme aux nouveaux programmes

L'ensemble du programme a été réparti équitablement sur les trois années du cycle 3. En CM2, la partie « histoire » aborde la période qui va de 1815 à nos jours. La partie « géographie », centrée sur les paysages, s'organise suivant trois entrées : le monde, l'Europe et la France.

Une organisation simple à mettre en place

Des pages de méthodologie

Afin de donner aux enfants les outils nécessaires à l'observation, à la réflexion et à l'acquisition des savoirs, quatre leçons de méthodologie (pages-outils) sont placées au début de chacune des parties « histoire » et « géographie ».

Des pages de leçons

Chaque leçon, composée sur une double page, développe un thème précis. Selon le choix de l'enseignant, l'entrée dans le thème peut se faire de deux façons :
– soit par l'information donnée dans les textes qui détaillent avec précision et rigueur les principales notions de la leçon ;
– soit par les documents visuels (photos, cartes, plans, dessins), les textes encadrés et par le questionnement qui les accompagne.

Des pages d'activités

Les *Ateliers histoire et géographie* se distinguent également dans leur approche parce qu'ils proposent à l'enfant, grâce aux doubles pages « Je suis… » ou « Je vis… », d'entrer « directement » dans une période historique ou dans un paysage géographique et de mettre en œuvre de façon ludique une démarche disciplinaire.

Un atlas et des frises chronologiques

Au début et à la fin de l'ouvrage, un atlas dépliant (historique et géographique) ainsi que des frises chronologiques permettent, tout au long de l'année, d'acquérir des repères dans le temps et dans l'espace.

Des outils complémentaires

– Un cahier d'activités pour s'approprier les savoirs acquis.
– Un guide pédagogique avec tous les conseils pour le déroulement des séquences en classe. Il donne une explication détaillée des documents historiques et géographiques du livre de l'élève.

PRÉSENTATION

Les leçons

« **Le sais-tu ?** » répond de façon ludique et pertinente à la curiosité des enfants.

La **mascotte** rappelle la période étudiée.

Les **cartes** et les **frises** donnent aux enfants des repères dans l'espace et dans le temps.

Le **lexique** explique les mots clés de la leçon.

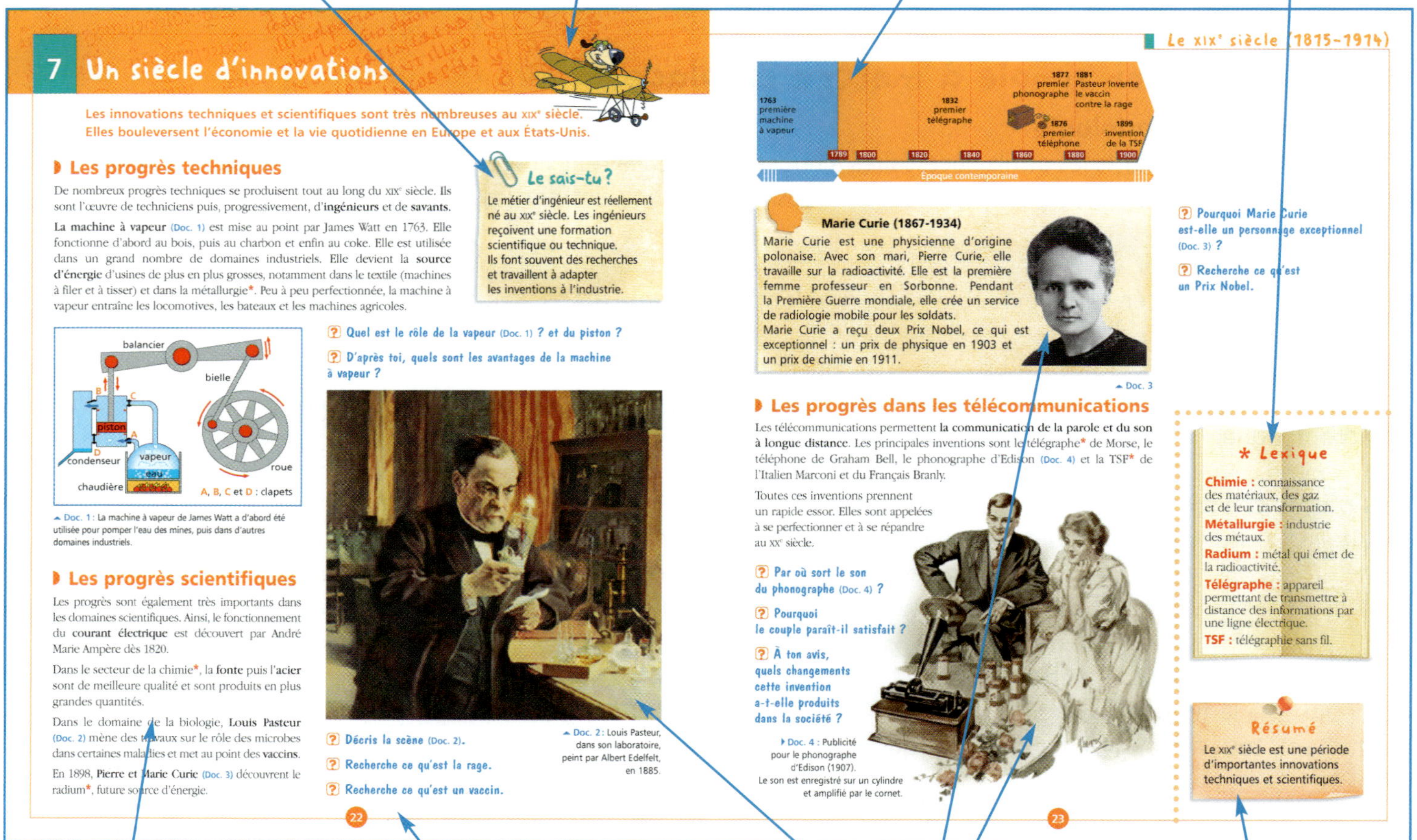

Le **texte** des leçons est rédigé avec une syntaxe et un vocabulaire adaptés au niveau des élèves de CM2.

Des **questions** de compréhension et d'analyse familiarisent progressivement l'élève avec les méthodes de travail en histoire et géographie.

Des **documents variés** permettent d'aborder l'histoire et la géographie par le plaisir de la lecture et de l'observation.

Le **résumé** reprend l'essentiel des notions abordées dans la leçon.

DE L'OUVRAGE

Les « Je suis… » ou « Je vis… »

La double page « **Je suis…** » ou « **Je vis…** » a pour but de mettre l'enfant directement en contact avec une période, un espace ou une méthode de travail propre aux disciplines.

Une petite **carte** permet en géographie de situer l'espace étudié.

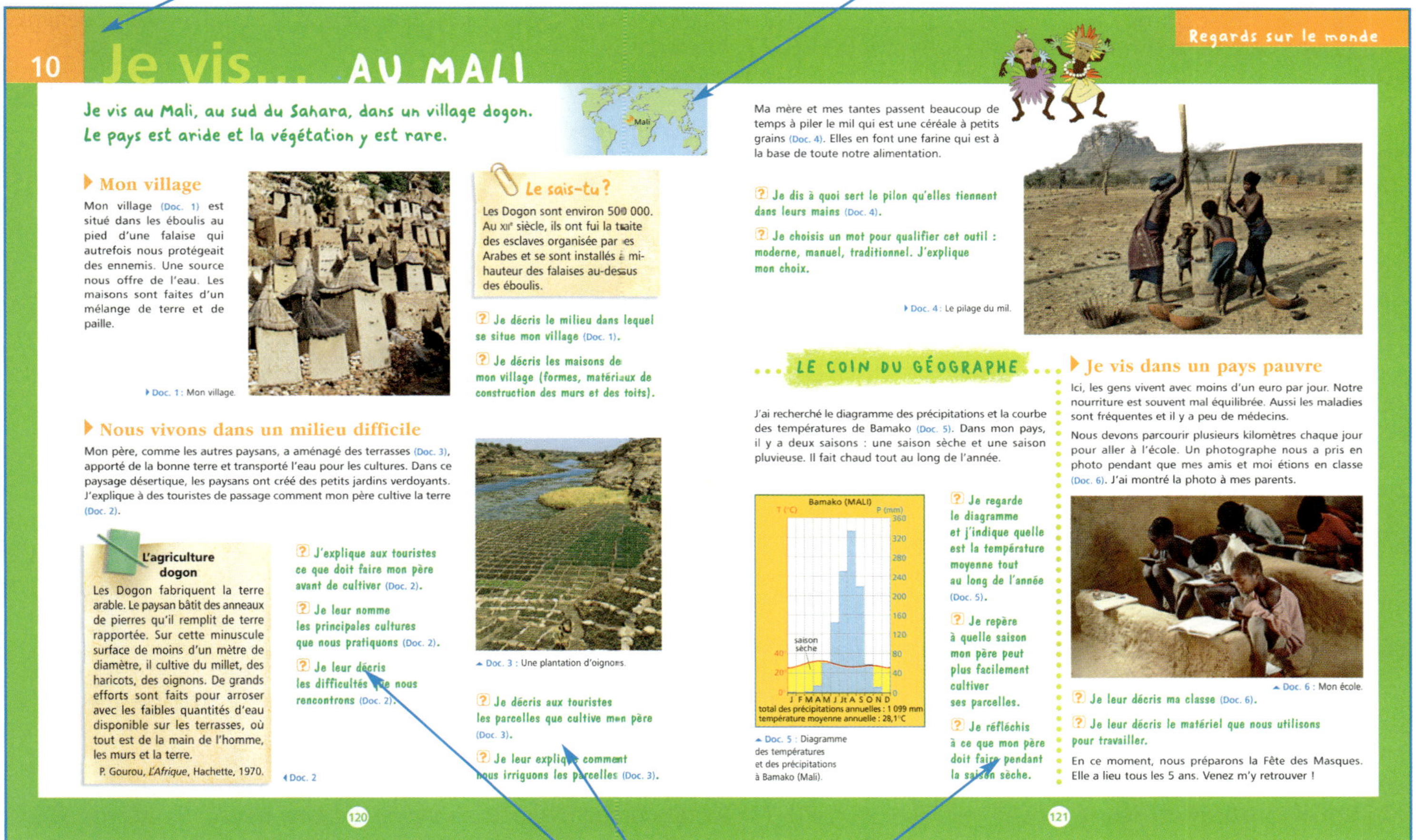
10 Je vis… AU MALI

Regards sur le monde

Je vis au Mali, au sud du Sahara, dans un village dogon. Le pays est aride et la végétation y est rare.

Mali

Mon village

Mon village (Doc. 1) est situé dans les éboulis au pied d'une falaise qui autrefois nous protégeait des ennemis. Une source nous offre de l'eau. Les maisons sont faites d'un mélange de terre et de paille.

Doc. 1 : Mon village.

Le sais-tu ?

Les Dogon sont environ 500 000. Au XIIe siècle, ils ont fui la traite des esclaves organisée par les Arabes et se sont installés à mi-hauteur des falaises au-dessus des éboulis.

? Je décris le milieu dans lequel se situe mon village (Doc. 1).

? Je décris les maisons de mon village (formes, matériaux de construction des murs et des toits).

Nous vivons dans un milieu difficile

Mon père, comme les autres paysans, a aménagé des terrasses (Doc. 3), apporté de la bonne terre et transporté l'eau pour les cultures. Dans ce paysage désertique, les paysans ont créé des petits jardins verdoyants. J'explique à des touristes de passage comment mon père cultive la terre (Doc. 2).

L'agriculture dogon

Les Dogon fabriquent la terre arable. Le paysan bâtit des anneaux de pierres qu'il remplit de terre rapportée. Sur cette minuscule surface de moins d'un mètre de diamètre, il cultive du millet, des haricots, des oignons. De grands efforts sont faits pour arroser avec les faibles quantités d'eau disponible sur les terrasses, où tout est de la main de l'homme, les murs et la terre.

P. Gourou, *L'Afrique*, Hachette, 1970.

Doc. 2

? J'explique aux touristes ce que doit faire mon père avant de cultiver (Doc. 2).

? Je leur nomme les principales cultures que nous pratiquons (Doc. 2).

? Je leur décris les difficultés que nous rencontrons (Doc. 2).

Doc. 3 : Une plantation d'oignons.

? Je décris aux touristes les parcelles que cultive mon père (Doc. 3).

? Je leur explique comment nous irriguons les parcelles (Doc. 3).

120

Ma mère et mes tantes passent beaucoup de temps à piler le mil qui est une céréale à petits grains (Doc. 4). Elles en font une farine qui est à la base de toute notre alimentation.

? Je dis à quoi sert le pilon qu'elles tiennent dans leurs mains (Doc. 4).

? Je choisis un mot pour qualifier cet outil : moderne, manuel, traditionnel. J'explique mon choix.

Doc. 4 : Le pilage du mil.

LE COIN DU GÉOGRAPHE

J'ai recherché le diagramme des précipitations et la courbe des températures de Bamako (Doc. 5). Dans mon pays, il y a deux saisons : une saison sèche et une saison pluvieuse. Il fait chaud tout au long de l'année.

Bamako (MALI)
T (°C) P (mm)
saison sèche
J F M A M J J A S O N D
total des précipitations annuelles : 1 099 mm
température moyenne annuelle : 28,1 °C

Doc. 5 : Diagramme des températures et des précipitations à Bamako (Mali).

? Je regarde le diagramme et j'indique quelle est la température moyenne tout au long de l'année (Doc. 5).

? Je repère à quelle saison mon père peut plus facilement cultiver ses parcelles.

? Je réfléchis à ce que mon père doit faire pendant la saison sèche.

Je vis dans un pays pauvre

Ici, les gens vivent avec moins d'un euro par jour. Notre nourriture est souvent mal équilibrée. Aussi les maladies sont fréquentes et il y a peu de médecins.

Nous devons parcourir plusieurs kilomètres chaque jour pour aller à l'école. Un photographe nous a pris en photo pendant que mes amis et moi étions en classe (Doc. 6). J'ai montré la photo à mes parents.

Doc. 6 : Mon école.

? Je leur décris ma classe (Doc. 6).

? Je leur décris le matériel que nous utilisons pour travailler.

En ce moment, nous préparons la Fête des Masques. Elle a lieu tous les 5 ans. Venez m'y retrouver !

121

Des **activités** nécessitant un travail individuel ou collectif placent l'élève en situation de recherche.

SOMMAIRE D'HISTOIRE

Mots clés et **personnages historiques** des programmes

Pages-outils

Le XIXe siècle (1815-1914)

Le XXe siècle et le monde actuel

SOMMAIRE DE GÉOGRAPHIE

Pages-outils

Mots clés des programmes

Regards sur le monde

Les paysages européens

Les paysages français

HISTOIRE

Pages-outils

Le XIXe siècle (1815-1914)

Le XXe siècle et le monde actuel

pp. 10 à 17

pp. 18 à 57

pp. 58 à 99

L'historien définit son sujet puis le délimite dans le temps et l'espace. Il dispose pour cela de dictionnaires, de cartes, de chronologies… Faisons ce travail à partir de l'exemple de la traite des esclaves et de l'esclavage, hier et aujourd'hui.

Définir son sujet

Au début de chaque étude, nous devons d'abord **recherchер dans le dictionnaire** des renseignements sur le sujet à étudier. Par exemple, pour une recherche sur l'esclavage, nous pouvons analyser les définitions du mot au XVIIIe siècle (Doc. 1) et au XXe siècle (Doc. 2).

Définitions du *Dictionnaire encyclopédique* Larousse du XXe siècle

Esclave : Personne de condition non libre considérée comme un instrument économique pouvant être vendu ou acheté, et qui était sous la dépendance d'un maître.

Traite : Forme élémentaire de commerce qui consistait à échanger des marchandises manufacturées de faible valeur contre des produits locaux.
Traite des nègres ou *traite des noirs* : trafic d'esclaves noirs.

Dictionnaire Encyclopédique Larousse du XXe siècle, volume 4, © Larousse, 1983.

▲ Doc. 2

Définition du *Dictionnaire raisonné* de d'Alembert et Diderot en 1753

Esclave
L'esclave est celui qui est privé de la liberté, qui est sous la puissance d'un maître.
Suivant le droit naturel, tous les hommes naissent libres ; l'état de servitude personnelle est une invention du droit des gens.

▲ Doc. 1

? Recherche la signification des mots que tu ne connais pas (Doc. 1 et 2).

? Écris tes propres définitions de l'esclave et de la traite en t'aidant des définitions des Doc. 1 et 2.

Situer son sujet dans l'espace

Grâce aux **cartes historiques** (Doc. 3) et aux **livres d'histoire** (Doc. 4), nous pouvons **situer notre sujet dans l'espace**. Nous pouvons ainsi découvrir quels pays ou quels continents ont été concernés par l'esclavage.

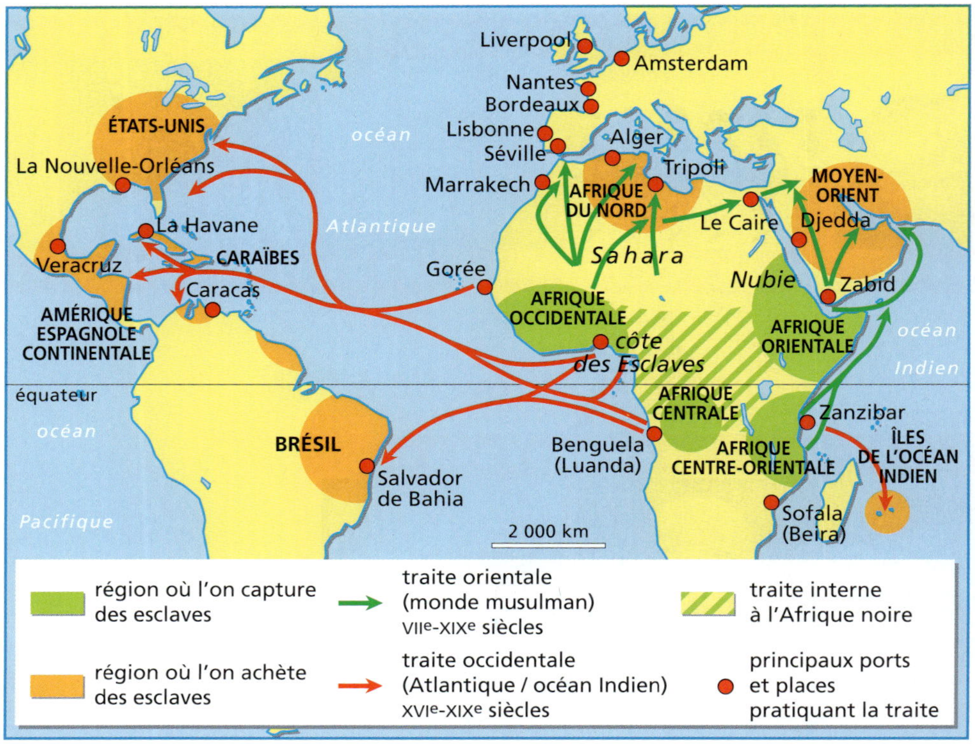

▸ Doc. 3 : Les traites négrières dans le monde du VIIe au XIXe siècles.

L'esclavage au fil du temps

C'est par toutes les issues possibles – à travers le Sahara, par la mer Rouge, par l'océan Indien, à travers l'Atlantique – que le continent noir a été saigné de son capital humain. Dix siècles au moins (du IXe au XIXe) de mise en servitude au profit des pays musulmans. Plus de quatre siècles (de la fin du XVe au XIXe) de commerce régulier pour construire les Amériques et pour la prospérité des États chrétiens d'Europe. Ajoutez à cela des chiffres, même très controversés, qui donnent le vertige. Quatre millions d'esclaves exportés par la mer Rouge, quatre millions encore par les ports swahilis de l'océan Indien, neuf millions peut-être par les caravanes transahariennes, de onze à vingt millions, selon les auteurs, à travers l'océan Atlantique.

Elikia M'Bokolo, « Manière de voir », « Pages occultées d'histoire », *Le Monde diplomatique*, août-septembre 2005.

▲ Doc. 4

? **Compare la carte page 10 et le texte de l'historien** (Doc. 3 et 4).

? **Cherche ce qui est semblable ; ce qui est différent.**

? **Dans quels pays et dans quels continents a-t-on pratiqué l'esclavage ?**

? **Quels pays et quels continents ont-ils été victimes de l'esclavage ?**

Situer son sujet dans le temps

Construire une chronologie permet de mieux comprendre l'esclavage en mettant en valeur les événements importants de cette histoire aux XVIIIe et XIXe siècles.

Chronologie de l'abolition de l'esclavage

1794 : La Convention abolit l'esclavage dans les colonies françaises.
1802 : Rétablissement de l'esclavage et de la traite dans les colonies françaises.
1807 : Abolition de la traite aux États-Unis et en Angleterre.
1811 : Abolition de la traite et de l'esclavage au Chili.
1815 : Abolition de la traite en France, mais l'esclavage continue.
1817-1880 : Abolition de l'esclavage dans la plupart des pays d'Amérique latine.
1833-1838 : Abolition de l'esclavage dans les colonies anglaises.
1848 : Abolition de l'esclavage par la France.
1888 : Abolition de l'esclavage au Brésil.

▲ Doc. 5

? **Construis la chronologie de l'abolition de la traite et de l'esclavage en France** (Doc. 5).

? **Quelles dates as-tu conservées ? Pourquoi ?**

Rassembler ses idées

Avant d'écrire l'histoire de l'esclavage, tu dois **faire la synthèse des points importants** en te posant des questions :

- D'où viennent les esclaves (Doc. 3 et 4) ?
- Qui pratique l'esclavage (Doc. 3 et 4) ?
- Où vont les esclaves (Doc. 3 et 4) ?
- Quand se termine la traite (Doc. 5) ?

? **Maintenant, écris un texte pour expliquer les principales étapes qui ont mené à l'abolition de l'esclavage dans le monde.**

Le sais-tu ?

L'Organisation internationale du travail estime à 25 millions le nombre de personnes vivant aujourd'hui comme des esclaves. L'esclavage existe dans certaines régions du monde, comme la péninsule arabique, l'Afrique ou le subcontinent indien. Dans les pays développés, il existe parfois à travers le travail clandestin (domestiques, ateliers de confection).

Résumé

L'historien a besoin de savoir où et quand s'est produit l'événement qu'il étudie. Il doit déterminer précisément les dates et les lieux qui vont lui permettre de comprendre ce qui s'est passé.

2 Utiliser les vestiges et les images en histoire

L'histoire utilise les vestiges (restes formés de ruines, de débris d'objets...) et les images (œuvres d'art, photos, films...). Nous allons nous en servir pour étudier les premiers Jeux olympiques et leur rénovation à l'époque contemporaine.

Observer des vestiges

Les Jeux olympiques sont nés en Grèce au VIIIe siècle avant J.-C., à Olympie. Ils se réunissaient tous les quatre ans et ont été supprimés en 394 par l'empereur Théodose Ier.

Les archéologues ont retrouvé des **vestiges** de cette époque comme le stade d'Olympie (Doc. 1) ou des peintures sur des poteries (Doc. 2). Ces vestiges nous renseignent sur la façon dont les Grecs pratiquaient ces Jeux.

Le sais-tu ?

Le stade représentait chez les Grecs une longueur d'environ 180 m qui correspondait, selon la mythologie, à 600 fois la longueur du pied d'Héraclès.

▲ Doc. 1 : Les vestiges du stade d'Olympie en Grèce. Les Jeux olympiques célébraient le sport et l'union de tous les Grecs entre eux dans la paix. Pendant la durée des Jeux, les Grecs cessaient les guerres entre eux le temps de la « trêve sacrée ».

? **Quelle est la nature de ce document (Doc. 1) ?**

? **Décris la forme de ce stade.**

▲ Doc. 2 : Un athlète grec pendant le lancer du disque, poterie du IVe siècle avant J.-C. Les athlètes grecs étaient entièrement nus sur le stade car la nudité était un élément essentiel de leur culture.

? **Quelle est la nature de ce document (Doc. 2) ? De quand date-t-il ?**

? **Que représente-t-il ?**

? **Décris le corps, la position, l'expression de l'athlète.**

? **Quel sport pratique-t-il ?**

Observer des photos

Les Jeux olympiques ont été rétablis à la fin du XIXe siècle par le baron Pierre de Coubertin. Les premiers furent organisés à Athènes, en Grèce, en 1896. Il nous reste des **images** de cette période, essentiellement des photographies (Doc. 3). L'historien peut les utiliser pour retracer les événements de ces Jeux rénovés.

◂ Doc. 3 : Les premiers Jeux olympiques modernes en 1896. Il y avait ce jour-là 50 000 spectateurs.

? **Compare cette photo** (Doc. 3) **avec celle du stade d'Olympie** (Doc. 1). **Quels sont les points communs ? et les différences ?**

? **Quelle est la nature de ce document** (Doc. 3) **?**

? **Observe ce stade et décris sa forme.**

? **Y a-t-il beaucoup de spectateurs ?**

Les femmes ne concouraient pas aux Jeux olympiques grecs mais elles ont pu progressivement participer aux Jeux olympiques modernes, à partir de 1900.

▴ Doc. 4 : L'arrivée des championnes de course en 1928 aux Jeux d'Amsterdam. L'Américaine Betty Robinson devient la première championne olympique du 100 m.

? **Quelles sont la nature et la date de ce document** (Doc. 4) **?**

? **Décris la scène et l'effort des athlètes.**

? **Pourquoi sépare-t-on les femmes et les hommes dans les compétitions sportives ?**

Faire une synthèse

? **À l'aide des renseignements obtenus, écris un texte sur les Jeux olympiques en Grèce antique et aujourd'hui en n'oubliant pas de présenter et d'utiliser les documents.**

Se renseigner

Pour faire une étude générale, les historiens doivent **compléter les informations** que donnent les photos et les vestiges par des articles de presse, des publicités, des discours, des ouvrages écrits à l'époque. Ici, nous pouvons aller chercher sur **Internet** ou dans une **encyclopédie** des renseignements sur les sports pratiqués en Grèce antique et aujourd'hui, sur Pierre de Coubertin…

Résumé

Les vestiges et les images sont beaucoup utilisés en histoire. Ils donnent de bons renseignements si leur étude est bien faite en ce qui concerne leur nature, leur date et leur analyse. Ces renseignements doivent être croisés avec d'autres sources d'époque.

3 Utiliser les sources écrites et orales

Les sources* écrites sont un outil capital en histoire. Depuis peu, on utilise aussi les sources* orales. Nous allons utiliser ces deux types de sources pour étudier la Libération de la France en 1944.

Définir son sujet d'étude

Avant de travailler sur un sujet en histoire, nous devons **chercher à le définir**. Voici comment nous pouvons définir la Libération de la France :

- la Libération de la France est la période qui s'étend du débarquement allié en Corse (septembre 1943), en Normandie (juin 1944) puis en Provence (août 1944) à la capitulation allemande du 8 mai 1945 ;
- dans l'esprit des personnes qui l'ont vécue, la Libération concerne souvent le moment précis des combats dans leur ville ou dans leur région.

Lire et analyser des sources orales

Les sources orales sont des **récits de personnes vivantes qui ont directement connu l'événement** qu'elles racontent. Nous allons étudier le témoignage d'une femme qui a vécu la Libération de Paris en août 1944 (Doc. 1).

Témoignage de Mathilde en 1980

Mathilde raconte la Libération de Paris à une historienne.

La Libération a été un moment de vraie folie. Tout le monde était joyeux, on s'embrassait dans la rue, on chantait, on dansait, on pleurait en pensant aux prisonniers, aux morts, et à toute notre souffrance pendant cette guerre. Une foule énorme s'est rendue sur les Champs-Élysées pour voir le défilé conduit par le général de Gaulle [le 26 août 1944].

Il y a eu aussi les combats dans les rues. Un jour, les métros étaient arrêtés ; j'ai traversé la place de la Bastille, mes deux petites filles serrées contre moi, avec un char dont la tourelle tournait pour surveiller tout autour [...]. Arrivées pont Sully, nous avons profité d'un moment où personne ne tirait pour traverser [...] et rentrer à la maison.

Une fois, place Maubert, j'ai vu des jeunes gens armés pousser deux soldats allemands dans leur voiture avant d'y mettre le feu ; personne n'a rien pu faire pour eux. Un autre jour, une voisine m'a invitée à venir voir les femmes tondues, mais j'ai refusé.

▲ Doc. 1

? Combien d'années séparent la Libération de Paris du moment où Mathilde raconte les faits (Doc. 1) ?

? À ton avis, comment l'historienne a-t-elle pu contrôler les faits racontés par ce témoin ?

? Écris un texte pour évoquer l'atmosphère de la Libération de Paris.

? Cherche dans une encyclopédie qui étaient les femmes que l'on a tondues à la Libération.

Lire et analyser des sources écrites

Les sources écrites sont variées. Elles peuvent avoir plusieurs supports : des journaux (Doc. 2), des lettres, des affiches, des textes officiels (Doc. 3)... Nous allons étudier deux types de sources écrites pour mieux comprendre l'ambiance de la Libération.

Quelle est la nature de ce document (Doc. 2) **?**

De quand date-t-il ?

Quel sort souhaite ce journal pour Pétain ?

Quel est l'État qui capitule à cette date ?

DEUXIÈME ÉDITION

DEUX HEURES DU MATIN : A la Haute Cour les jurés délibèrent...

l'Humanité

ORGANE CENTRAL DU PARTI COMMUNISTE FRANÇAIS

ÉLECTEURS, ÉLECTRICES 3 JOURS

Toute la France attend le verdict qui s'impose :

LA MORT POUR PETAIN

Après la débâcle et la capitulation de l'Allemagne nazie

LE JAPON SUCCOMBE DANS UNE DÉFAITE TOTALE

La complète soumission aux conditions imposées par les Alliés clôt la série des désastres militaires des agresseurs fascistes

ELLE MET FIN A LA GUERRE MONDIALE PAR LE TRIOMPHE DES NATIONS UNIES

La route est désormais ouverte aux peuples pour l'organisation générale de la Paix et la sécurité dans la liberté et la démocratie

Dans des messages radiodiffusés STALINE, TRUMAN et ATTLEE annoncent au monde la reddition nippone

Défilé des troupes françaises à BERLIN

1944 15 AOUT

Les Parisiens insurgés multiplient les attaques contre l'ennemi

INITIATIVE OUVRIERE

A LA ROCHELLE André MARTY fait acclamer par 25.000 personnes l'union de tous les républicains pour la renaissance du pays

AU CONSEIL DES MINISTRES

Il y a un an LES ALLIÉS DÉBARQUAIENT DANS LE MIDI DE LA FRANCE

La parution des journaux est provisoirement assurée

SANS-LOGIS

ÉMOUVANTE CÉRÉMONIE EN SOUVENIR DE LOUIS THOREZ

VERSEZ

UN TRAITÉ ENTRE L'U.R.S.S. ET LA CHINE

Doc. 2 :
La une du journal *L'Humanité*, 15 août 1945 :
« Libérer la France, c'est non seulement la libérer des troupes allemandes mais aussi de l'État français mis en place par Pétain. »

Le Conseil national de la Résistance

Les représentants des mouvements, groupements, partis ou tendances politiques, groupés au sein du CNR [Conseil national de la Résistance], proclament qu'ils sont décidés à rester unis :
1 – Afin d'établir le gouvernement provisoire de la République formé par le général de Gaulle pour défendre l'indépendance politique et économique de la nation et rétablir la France dans sa puissance, dans sa grandeur et dans sa mission universelle. [...]
4 – Afin d'assurer le rétablissement de la démocratie la plus large en rendant la parole au peuple français par le rétablissement du suffrage universel, la pleine liberté de pensée, de conscience et d'expression, la liberté de la presse, la liberté d'association, de réunion et de manifestation, [...] le respect de la personne humaine et l'égalité absolue de tous devant la loi.

Extraits du programme du Conseil national de la Résistance, 15 mars 1944.

Doc. 3

De qui est composé le Conseil national de la Résistance (Doc. 3) **?**

Pourquoi le CNR doit-il rester uni ?

Comment la démocratie doit-elle être rétablie ?

Rassembler et présenter ses idées

Grâce à l'étude que tu viens de faire de ces sources écrites et orales, tu as obtenu un certain nombre de renseignements sur la Libération.

Écris une synthèse sur la Libération de la France, en utilisant toutes ces informations.

* Lexique

Sources écrites : ensemble des traces du passé comportant un écrit (archives papier, notes manuscrites, inscriptions sur la pierre, livres…).

Sources orales : ensemble des témoignages recueillis par un historien pour construire un récit.

Résumé

Pour bien utiliser les sources écrites et orales, nous devons définir notre sujet d'étude, lire et analyser les documents pour pouvoir faire une synthèse.

Je dois présenter à mes camarades de CM2 un exposé sur la colonisation en Algérie. Je vais définir le sujet, observer les sources retenues, les analyser et faire la synthèse de mes découvertes.

Je définis mon sujet

Je sais que la France a été présente en Algérie depuis la prise d'Alger en 1830 jusqu'à l'indépendance algérienne en 1962. Les Français et les Indigènes (c'est le nom qu'on donnait alors aux Algériens) s'y sont côtoyés pendant toutes ces années.

J'observe et j'analyse les sources

Je vais rechercher pourquoi les Français étaient encouragés à soutenir la colonisation française. J'étudie tout d'abord une illustration destinée aux enfants (Doc. 1).

Doc. 1 : « Les Colonies françaises », couverture d'un cahier d'écoliers illustré par G. Dasher, en 1900.

Je regarde l'illustration (Doc. 1) et je m'interroge :

? Que rappellent les trois personnages situés derrière la République et portant des drapeaux ?

? Selon cette illustration, qu'apporte la France aux pays qu'elle colonise ?

? Quels sentiments cette illustration pouvait-elle susciter chez les écoliers français de l'époque ?

J'essaie de comprendre comment les Français et les Indigènes vivaient quotidiennement ensemble. Pour cela, j'observe et j'analyse deux sources : une photographie (Doc. 2) et le compte rendu d'une commission sénatoriale (Doc. 3).

Doc. 2 : Un tramway à Alger dans les années 1930.

? Je me demande qui utilise ce tramway (Doc. 2).

? Je recherche les endroits où les différentes populations d'Alger pouvaient se rencontrer.

Les Européens et les Indigènes

Une commission de sénateurs se rend en Algérie en 1892 et juge de l'état des relations entre les Européens et les Indigènes.

Il est difficile de faire entendre au colon* européen qu'il existe d'autres droits que les siens en pays arabe. [...] Si la violence n'est pas dans les actes, elle est dans le langage et dans les sentiments. [...] Bien rares sont les colons pénétrés de la mission éducatrice et civilisatrice qui appartient à la race supérieure ; plus rares encore ceux qui croient à une amélioration possible de la race vaincue. Ils la proclament incorrigible et non éducable, sans avoir jamais rien tenté cependant, depuis trente années, pour l'arracher à sa misère morale et intellectuelle.

Jules Ferry, président de la Commission sénatoriale d'enquête, 1892.

* **Colon :** dans le texte, habitant européen de l'Algérie installé à partir de 1830.

▲ Doc. 3

? Je fais une recherche sur Jules Ferry et sur sa politique coloniale (voir page 56).

? J'explique ce que Jules Ferry pense de l'attitude des colons européens en Algérie (Doc. 3).

? Je conclus à partir de ces deux documents (Doc. 2 et 3). Que montrent-ils des rapports entre les Indigènes et les colons ?

LE COIN DE L'HISTORIEN

Il me semble intéressant de voir comment les historiens d'aujourd'hui parlent de la colonisation française en Algérie. Je lis deux textes dans lesquels un historien algérien (Doc. 4) et un historien français (Doc. 5) donnent un témoignage personnel sur la colonisation.

Je lis le texte (Doc. 4) et je m'interroge :

? Quel sentiment ont gardé les Algériens vis-à-vis des colonisateurs ?

Le point de vue d'un historien algérien

Ce qui reste de la France en Algérie ? D'abord quelques faits historiques qui ont durablement marqué la conscience collective. Il y eut d'abord le choc du débarquement, en 1830 [...] ; puis la férocité de la conquête qui dura plus de vingt ans, avec les exécutions collectives, les enfumades* de réfugiés dans les grottes, les incendies des champs de blé et l'abattage systématique des troupeaux de bétail.

Rachid Mimouni, « L'Algérie sans la France », *L'Histoire*, n° 140, janvier 1991.

* **Enfumades :** étouffement par la fumée des feux.

▲ Doc. 4

? D'après l'auteur, comment les Algériens ont-ils vécu la conquête de leur pays par les Européens ?

Le point de vue d'un historien français sur l'Algérie

Il y a évidemment un scandale de la colonisation. En Indochine, en Afrique, la République a trahi ses valeurs. Les peuples coloniaux n'ont jamais pu accéder au titre de citoyen à part entière. Sans parler du travail forcé… [Mais] à l'époque coloniale, les instituteurs, les professeurs, les médecins ont accompli une œuvre dont ils n'ont pas à rougir. Évidemment, on sentait que la révolte était inéluctable [...].

Entretien avec Marc Ferro, « La République a trahi ses valeurs », in *Les Collections de l'Histoire, Le Temps des colonies*, n° 11, avril 2001.

▲ Doc. 5

? Je lis le texte (Doc. 5) et je m'interroge : pourquoi l'auteur parle-t-il de « scandale de la colonisation » ?

? Selon l'auteur, qui n'a pas à rougir de son activité en Algérie ?

Je peux maintenant utiliser tous ces renseignements pour faire mon exposé !

5 Bilan de la Révolution et de l'Empire

La France actuelle est l'héritière de la Révolution et de l'Empire dont les idées et les réformes sont encore appliquées de nos jours.

Un renouveau politique

Avec la Révolution, les Français sont devenus des citoyens* dont les droits et les devoirs sont inscrits dans la *Déclaration des droits de l'homme et du citoyen*.

La nation est souveraine (c'est elle qui décide en politique), elle est représentée par la **République*** (Doc. 1). La **Constitution** organise la **séparation des pouvoirs** : **législatif** (qui vote les lois), **exécutif** (qui les applique) et **judiciaire** (qui juge les personnes). Aujourd'hui, cette séparation des pouvoirs est toujours appliquée.

? **Qu'y a-t-il de gravé sur les stèles situées à droite et à gauche de la République** (Doc. 1) **?**

? **À ton avis, quelle est la signification de cette représentation de la République ?**

▸ Doc. 1 :
La République réalisée en terre cuite en 1794 par Joseph Chinard (1756-1813).

Une administration modernisée

Désormais le pays est divisé en **83 départements dirigés par des préfets**. La **justice** est **confiée à des juges indépendants**, payés par l'État. La France d'aujourd'hui a conservé cet héritage : elle est maintenant organisée en 96 départements. Toutefois, les préfets ont moins de pouvoir qu'avant.

Le Code civil de 1804 a unifié les lois : il a été appliqué dans de nombreux pays d'Europe et continue d'être utilisé dans notre pays même si certains articles ont été modifiés au fil du temps (Doc. 2).

Le Code civil de 1804 (extraits)

Article 212 : Les époux se doivent mutuellement secours et assistance.
Article 213 : Le mari doit protection à sa femme, la femme obéissance à son mari. [...]
Article 372 : L'enfant reste sous l'autorité de ses parents jusqu'à sa majorité.
Article 373 : Le père seul exerce cette autorité durant le mariage.

▴ Doc. 2

? **Quels sont les rôles de l'homme et de la femme dans le couple** (Doc. 2) **?**

Une société transformée

Sous l'Ancien Régime, l'Église enregistrait les naissances, les mariages et les décès. Avec la Révolution, les citoyens **font ces déclarations à la mairie**. **Le mariage civil** (à la

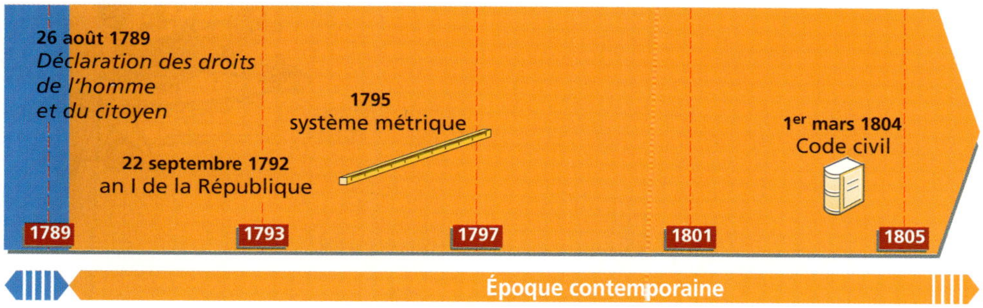

mairie) **est institué**. Chacun a le droit de choisir la religion qu'il veut ou de ne pas en avoir. Aujourd'hui encore, ces décisions sont appliquées en France.

Un système de poids et mesures unifié

Sous l'Ancien Régime, chaque province et chaque village avaient leur système de poids et mesures. La Révolution instaure **un système unique fondé sur le mètre, le litre, le kilogramme** (Doc. 3). Ce système est aujourd'hui utilisé dans la majeure partie du monde.

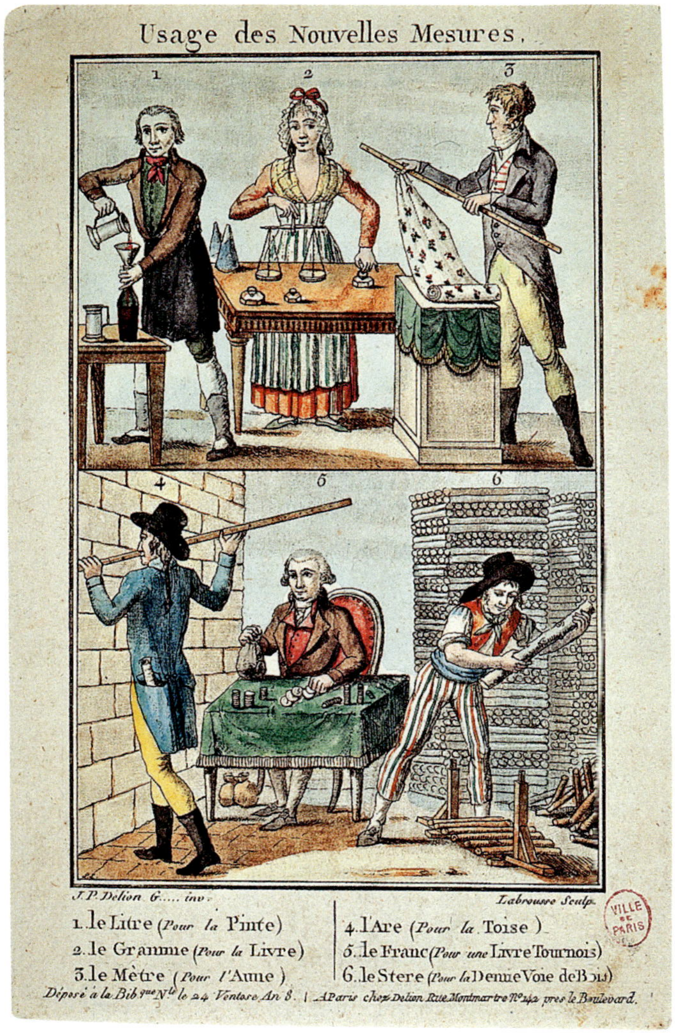

▲ Doc. 3 : L'unification des poids et mesures, gravure de 1793.

? **Observe l'image** (Doc. 3).

? **Retrouve les anciennes mesures et cherche leur définition en bas de l'illustration.**

Le sais-tu ?

Les symboles de la République française remontent à la Révolution. Ce sont :
- la fête nationale du 14 Juillet ;
- la devise « Liberté, égalité, fraternité » ;
- le bonnet* phrygien ;
- l'hymne national *La Marseillaise* ;
- le drapeau tricolore (bleu, blanc, rouge).

* Lexique

Bonnet phrygien : la Phrygie est une région antique d'Asie Mineure où les esclaves affranchis portaient un bonnet. Ce bonnet est devenu un symbole de liberté sous la Révolution.

Citoyen : personne qui appartient à une nation, qui en suit les règles communes et agit suivant la loi.

République : État dans lequel les pouvoirs sont partagés entre des personnes élues.

Résumé

La Révolution et l'Empire ont créé une administration efficace. Les grandes libertés sont acquises et l'économie est modernisée. La France contemporaine est née.

6 La France de 1815 à 1870

À partir de 1815, la France connaît une succession de régimes politiques (la monarchie, la République et le Second Empire) renversés par des révolutions.

Le retour de la monarchie (1815-1848)

De 1815 à 1848, la France est à nouveau gouvernée par des **rois** : **Louis XVIII** (1814-1824), **Charles X** (1824-1830) et **Louis-Philippe** (1830-1848). Le pouvoir de ces rois n'est plus absolu car des députés sont élus par un petit nombre de citoyens aisés pour voter les lois et le budget. On parle de **monarchie* constitutionnelle**.

Les Français veulent davantage de libertés et ne sont pas satisfaits de la monarchie. Ils font **deux révolutions** : celle de **1830** (Doc. 1) conduit Charles X à abdiquer et celle de **1848** provoque l'abdication de Louis-Philippe et la chute du régime.

Le sais-tu ?

La monarchie de Juillet a duré de 1830 à 1848. Elle est née d'une révolution et c'est une autre révolution qui a entraîné sa chute.

? Comment est représentée la Liberté (Doc. 1) ?

? Que tient la Liberté dans ses mains ? Pourquoi ?

? Que porte-t-elle sur la tête ? Pourquoi ?

Doc. 1 : *La Liberté guidant le peuple*, tableau peint par Eugène Delacroix en 1830. Il représente le peuple (ouvriers, bourgeois, enfant) prenant les armes pendant la révolution de 1830.

? À quel courant artistique appartient Eugène Delacroix (Doc. 2) ?

? Quel type d'œuvres a-t-il peint ?

Eugène Delacroix (1798-1863)

Eugène Delacroix est le plus important des peintres romantiques. Comme les écrivains de cette école (George Sand, Victor Hugo, Eugène Sue), il a peint des œuvres où la passion est partout présente. Il est sensible aux souffrances et aux désirs des peuples (en particulier des Grecs sous la domination turque), des ouvriers, des pauvres, etc.

Doc. 2

La IIe République (1848-1852)

La IIe République est proclamée en février 1848. Le **suffrage* universel masculin** est établi (Doc. 3) et **l'esclavage est aboli dans les colonies le 27 avril 1848**, notamment grâce à Victor Schœlcher (Doc. 4). Le président de la République est **Louis Napoléon Bonaparte**, neveu de Napoléon Ier.

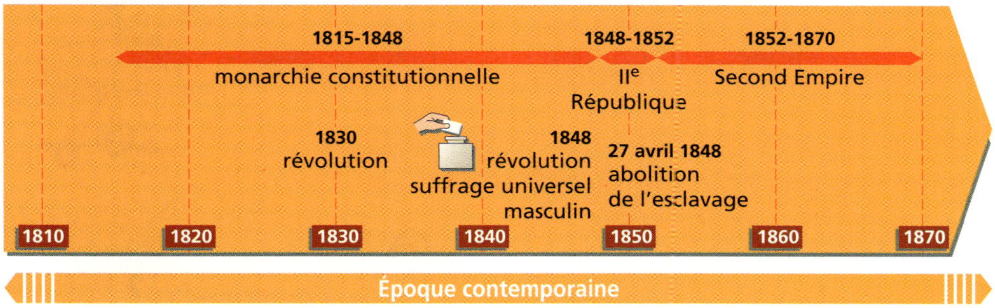

Le premier vote (avril 1848)

Nous devions aller voter ensemble au bourg de Saint-Pierre, éloigné d'une lieue de notre village. Le matin de l'élection, tous les électeurs se réunirent devant l'église, [...] se mirent à la file deux par deux, suivant l'ordre alphabétique. Au bout de la longue file venaient sur des chevaux de bât ou dans des charrettes des infirmes et des malades qui avaient voulu nous suivre ; nous ne laissions derrière nous que les enfants et les femmes. [...] On fit cercle autour de moi. Je rappelai à ces braves gens la gravité et l'importance de l'acte qu'ils allaient faire ; je leur recommandai de ne point se laisser accoster ni détourner [...] mais de rester ensemble, chacun à son rang, jusqu'à ce qu'on eût voté.

A. de Tocqueville (1805-1859), *Souvenirs*.

Doc. 3

? Comment s'organisent les villageois pour aller voter (Doc. 3) ?

? Qui va voter ?

? Qui est exclu du vote ?

? Qu'est-ce qui montre que le vote est un moment important ?

Victor Schœlcher (1804-1893)

Victor Schœlcher a milité pour l'abolition de l'esclavage à partir de 1840. Il devient membre du gouvernement provisoire après la révolution de 1848 et contribue à faire adopter le décret sur l'abolition de l'esclavage dans les colonies, le 27 avril 1848. Il a été aussi député de la Guadeloupe et de la Martinique. Il est enterré au Panthéon, à Paris.

Doc. 4

? À quel régime politique Victor Schœlcher a-t-il participé (Doc. 4) ?

? Quel décret important a-t-il fait adopter ?

Le Second Empire (1852-1870)

En décembre 1851, Louis Napoléon Bonaparte renverse la République par un **coup d'État**. Il proclame **l'Empire en 1852** et prend le nom de Napoléon III. Sous son règne, la France connaît un grand développement économique (Doc. 5).

Doc. 5 : Napoléon III visitant le chantier du Louvre peint par Nicolas Gosse, en 1854.

En 1870-1871, une guerre oppose la Prusse* et la France. **Vaincue, la France perd l'Alsace et une partie de la Lorraine au profit de la Prusse.** À cette occasion, les différents États allemands font leur unité autour de la Prusse et donnent naissance à l'Allemagne.

? Où est Napoléon III (Doc. 5) ?

? Décris la scène.

* Lexique

Monarchie constitutionnelle : monarchie qui a une Constitution. Les pouvoirs exécutif, législatif et judiciaire sont indépendants les uns des autres.

Prusse : un des États allemands.

Suffrage universel masculin : mode de suffrage dans lequel tous les citoyens mâles votent.

Résumé

De 1815 à 1870, la France connaît plusieurs régimes politiques : la monarchie, la République, le Second Empire. En 1848, le suffrage universel masculin est établi.

7 Un siècle d'innovations

Les innovations techniques et scientifiques sont très nombreuses au XIXe siècle. Elles bouleversent l'économie et la vie quotidienne en Europe et aux États-Unis.

Les progrès techniques

De nombreux progrès techniques se produisent tout au long du XIXe siècle. Ils sont l'œuvre de techniciens puis, progressivement, d'**ingénieurs** et de **savants**.

La machine à vapeur (Doc. 1) est mise au point par James Watt en 1763. Elle fonctionne d'abord au bois, puis au charbon et enfin au coke. Elle est utilisée dans un grand nombre de domaines industriels. Elle devient la **source d'énergie** d'usines de plus en plus grosses, notamment dans le textile (machines à filer et à tisser) et dans la métallurgie*. Peu à peu perfectionnée, la machine à vapeur entraîne les locomotives, les bateaux et les machines agricoles.

Le sais-tu ?

Le métier d'ingénieur est réellement né au XIXe siècle. Les ingénieurs reçoivent une formation scientifique ou technique. Ils font souvent des recherches et travaillent à adapter les inventions à l'industrie.

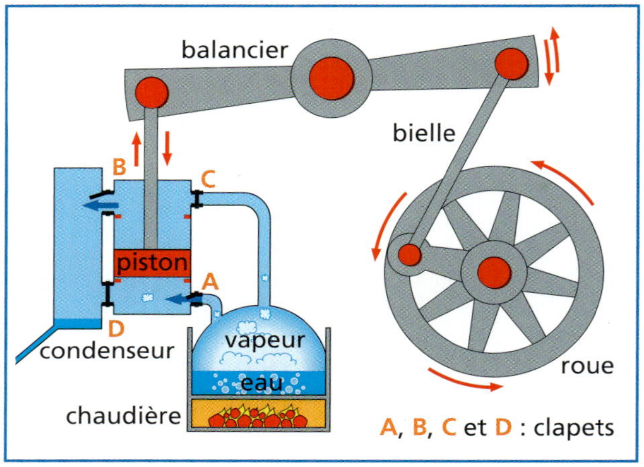

▲ **Doc. 1 :** La machine à vapeur de James Watt a d'abord été utilisée pour pomper l'eau des mines, puis dans d'autres domaines industriels.

? Quel est le rôle de la vapeur (Doc. 1) ? et du piston ?

? D'après toi, quels sont les avantages de la machine à vapeur ?

Les progrès scientifiques

Les progrès sont également très importants dans les domaines scientifiques. Ainsi, le fonctionnement du **courant électrique** est découvert par André Marie Ampère dès 1820.

Dans le secteur de la chimie*, la **fonte** puis l'**acier** sont de meilleure qualité et sont produits en plus grandes quantités.

Dans le domaine de la biologie, **Louis Pasteur** (Doc. 2) mène des travaux sur le rôle des microbes dans certaines maladies et met au point des **vaccins**.

En 1898, **Pierre et Marie Curie** (Doc. 3) découvrent le radium*, future source d'énergie.

▲ **Doc. 2 :** Louis Pasteur, dans son laboratoire, peint par Albert Edelfelt, en 1885.

? Décris la scène (Doc. 2).

? Recherche ce qu'est la rage.

? Recherche ce qu'est un vaccin.

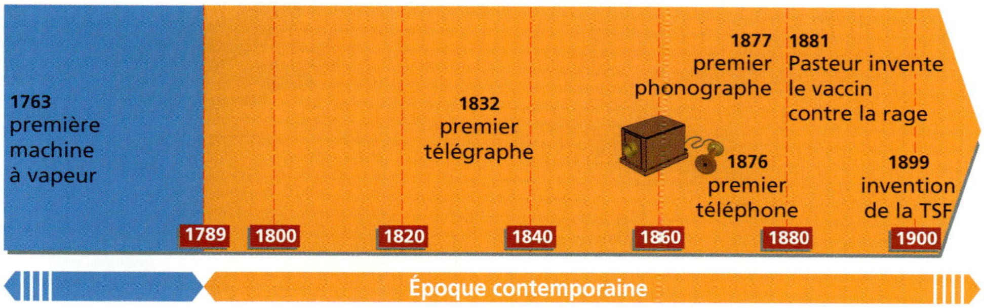

Marie Curie (1867-1934)

Marie Curie est une physicienne d'origine polonaise. Avec son mari, Pierre Curie, elle travaille sur la radioactivité. Elle est la première femme professeur en Sorbonne. Pendant la Première Guerre mondiale, elle crée un service de radiologie mobile pour les soldats.

Marie Curie a reçu deux Prix Nobel, ce qui est exceptionnel : un prix de physique en 1903 et un prix de chimie en 1911.

▲ Doc. 3

? Pourquoi Marie Curie est-elle un personnage exceptionnel (Doc. 3) ?

? Recherche ce qu'est un Prix Nobel.

Les progrès dans les télécommunications

Les télécommunications permettent **la communication de la parole et du son à longue distance**. Les principales inventions sont le télégraphe* de Morse, le téléphone de Graham Bell, le phonographe d'Edison (Doc. 4) et la TSF* de l'Italien Marconi et du Français Branly.

Toutes ces inventions prennent un rapide essor. Elles sont appelées à se perfectionner et à se répandre au XXe siècle.

? Par où sort le son du phonographe (Doc. 4) ?

? Pourquoi le couple paraît-il satisfait ?

? À ton avis, quels changements cette invention a-t-elle produits dans la société ?

▸ Doc. 4 : Publicité pour le phonographe d'Edison (1907).
Le son est enregistré sur un cylindre et amplifié par le cornet.

* Lexique

Chimie : connaissance des matériaux, des gaz et de leur transformation.

Métallurgie : industrie des métaux.

Radium : métal qui émet de la radioactivité.

Télégraphe : appareil permettant de transmettre à distance des informations par une ligne électrique.

TSF : télégraphie sans fil.

Résumé

Le XIXe siècle est une période d'importantes innovations techniques et scientifiques.

8 Industrialisation et capitalisme

**L'industrie se développe en Europe occidentale au XIXe siècle.
Des usines et des mines sont ouvertes, ce qui nécessite beaucoup d'argent.**

Le cas anglais

Les innovations techniques et scientifiques sont en partie à l'origine de **l'essor industriel européen** du XIXe siècle appelé « révolution industrielle ». Dès la fin du XVIIIe siècle, la machine à vapeur permet à l'Angleterre d'utiliser de grosses machines pour produire très rapidement de grandes quantités de textile et de machines.

Doc. 1 : Des ouvriers dans une usine sidérurgique, peints par Ferdinand Gueldry (1858-1945).

Le développement des usines

Les machines sont très encombrantes et réclament beaucoup de main-d'œuvre. On construit donc près des villes ou des mines de **grands bâtiments où les machines et les ouvriers sont rassemblés** : ce sont les **premières usines**.

Avec le temps, les usines deviennent très grandes (Doc. 2) et produisent de plus en plus.

L'essor industriel

L'industrialisation* se répand progressivement en France, en Belgique et en Europe occidentale. Elle repose d'abord sur le **charbon** puis, après 1880, sur **l'électricité** et, vers 1900, sur le **pétrole**. De nouvelles industries se développent alors : la chimie, la métallurgie et la sidérurgie* (Doc. 1).

? Quelle est la nature de ce document (Doc. 1) ?

? Combien faut-il d'ouvriers pour faire fonctionner cette machine ?

? Ce travail est-il pénible ? À quoi le vois-tu ?

Doc. 2 : L'usine du Creusot, peinte par Trémeaux en 1847, est la plus grande entreprise métallurgique d'Europe et emploie des milliers d'ouvriers.

? Décris l'usine et ses bâtiments (Doc. 2).

? À ton avis, à quoi servent les hautes cheminées ?

Le besoin d'argent

La création et l'entretien des usines coûtent très cher. Les industriels doivent **emprunter de l'argent aux banques** qui gèrent l'argent du public (Doc. 3).

Pour obtenir de l'argent, les grandes entreprises peuvent aussi **diviser le capital*** dont elles ont besoin en petites parts que l'on appelle « des **actions*** ». Les actions sont achetées en Bourse* par des personnes qui deviennent propriétaires d'autant de parts de l'entreprise qu'elles ont d'actions.

Les banques et l'argent du public

Les banquiers ont dû faire preuve de ruses pour convaincre les Français de déposer leur argent dans les banques.

Pour persuader le public de confier ces épargnes amassées sou par sou, cet argent enfoui dans des cachettes à une caisse […], il fallait de grands efforts d'habileté. […] Aussi, pour répandre l'emploi du chèque et introduire peu à peu l'usage des dépôts, a-t-il fallu promettre au public monts et merveilles. D'abord lui donner de gros intérêts […] ; non seulement encaisser son argent mais garder ses titres, en toucher les coupons et lui payer un intérêt des semestres encaissés.

D'après Bailleux de Marisy, « Mœurs financières de la France : les sociétés de crédit », *Revue des deux mondes*, 15 novembre 1872.

▲ Doc. 3

? Quels moyens les banques emploient-elles pour attirer l'argent du public (Doc. 3) ?

? Pourquoi les banques recherchent-elles l'argent de nombreuses personnes ?

Le capitalisme*

L'argent (Doc. 4) devient l'élément essentiel de **l'économie industrielle**. D'une part, les chefs d'entreprise en ont besoin pour produire, d'autre part, ils produisent pour faire des bénéfices. C'est le début de **l'ère du capitalisme**.

? Qu'y a-t-il dans le ventre de l'Argent (Doc. 4) ?

? Que tient l'Argent dans sa main gauche ?

? Que veut dire le caricaturiste en mettant une couronne sur la tête de l'Argent ?

▲ Doc. 4 : « L'Argent », caricature de François Kupka (1871-1954) parue en couverture de *L'Assiette au Beurre*, en janvier 1902.

Le sais-tu ?

Le mot « Bourse » provient de l'hôtel de la famille Van der Burse à Bruges (XVIe siècle) où se faisaient des échanges financiers.

* Lexique

Action : part du capital d'une entreprise.

Bourse : marché où les actions sont achetées et vendues.

Capital : somme d'argent nécessaire à la création et au fonctionnement d'une entreprise.

Capitalisme : organisation de l'économie dans laquelle le capital des entreprises provient des banques, des industriels et des actions vendues aux particuliers.

Industrialisation : façon dont un pays devient progressivement industriel.

Sidérurgie : industrie du fer et de l'acier.

Résumé

La modernisation de l'industrie s'est faite grâce aux machines et à l'emploi de nouvelles énergies (vapeur, pétrole, électricité). Cette modernisation exige l'emploi de sommes d'argent considérables fournies par les industriels, les banques et les particuliers.

9 J'observe... LA GRANDE

Au cours de ma carrière de journaliste, j'ai observé la grande bourgeoisie industrielle. J'ai rassemblé quelques documents pour écrire un article sur ces personnages.

Des carrières étonnantes

J'ai constaté que les grands bourgeois ont souvent hérité leur fortune de leurs ancêtres. Mais on trouve également des hommes et des femmes dont la volonté d'entreprendre, l'esprit d'innovation ou les connaissances techniques ont permis la réussite en une génération.

Eugène Schneider était un de ces grands « capitaines d'industrie ». Avant d'écrire son portrait, j'ai recherché les dates qui ont marqué sa vie et sa carrière (Doc. 1).

J'ai écrit il y a quelque temps un article sur Anne-Rosine Noilly-Prat, une industrielle réputée de la région marseillaise (Doc. 2). Je le relis et je m'interroge.

La vie d'Eugène Schneider

1805 : Naissance dans une famille de petits notaires et de propriétaires terriens, puis études au Conservatoire des arts et métiers.
1830 : Mariage avec la petite-fille d'un industriel qui apporte une très grosse dot.
1836 : Achat de l'ancienne fonderie royale du Creusot. L'usine devient une des plus importantes et des plus modernes usines sidérurgiques d'Europe.
1837 : Création d'une école pour les enfants des ouvriers. Plus tard, création de cités ouvrières et de caisses d'épargne pour les ouvriers.
1845 : Député de Saône-et-Loire.
1851 : Ministre du Commerce et de l'Agriculture.
1852-1867 : Vice-président du corps législatif, l'assemblée qui votait les lois.
1863 : Construction d'un hôpital à son nom.
1866 : Maire du Creusot.
1875 : Schneider meurt. Son fils lui succède.

▲ Doc. 1

Anne-Rosine Noilly-Prat (1825-1902)

Cette grande bourgeoise très riche est fille et épouse de fabricants de vermouth lyonnais installés en 1843 à Marseille. Devenue veuve, elle prend la direction des établissements Noilly-Prat. Pendant 37 ans, secondée par ses deux fils, elle en fait une entreprise de renommée internationale qui occupe 600 personnes et reçoit plusieurs médailles dans les expositions.

D'après Éliane Richard (dir.), *Noilly-Prat à Marseille*, La Thune, 2005.

▲ Doc. 2

? Je recherche si Eugène Schneider est né dans une famille d'industriels (Doc. 1).

? Je recherche comment il est arrivé à la tête des usines du Creusot.

? J'explique comment il est devenu un homme politique.

? Je recherche comment Madame Noilly-Prat est devenue patronne de son entreprise (Doc. 2).

? Je relève les éléments qui montrent sa réussite.

BOURGEOISIE INDUSTRIELLE

LE COIN DE L'HISTORIEN

J'ai suivi des grands patrons pendant leur journée de travail. Leur vie est entièrement consacrée à leur entreprise. Ils ne rentrent parfois chez eux que pour dormir ! J'ai recueilli leurs témoignages (Doc. 3 et 4).

Henri Schneider

La journée de huit heures ? Oh ! Je veux bien ! dit M. Schneider. […] Si tout le monde est d'accord, je serai le premier à en profiter, car je travaille moi-même plus de dix heures par jour […]. Seulement les salaires diminueront ou le prix des produits augmentera ! […] Pour moi, la vérité, c'est qu'un ouvrier bien-portant peut très bien faire ses dix heures par jour et qu'on doit le laisser libre de travailler davantage si cela lui fait plaisir.

J. Huret, *Enquête sur la question sociale : interview d'H. Schneider*, 1897.

▲ Doc. 3

Un patron s'exprime

Notre père a beaucoup travaillé et moi-même je travaille beaucoup […]. Trois fois au moins par semaine, je suis à l'usine à 5 heures et demie du matin. Il est vrai que je la quitte exactement le soir à 7 heures et demie et que je me couche à 9 heures et quart.

A. Motte, lettre, *in* L. Bergeron, *Les Capitalistes en France*, coll. « Archives », Julliard, 1979.

▲ Doc. 4

? Je relève dans le texte combien de temps Monsieur Schneider travaille par jour (Doc. 3). Je fais de même pour ses ouvriers.

? Je me demande si Monsieur Schneider souhaite diminuer le temps de travail de ses ouvriers.

? Je calcule combien de temps par jour ce patron passe dans son usine (Doc. 4).

La vie des bourgeois

Les femmes de la bourgeoisie jouent un rôle important dans la réussite de la famille. Elles tiennent leur maison, élèvent les enfants, organisent les réceptions… L'argent et les biens qu'elles apportent à leur mari au moment du mariage (la dot) sont primordiaux pour la carrière de celui-ci !

J'ai souvent été invité à des dîners, des soirées et même des week-ends à la campagne ! Les intérieurs bourgeois sont luxueux, les mets délicieux, les femmes élégantes… Un ami peintre m'a donné le tableau d'une de ces soirées bourgeoises (Doc. 5).

? Je recherche les signes de richesse de cet intérieur bourgeois (Doc. 5).

? Je décris les attitudes des invités.

▶ Doc. 5 : Une soirée bourgeoise peinte par Jean Béraud (1849-1936).

10 La révolution des transports

Au XIXe siècle, la révolution des transports bouleverse les économies et les sociétés.

La naissance du chemin de fer

En 1817, l'Anglais **Stephenson** construit des **locomotives à vapeur**. En 1830, **une ligne de chemin de fer** réunit les villes de Liverpool et de Manchester et, en 1850, l'Angleterre dispose de 10 000 kilomètres de voies ferrées.

Le chemin de fer se répand rapidement en Europe occidentale (Doc. 1) et aux États-Unis à partir des années 1835-1840. En 1878, la France dispose de 21 300 kilomètres de voies ferrées.

Pour faire circuler les trains, il a fallu aménager les voies ferrées, creuser des tunnels, construire des ponts et installer des gares. Cela a stimulé l'industrie.

? Quels pays possèdent le réseau ferré le plus dense (Doc. 1) ?

? À ton avis, pourquoi dit-on que le chemin de fer a été une révolution dans les transports ?

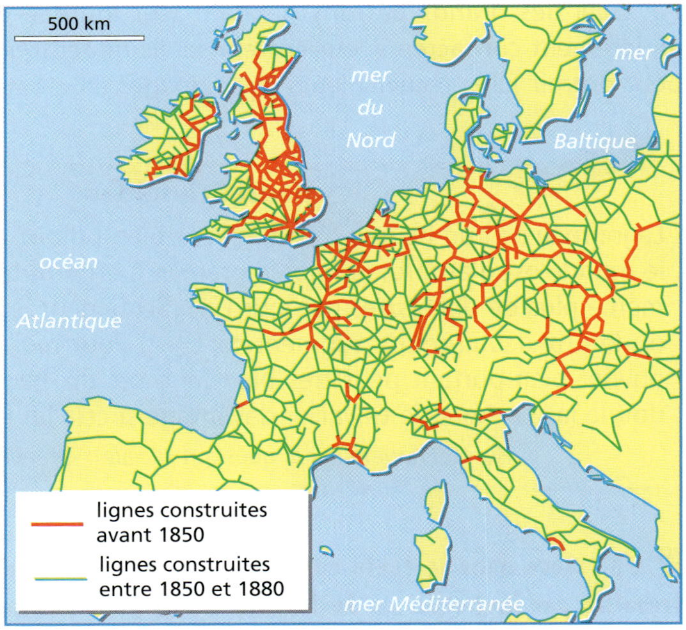

Doc. 1 : L'évolution du réseau de chemin de fer en Europe.

L'essor de la navigation maritime

À partir de 1850, les bateaux à vapeur appelés « **steamers** » (Doc. 2) sont construits en tôle. Ils peuvent transporter beaucoup plus de marchandises et de passagers que les bateaux à voiles. Le **commerce maritime** connaît ainsi un grand essor.

Pour accélérer les traversées, des canaux transocéaniques sont percés : le **canal de Suez** (1869) entre la Méditerranée et la mer Rouge, le **canal de Panama** (1914) entre l'océan Atlantique et l'océan Pacifique.

Doc. 2 : Un steamer illustré par Charles Magnus en 1863. Deux grandes roues, semblables à celles des moulins à eau, sont placées sur les flancs du navire et tournent grâce à une machine à vapeur. Elles permettent au bateau d'avancer rapidement.

? Décris le bateau au premier plan (Doc. 2).

? Que transporte-t-il ?

? Décris le port dans lequel arrive le steamer.

? Combien vois-tu de steamers dans ce port ?

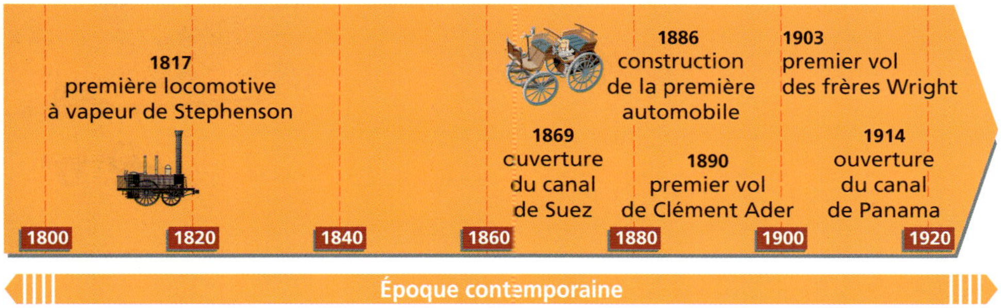

Le sais-tu ?

Clément Ader a fait voler un premier engin en 1890 et lui a donné le nom d'« Éole ». Ses autres engins ont pris le nom d'« avion ». Ce mot a servi ensuite à désigner tous les engins volants.

La naissance de l'automobile et de l'avion

L'automobile à essence naît en 1886 (Doc. 3). À ses débuts, elle coûte très cher et les fabricants n'en produisent parfois que quelques exemplaires. En 1914, seules les usines de l'Américain Henry Ford fabriquent* des automobiles en série.

L'aviation est à ses débuts : en 1890, **Clément Ader** fait décoller sur 50 mètres environ un premier engin et **les frères Wright** réalisent le premier vol en 1903.

* Lexique

Fabriquer en série : fabriquer en grand nombre des produits industriels.

? **Décris cette automobile (Doc. 3).**

? **Quelles différences observes-tu avec une automobile d'aujourd'hui ?**

Doc. 3 : Une automobile française Panhard-Levassor de 1914.

Résumé

Grâce à la révolution des transports, les hommes et les marchandises circulent plus facilement et plus vite. Des régions jusqu'ici isolées ont connu un développement nouveau et sont entrées dans le monde moderne.

Une mobilité accrue

Le chemin de fer et la navigation maritime multiplient les possibilités de **déplacement des idées, des hommes et des marchandises** (Doc. 4). Les matières premières et les produits industriels sont transportés sur de grandes distances. **Des régions autrefois isolées s'ouvrent au monde moderne.**

? **Décris les transformations apportées par le chemin de fer (Doc. 4).**

? **D'après toi, quelles en sont les conséquences sur la vie quotidienne et l'économie ?**

Doc. 4 : Avant et après la révolution des transports, illustrations de 1897.

11 L'urbanisation

Au XIXe siècle, la population des villes européennes augmente et les villes se transforment.

L'essor des villes

Le nombre et la taille des villes européennes (Doc. 1 et 2) augmentent considérablement au XIXe siècle grâce à **l'accroissement naturel** de la population, à **l'exode rural*** (Doc. 3), à la **révolution des transports** et à **l'industrialisation**.

Entre 1800 et 1914, la population urbaine européenne est multipliée par 7. En 1914, les deux plus grandes agglomérations européennes sont Londres (4,5 millions d'habitants) et Paris (près de 3 millions d'habitants).

1800	22 villes de plus de 100 000 habitants.
1860	40 villes de plus de 100 000 habitants.
1914	180 villes de plus de 100 000 habitants.

▲ Doc. 1 : Évolution du nombre des grandes villes européennes.

	1870	1910
ROYAUME-UNI	70 %	88 %
ALLEMAGNE	50 %	62 %
FRANCE	31 %	44 %

▲ Doc. 2 : Évolution de la population urbaine dans trois pays européens.

? À quoi vois-tu que l'urbanisation s'accélère au XIXe siècle (Doc. 1) ?

? Quel est le pays le plus urbanisé en 1910 (Doc. 2) ?

? Quel est le pays le moins urbanisé en 1910 ?

? Quel est le pays dont la population urbaine a le moins progressé ?

▼ Doc. 3

L'exode rural vers Lyon

L'exode rural est facilité par l'essor démographique, la révolution des transports et le développement de l'industrie.

Le voisinage d'un puissant bassin houiller a développé les industries nouvelles. [La cité est devenue] une gigantesque usine où toutes les productions se rencontrent. Le peuple des commerçants et des tisseurs [lyonnais] ne pouvait plus suffire. [Depuis] quarante ans, un flot continu de Savoyards, de Dauphinois, d'Auvergnats, de Suisses et d'Italiens se porte sur Lyon. […] Chaque jour, des industries nouvelles se créent, recrutant sans peine dans les milliers de bras venus de tous les points de l'immense région que parcourent le Rhône, la Saône, la Loire.

V. E. Ardouin-Dumazet, *Voyage en France : Sud-Est*, Berger Levrault, Paris,1902.

? Pourquoi des industries nouvelles se sont-elles développées à Lyon (Doc. 3) ?

? D'où viennent les nouvelles populations lyonnaises ?

? Pourquoi vont-elles à Lyon ?

? Comment appelle-t-on ce phénomène ?

Les transformations des villes

Pour faire face à cet afflux de population, **la ville se modernise et s'étend en surface**. Des quartiers anciens et malsains sont **abattus** et **reconstruits** avec des immeubles permettant de loger davantage de citadins.

Les populations aisées ont toujours les moyens d'habiter en centre-ville alors que les plus pauvres sont rejetées vers les périphéries malsaines où les loyers sont bon marché (Doc. 4).

Les **banlieues ouvrières** se développent le long des routes, des chemins de fer, des voies d'eau, des usines ou des mines…

Les ouvriers rejetés à la périphérie de Paris

Les vieux quartiers malsains de Paris sont abattus et reconstruits. Les loyers deviennent trop chers et les ouvriers quittent le centre de la ville. L'auteur décrit les vieux quartiers avant les démolitions.

L'immense majorité de ces expulsés était installée de père en fils dans ces quartiers, le fabricant s'y trouvait au milieu des ouvriers qu'il occupait et des marchands qui débitaient ses produits. Un beau matin, le marteau des démolisseurs s'abat et disperse tout cela. […] Tandis que l'on fait pénétrer l'air et la lumière dans le vieux Paris en ouvrant de larges boulevards, on voit se former aux extrémités de la ville des groupes de maisons étroites et malsaines, dans lesquelles vont s'entasser nos ouvriers.

J. E. Hom, *Les Finances de l'Hôtel de Ville*, 1867.

▲ Doc. 4

? **Décris le mélange des populations dans Paris avant les rénovations** (Doc. 4).

? **Quelles sont les conséquences de la modernisation de Paris pour les ouvriers ?**

De nouveaux équipements

Dans les villes, **les rues élargies** laissent passer la lumière et le soleil et **facilitent la circulation**. Des **gares** sont construites. Des **tramways*** et des **omnibus*** puis, parfois, le **métro*** (à Londres, Paris, New York) améliorent la circulation et les déplacements des voyageurs et des citadins. L'alimentation de la population est assurée par des halles centrales et redistribuée chez les commerçants.

L'hygiène et le confort s'améliorent dans les villes. L'eau potable arrive désormais dans les immeubles et des égouts souterrains évacuent les eaux usées. Le gaz, puis l'électricité facilitent la vie quotidienne des familles et permettent un meilleur éclairage des rues (Doc. 5).

◀ Doc. 5 : L'avenue de l'Opéra à Paris peinte en 1880 par Camille Pissarro (1830-1903).

? **Décris le tableau** (Doc. 5).

? **Comment Paris s'est-il modernisé ? Cite les éléments modernes que tu vois sur le tableau.**

Le sais-tu ?

Jusqu'à l'introduction de l'électricité, l'éclairage public était assuré par des réverbères appelés aussi « becs de gaz ». Un homme était chargé de les allumer et de les éteindre chaque jour.

* Lexique

Exode rural : départ massif des ruraux vers la ville.

Métro (ou métropolitain) : chemin de fer urbain, souvent souterrain.

Omnibus : voiture à cheval transportant des voyageurs dans une ville.

Tramway : voiture qui circule sur des rails en ville et transporte des voyageurs.

Résumé

Les villes se développent considérablement au XIXe siècle en Europe. Elles se modernisent : les transports, l'hygiène et le confort s'améliorent. Certains quartiers périphériques ou industriels commencent à regrouper les plus pauvres des habitants.

12 Les transformations de la société

Au XIXe siècle, la population française et européenne s'accroît et sa composition change profondément.

L'accroissement démographique

Au XIXe siècle, l'**hygiène** s'améliore, les **techniques** (mécanisation du travail agricole) et les **sciences** (vaccination) aussi. Grâce à ces progrès, **la population française et européenne vit mieux** : les épidémies régressent et l'alimentation s'améliore. La mortalité diminue, la durée de vie s'allonge et la population européenne augmente beaucoup (Doc. 1 et 2).

	POPULATION EUROPÉENNE (EN MILLIONS D'HABITANTS)	PART DE LA POPULATION EUROPÉENNE PAR RAPPORT À LA POPULATION MONDIALE
1800	187	20 %
1900	423	27 %

? Comment évolue la population de l'Europe au XIXe siècle (Doc. 1) ?

Doc. 1 : Évolution de la population européenne au XIXe siècle. La baisse de la mortalité infantile explique en partie l'accroissement de la population.

	ROYAUME-UNI	FRANCE	ALLEMAGNE
1800	15	27	23
1851	27	35	33
1900	41	38	56

Doc. 2 : Évolution de la population de trois pays au XIXe siècle (en millions d'habitants).

? Comment a évolué la population de chacun de ces pays (Doc. 2) ?

? Quel pays a vu sa population augmenter le plus ?

? La France a-t-elle autant progressé que les deux autres pays ?

La vie des paysans

Les **populations rurales*** **restent majoritaires en Europe**, sauf au Royaume-Uni (Doc. 3). La petite propriété agricole demeure familiale, les ouvriers agricoles sans terre sont nombreux.

Les **rendements agricoles augmentent** (Doc. 4), les conditions de vie des paysans s'améliorent et l'alphabétisation progresse. Mais les exploitations sont menacées par la surproduction et la concurrence, et de nombreux paysans ne trouvent pas assez de travail.

? Comment évolue la population agricole masculine en France et en Angleterre (Doc. 3) ?

? Quel pays a le moins d'agriculteurs en 1911 ?

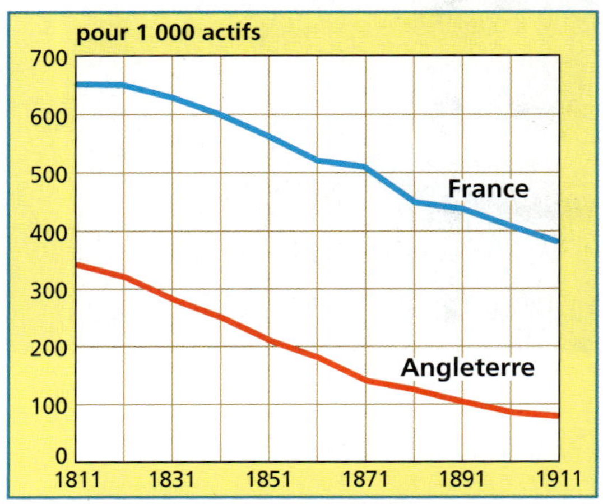

Doc. 3 : Évolution de l'emploi agricole masculin en France et en Angleterre entre 1811 et 1911.

▲ Doc. 4 : Publicité pour les engrais de 1911 par H. Gerbault.

? **Compare les deux dessins** (Doc. 4).

? **Quel produit permet d'avoir de bonnes récoltes ?**

? **Ce produit est-il efficace pour toutes les cultures ?**

? **Quel avantage cela représente-t-il pour le paysan ?**

Le monde rural en difficulté

À côté des paysans, les artisans et les commerçants du monde rural ont également du mal à vivre (Doc. 5). L'artisanat est concurrencé par les produits industriels. **De nombreux ruraux quittent la terre et vont en ville en espérant y vivre mieux et trouver un emploi**. C'est l'exode rural.

▲ Doc. 5 : Manifestation de vignerons dans le Midi, en 1906.

? **Quelles sont les craintes des vignerons** (Doc. 5) **?**

? **Que menacent-ils de faire ?**

Le sais-tu ?

La France reçoit dès le milieu du XIXe siècle des immigrants venus des pays voisins : Belges, Italiens, Allemands… Ils viennent travailler dans les mines et les industries qui manquent de personnel.

* Lexique

Rural : qui concerne la vie et les activités dans les campagnes (agriculture, artisanat, commerce, transports).

Résumé

La population européenne augmente au XIXe siècle car elle est mieux nourrie et mieux soignée. Les paysans restent les plus nombreux dans l'ensemble de l'Europe mais l'exode rural est important.

13 Les nouveaux comportements

L'urbanisation et l'industrialisation ont favorisé chez les Français l'apparition de nouveaux comportements culturels.

Le recul de la pratique religieuse

Les citadins, et en particulier les ouvriers (Doc. 1), vont moins à l'église. **Les mariages, les enterrements civils et le divorce** se développent.

À la campagne, la pratique religieuse reste très importante mais **le curé et l'instituteur** sont parfois en concurrence en ce qui concerne les enfants et leur éducation.

Les ouvriers et la religion

Claude Anthime Corbon (1808-1891) a été député en 1848. Il a créé un journal pour les ouvriers. Sous la IIIe République, il a été maire du 15e arrondissement de Paris, député puis sénateur.

L'immense majorité de la classe ouvrière de Paris appartient par le baptême à la religion catholique. [Mais le monde ouvrier] ne fréquente plus les églises qu'accidentellement pour des naissances, des mariages ou des enterrements. En assistant encore à certaines cérémonies religieuses, il ne fait plus qu'obéir à de vieilles habitudes.

C. Corbon, *Secret du peuple de Paris*, 1854.

▲ Doc. 1

Le sais-tu ?

Le Suisse Rodolphe Tœpfer est considéré comme l'inventeur de la bande dessinée. Il est le premier à avoir associé un texte et un dessin en 1833 dans *La Vie de M. Jabot*.

? Recherche ce qu'est le baptême (Doc. 1).

? Les ouvriers pratiquent-ils réellement la religion catholique ? Pourquoi ?

La diffusion de l'instruction

La société ressent **un grand désir de s'instruire** (Doc. 2). Savoir **lire, écrire et compter** devient un droit pour tous les citoyens et un instrument de **promotion sociale**. Toutefois, l'enseignement secondaire et supérieur ne touche qu'une très petite partie de la population.

Le succès de l'écrit

La vente des journaux progresse considérablement grâce à **l'alphabétisation*** et à la baisse des prix. La publicité payante procure de l'argent, le papier est meilleur marché, les nouvelles machines permettent de produire des journaux en masse.

La littérature, les magazines, les journaux pour enfants (*La Semaine de Suzette*, 1905) et la bande dessinée (*La Famille Fenouillard*, 1889) sont en essor.

▲ Doc. 2 : La visite d'une exposition peinte par B. O'Neill (1828-1917).

? Que font les visiteurs (Doc. 2) ?

? Paraissent-ils être des ouvriers ou plutôt des bourgeois ?

? À quoi voit-on qu'ils sont intéressés ?

1885 – 1890 – 1895 – 1900 – 1905

- **1889** première bande dessinée française : *La Famille Fenouillard*
- **1895** première séance publique de cinéma à Paris
- **1896** renaissance des Jeux olympiques
- **1903** premier Tour de France cycliste

Époque contemporaine

Les loisirs populaires

Au cours du XIXe siècle, le temps de travail diminue et les milieux populaires disposent d'un peu plus d'argent. De **nouveaux loisirs** se développent alors : sorties à la campagne, bals dans les guinguettes*, cafés-concerts*, music-halls* (Doc. 3), cirques, fêtes foraines… Le **cinéma apparaît au public en 1895** avec une projection des **frères Lumière** à Paris et prend son essor au début du XXe siècle.

Le sport attire beaucoup de monde. Les Jeux olympiques renaissent en 1896. Le Tour de France est lancé en 1903 et devient très vite populaire.

? **Que fait-on au Moulin-Rouge (Doc. 3) ?**

? **Quand peut-on y venir ?**

Doc. 3 : Affiche d'Henri de Toulouse-Lautrec (1864-1901) pour le cabaret *Le Moulin-Rouge* à Paris. La danseuse, surnommée « la Goulue », danse le *French cancan*.

Les expositions universelles

Les grandes villes d'Europe comme Londres et Paris réunissent périodiquement de grandes expositions qui connaissent un succès important auprès de la population (Doc. 4). On y montre **les machines et les techniques les plus modernes** ainsi que **les produits du monde entier**.

Doc. 4 : Exposition universelle de 1900 à Paris.

? **Décris les installations situées autour de la tour Eiffel (Doc. 4).**

* Lexique

Alphabétisation : apprentissage de la lecture et de l'écriture.

Café-concert : salle où l'on boit en regardant un spectacle.

Guinguette : café où l'on boit et où l'on danse en plein air.

Music-hall : théâtre présentant des spectacles de variétés.

Résumé

Les comportements culturels des Français changent au cours du XIXe siècle. La religion prend moins de place, l'alphabétisation et la lecture progressent, et les loisirs se développent.

14 Je suis... PHOTOGRAPHE

Je suis photographe à Paris. Cette ville s'est beaucoup transformée depuis 1850. Mes photographies montrent tous ces changements.

Haussmann et l'haussmannisation

Sous le Second Empire, le baron Haussmann (1809-1891), qui est le préfet de Paris, agrandit et embellit la ville. Il fait tracer des grands boulevards et construit des immeubles modernes. Il fait progresser l'hygiène et le confort. Mais les populations pauvres sont obligées de quitter le centre-ville devenu trop cher.

L'influence du baron Haussmann (Doc. 1) a été si forte qu'on parle d' « haussmannisation » pour définir les villes qui se modernisent comme Paris.

? **Je fais une recherche sur le baron Haussmann** (Doc. 1).

? **Je recherche quels architectes l'ont aidé à repenser le paysage urbain de la ville de Paris.**

Doc. 1 : Le baron Haussmann.

LE COIN DE L'HISTORIEN

De nouveaux commerces et des parcs sont apparus dans le Paris redessiné par Haussmann. Un ami peintre m'a montré un tableau d'une rue de Paris avant les travaux (Doc. 2). De mon côté, j'ai photographié une rue de Paris après les travaux d'Haussmann (Doc. 3).

? **J'observe les 2 documents** (Doc. 2 et 3).

? **Je décris la rue avant les transformations** (Doc. 2) **: chaussée, maisons, etc.**

Doc. 2 : Les Halles et la rue de la Tonnellerie en 1828 par Giuseppe Canella (1788-1847).

? Je décris les éléments nouveaux qui sont apparus dans le paysage urbain après les transformations par Haussmann (Doc. 3).

? Je recherche tous les bâtiments à but commercial.

? Je recherche les aménagements urbains (trottoirs, réverbères, etc.).

? J'explique en quoi les transformations du paysage urbain permettent de faire évoluer les habitudes des Parisiens.

◂ Doc. 3 : Une rue de Paris après les transformations d'Haussmann.

Le siècle du métal

Le XIXe siècle est le siècle du fer et de la fonte. Les architectes les utilisent partout : aux entrées de métro, sur les ponts. Les gares, les musées et les Grands magasins ont été construits avec des verrières reposant sur des charpentes métalliques. J'ai photographié la toute nouvelle tour de Gustave Eiffel (Doc. 4).

▴ Doc. 4 : La tour Eiffel en construction, en 1889.

? Je cherche avec quels matériaux Gustave Eiffel a fait construire sa tour (Doc. 4).

? Qu'ont pu penser les Parisiens en voyant cette construction ?

Les transports urbains

À Paris, la circulation des citadins et des provinciaux est très importante. Moi-même, j'habite à quatre stations de tramway de mon atelier de photographie. Souvent, je prends le métro (Doc. 5) pour mes affaires car, depuis 1900, Paris possède une ligne de métro, Vincennes-Neuilly, qui transporte 15 millions de personnes par an.

▴ Doc. 5 : Le métro parisien.

? Je décris la rame de métro et la station (Doc. 5).

? Je me demande quel est l'avantage du métro par rapport aux autres moyens de transport.

15 Luttes sociales et progrès sociaux au XIXe siècle

Au XIXe siècle, les ouvriers sont de plus en plus nombreux en France du fait de l'industrialisation. Ils se regroupent pour obtenir de meilleures conditions de travail et de vie. Des partis politiques* se préoccupent aussi de leur sort.

La naissance du syndicalisme

Depuis des siècles, les ouvriers créent entre eux des **associations professionnelles** d'entraide en cas de chômage* ou d'accident.

Après 1850, les ouvriers obtiennent le **droit de se regrouper en syndicats*** et de faire la grève pour obtenir de leurs patrons des améliorations de salaires et de conditions de travail (Doc. 1). La répression des grèves est parfois violente (Doc. 2).

? Selon cette affiche, quelles sont les conséquences de la journée de travail trop longue pour le travailleur et sa famille (Doc. 1) ?

? Que propose l'affiche pour améliorer le sort de l'ouvrier ?

▲ Doc. 1 : Affiche de la Confédération générale du travail (CGT) en 1895, année de sa création. Le syndicat lutte pour améliorer le sort des ouvriers.

Une manifestation à Courrières

En 1906, environ 1 100 mineurs sont tués lors d'une explosion dans la mine de Courrières.

La terrible catastrophe avait remué tout le pays. Depuis longtemps, le peuple des mineurs se plaignait des salaires de famine, du travail trop pénible, des conditions de sécurité insuffisantes. La colère grondait contre les compagnies [...], la grève éclata. [...] Une de ces manifestations, drapeau rouge en tête, se heurta aux gendarmes [...]. Soudain, en tête, il y eut un arrêt brusque, des coups de sifflet, des remous violents dans la foule et, soudain, une galopade éperdue. Les gendarmes chargeaient.

Maurice Thorez, *Fils du peuple*, Éditions Sociales, 1949.

▲ Doc. 2

? Pour quelles raisons les mineurs font-ils la grève (Doc. 2) ?

? Que font les gendarmes ?

La naissance du socialisme*

À partir de 1860, des hommes politiques appelés « socialistes » fondent **des partis** pour améliorer le sort de la classe ouvrière en Europe. Ils s'inspirent des travaux de l'Allemand **Karl Marx** (Doc. 3). Ainsi, en 1905, Jean Jaurès (Doc. 4) fonde la Section française de l'Internationale ouvrière (SFIO).

Les partis socialistes veulent **soit faire la révolution** pour changer radicalement de société, **soit améliorer** jour après jour **la vie des ouvriers** en faisant voter des lois en leur faveur. Beaucoup d'ouvriers sont attirés par le socialisme.

Manifeste du Parti communiste (1848)

Karl Marx (1818-1883) est un philosophe et un journaliste. Dans le Manifeste du Parti communiste, *il dénonce le capitalisme et propose une révolution.*

L'histoire de toute société jusqu'à nos jours est l'histoire de la lutte des classes. […] Au Moyen Âge, nous avons les seigneurs féodaux, les vassaux, les maîtres de corporation, les compagnons, les serfs […]. Ce qui distingue notre époque, l'époque de la bourgeoisie, c'est qu'elle a simplifié l'opposition des classes. La société tout entière se divise de plus en plus en deux grands camps ennemis, en deux grandes classes qui s'affrontent directement : la bourgeoisie et le prolétariat.

Karl Marx, *Manifeste du Parti communiste*, 1848.

◂ Doc. 3

? Cherche dans le dictionnaire la signification du mot « classe ».

? Quelles classes sociales se sont opposées au Moyen Âge selon Karl Marx (Doc. 3) ?

? Quelles classes sociales s'opposent au XIXe siècle selon lui ?

Jean Jaurès (1859-1914)

Professeur de philosophie et député socialiste, Jean Jaurès fonde le journal *L'Humanité* en 1904 et crée la SFIO en 1905. Patriote, mais opposé à la politique colonialiste de la France et à la guerre, il est assassiné le 31 juillet 1914 à Paris, trois jours avant le début de la Première Guerre mondiale.

▴ Doc. 4

? À quel mouvement politique appartenait Jean Jaurès (Doc. 4) ?

? Qu'a-t-il créé ?

Les progrès sociaux

La lutte sociale a contribué à améliorer le sort des ouvriers. Certaines **lois** ont réglementé le travail et diminué sa durée, d'autres ont accordé des droits sociaux et syndicaux (Doc. 5).

Même si les salaires sont meilleurs dès la fin du XIXe siècle, le sort de la classe ouvrière reste dominé par la **pauvreté** et la **précarité**.

Les progrès de la législation sociale en France

1841 : Interdiction du travail des enfants de moins de 8 ans.
1864 : Droit de grève toléré.
1874 : Création de l'Inspection* du travail.
1884 : Liberté syndicale accordée.
1892 : Temps de travail des femmes limité à 11 heures et interdit la nuit.
1898 : Responsabilité du patron en cas d'accident du travail.
1900 : Temps de travail limité à 10 heures.
1907 : Loi instaurant le repos hebdomadaire.
1910 : Retraites ouvrières financées par les employés, les employeurs et l'État.

▴ Doc. 5

? Que se passe-t-il en 1864 ? en 1884 (Doc. 5) ?

? Quelles sont les conséquences de ces deux lois ?

? Comment les conditions de vie et de travail des ouvriers se sont-elles améliorées au cours du siècle ?

* Lexique

Chômage : période pendant laquelle une personne ne trouve pas d'emploi.

Inspection du travail : administration chargée de vérifier l'application des lois du travail.

Parti politique : groupe de personnes ayant la même opinion politique.

Socialisme : mouvement politique en faveur d'une société plus juste.

Syndicat : organisation qui défend les intérêts des ouvriers.

Résumé

Les conditions de vie et de travail des ouvriers sont très mauvaises au XIXe siècle mais s'améliorent peu à peu.
Des syndicats et des partis politiques se créent pour les soutenir.

16 Le travail des enfants et des adolescents

L'industrialisation rend le travail des enfants très pénible. Peu à peu une législation se met en place pour les protéger.

Le travail des enfants : une question ancienne

En Europe et aux États-Unis, les enfants de famille modeste ont toujours travaillé. À la campagne, dès l'âge de 4 ou 5 ans, ils gardent les animaux. À la ville, ils aident leurs parents artisans.

L'industrialisation aggrave leur situation. Ils se retrouvent dans les usines (Doc. 1) ou les mines, isolés de leur famille. Ils sont **soumis aux mêmes conditions de travail que les adultes**, maltraités pour travailler vite, longtemps et bien.

? Décris les vêtements des enfants, les machines (Doc. 1).

? Que font les deux garçons ?

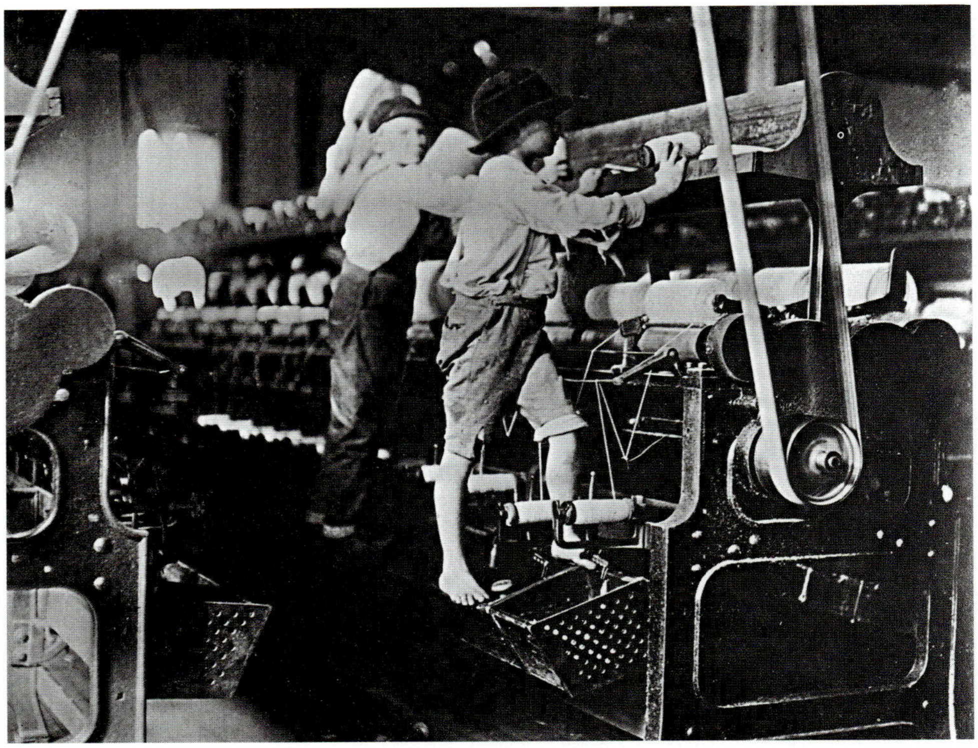

▲ Doc. 1 : Des enfants au travail dans une usine textile américaine, en 1908.

	SALAIRE JOURNALIER
ENFANTS DES GRILLES (NON SPÉCIALISÉS)	1,70 francs
FEMMES DES USINES	2,10 francs
OUVRIERS DES GRILLES (NON SPÉCIALISÉS)	2,85 francs
OUVRIERS DES LAVOIRS	3,10 francs
PIQUEURS, MINEURS, BOISEURS	5,45 francs

▲ Doc. 2 : Les salaires des ouvriers de la mine de Carmaux en 1902. En 1914, 1 franc permet d'acheter 2 kilos de pain et 1 litre de lait.

Les enfants au travail

Les chefs d'entreprise apprécient les jeunes travailleurs parce qu'ils les payent peu (Doc. 2) et qu'ils font des travaux que les adultes ne peuvent pas faire facilement : nouer les fils sous une machine à tisser, pousser des wagonnets de charbon dans des galeries peu élevées… Beaucoup de ces travaux sont inadaptés aux forces réelles des enfants et **les accidents sont nombreux**.

? Quels sont les ouvriers qui ont le plus fort salaire (Doc. 2) ?

? Quel est le salaire d'un enfant ?

Le travail des enfants contesté

Certaines personnes, comme **Victor Hugo** (Doc. 3 et 4), sont hostiles au travail des enfants. D'autres jugent leur travail indispensable à l'industrie et pensent que la décision de les faire travailler revient aux parents. Peu à peu, une partie de **l'opinion** se mobilise en Europe **contre le travail des enfants**.

? Retrouve les mots qui montrent l'hostilité de Victor Hugo au travail des enfants (Doc. 3).

? À ton avis, ce poème pouvait-il influencer les personnes qui le lisaient ? Pourquoi ?

? Cherche les idées communes au dessin de Victor Hugo (Doc. 4) et à son poème (Doc. 3).

**Victor Hugo
et le travail des enfants**

Où vont tous ces enfants dont pas un seul ne rit ?
Ces doux êtres pensifs que la fièvre maigrit ?
Ces filles de huit ans qu'on voit cheminer seules ?
Ils s'en vont travailler quinze heures sous des meules ;
Ils vont, de l'aube au soir, faire éternellement,
Dans la même prison, le même mouvement.
Accroupis sous les dents d'une machine sombre, […]
Innocents dans un bagne, anges dans un enfer,
Ils travaillent. Tout est d'airain, tout est de fer.
Jamais on ne s'arrête et jamais on ne joue. […]
Il fait à peine jour, ils sont déjà bien las…

Victor Hugo (1802-1885), *Mélancholia*, 1856.

▲ Doc. 3

▶ Doc. 4 : Gravure de Victor Hugo illustrant ce poème, 1880.

La législation

Aux États-Unis, le travail des enfants augmente pendant tout le XIXe siècle.

En Europe, des **lois limitant le travail des enfants et des adolescents** sont mises progressivement en place mais elles sont souvent mal appliquées (Doc. 5). Seule la scolarité obligatoire met fin au travail des jeunes enfants.

	RÉDUCTION DE LA DURÉE DU TRAVAIL DES ENFANTS ET DES ADOLESCENTS EN FRANCE
1841	Interdiction du travail des enfants de moins de 8 ans et limitation du travail à 12 heures entre 8 et 16 ans.
1851	Durée du travail limitée à 10 heures au-dessous de 14 ans et à 12 heures entre 14 et 16 ans.
1874	Interdiction du travail des enfants de moins de 13 ans, du travail de nuit pour les filles mineures et pour les garçons de moins de 16 ans. Le repos du dimanche devient obligatoire pour les ouvriers âgés de moins de 16 ans.
1892	Durée du travail limitée à 10 heures pour les jeunes de moins de 18 ans.

▲ Doc. 5

? Pour qui le repos du dimanche devient-il obligatoire ? À quelle date ?

Le sais-tu ?

Sous l'Ancien Régime, on estimait qu'un enfant de six ans en bonne santé pouvait travailler suffisamment pour ne rien coûter en nourriture à sa famille.

Résumé

Au début du XIXe siècle, les enfants travaillent durement dès l'âge de six ans dans les usines et les mines. Peu à peu une législation adaptée et la scolarisation obligatoire permettent de les protéger.

17 Autres temps, autres récits

Au XIXe siècle, les écrivains s'intéressent à la société de leur époque et prennent position sur le plan politique. Les récits et romans de voyages deviennent à la mode.

Victor Hugo

Victor Hugo (1802-1885) (Doc. 1) décrit abondamment la société française de son temps dans ses **romans**, ses **poèmes** et ses **pièces de théâtre**. Il condamne les violences, les injustices, la peine de mort et l'esclavage.

Son hostilité à Napoléon III (Doc. 2) le conduit en exil dans les îles anglo-normandes d'où il ne revient qu'à la chute de l'empereur.

Victor Hugo a été monarchiste, puis républicain. Il a été plusieurs fois député.

▲ Doc. 1 : Victor Hugo peint par Léon Joseph Bonnat (1833-1922).

La mort d'un enfant lors du coup d'État du 2 décembre 1852

L'enfant avait reçu deux balles dans la tête.
Le logis était propre, humble, paisible, honnête ;
On voyait un rameau béni sur un portrait.
Une vieille grand-mère était là qui pleurait.
Nous le déshabillions en silence. Sa bouche,
Pâle, s'ouvrait : la mort noyait son œil farouche ;
Ses bras pendants semblaient demander des appuis.
Il y avait dans sa poche une toupie en buis. […]
Monsieur Napoléon, c'est son nom authentique,
Est pauvre, et même prince ; il aime les palais ;
Il lui convient d'avoir des chevaux, des valets,
De l'argent pour son jeu, sa table, son alcôve,
Ses chasses : par la même occasion, il sauve,
La famille, l'Église et la société ;
Il veut avoir Saint-Cloud plein de roses l'été,
Où viendront l'adorer les préfets et les maires ;
C'est pour cela qu'il faut que les vieilles grand-mères,
De leurs pauvres doigts gris que fait trembler le temps,
Cousent dans le linceul des enfants de sept ans.

Victor Hugo, *Les Châtiments*, 1853.

▲ Doc. 2

? **Quelle est la nature de ce texte (Doc. 2) ?**

? **À quelle occasion Victor Hugo a-t-il écrit ce poème ?**

? **Victor Hugo est-il favorable à Napoléon III ? Relève les éléments du texte qui l'indiquent.**

Émile Zola

Comme Victor Hugo, **Émile Zola** (1840-1902) (Doc. 4) est un des plus grands écrivains français. Il fait dans ses **romans** un **tableau de la vie économique et sociale** de la France (Doc. 3). Toutes les classes sociales, les riches comme les pauvres, sont décrites.

Un coup de chance à la Bourse

Dans le premier chapitre de L'Argent*, Émile Zola présente un homme qui s'est enrichi à la Bourse.*

[C'était] le célèbre Amadieu, que la Bourse vénérait, depuis son fameux coup sur les mines de Selsis. Lorsque les titres* étaient tombés à quinze francs, et que l'on considérait tout acheteur comme un fou, il avait mis dans l'affaire sa fortune, deux cent mille francs, au hasard, sans calcul ni flair, par un entêtement de brute chanceuse. Aujourd'hui que la découverte de filons réels et considérables avait fait dépasser aux titres le cours de mille francs, il gagnait une quinzaine de millions ; et son opération imbécile, qui aurait dû le faire enfermer autrefois, le haussait maintenant au rang des vastes cerveaux financiers.

Émile Zola, *L'Argent*, 1891.

▲ Doc. 3

Émile Zola s'engage politiquement. Dans un célèbre article du journal *L'Aurore*, il prend la défense du capitaine Alfred Dreyfus, de religion juive, injustement accusé de trahison (Doc. 5). Il est exilé.

? Pourquoi Amadieu est-il qualifié de « brute chanceuse » (Doc. 3 page 42) ?

? Pourquoi son achat de titres est-il qualifié d'« opération imbécile » ?

? Pourquoi peut-on dire qu'Amadieu est un boursicoteur (voir « Le sais-tu » ?)

J'accuse

Émile Zola écrit une lettre ouverte au président de la République, publiée dans le journal L'Aurore *le 13 janvier 1898. Il accuse l'armée d'avoir fait condamner le capitaine Dreyfus pour haute trahison sur une pièce tenue secrète pendant le procès et parce qu'il était juif.*

J'accuse [certains chefs de l'armée d'être responsables ou complices de cette] erreur judiciaire, d'avoir eu entre les mains les preuves certaines de l'innocence de Dreyfus et de les avoir étouffées, dans un but politique, et pour sauver l'état-major compromis. J'accuse enfin le premier conseil de guerre d'avoir violé le droit, en condamnant un accusé sur une pièce restée secrète, et j'accuse le second conseil de guerre d'avoir couvert cette illégalité.

Émile Zola, « J'accuse », *L'Aurore*, 13 janvier 1898.

▲ Doc. 5

Les romans et récits de voyages

Au XIXe siècle, les Européens multiplient les explorations et les voyages dans le monde entier. **Le public adore les récits des explorateurs**, des **géographes** (Doc. 6) et des **voyageurs**. Ils y décrivent des populations et des civilisations nouvelles. Les romans inspirés des voyages ou des pays lointains connaissent aussi un grand succès.

? De quel type d'écrit s'agit-il (Doc. 5) ?

? Pourquoi Zola écrit-il cette lettre ?

Un récit de géographe

L'Inde passe pour le plus riche et le plus beau canton de la Terre. Elle a les plus hautes montagnes, ses plaines sont exubérantes, ses fleuves admirables et 250 millions d'hommes, la sixième partie de la race mortelle*, y vivent dans une chaude nature. Mais dans ses marais en éternelle fermentation rampe le choléra, roi des épouvantements.
Tout y est grand, les pics, les eaux, les marais, les déserts, la fécondité, la stérilité, la famine, les pestes. C'est par cent mille que les typhons y noient les hommes, par millions que la pestilence ou la faim les emporte.

Onésime Reclus, *France, Algérie et Colonies*, Hachette, 1880.

* la population mondiale

▲ Doc. 6

? Quelle est l'opinion de l'auteur sur l'Inde (Doc. 6) ?

? Relève les mots qui montrent que l'Inde est un beau pays.

? Relève les mots qui montrent que l'Inde est remplie de dangers.

▲ Doc. 4 : Émile Zola photographié par Nadar.

Le sais-tu ?

Un boursicoteur est une personne qui achète des actions avec de petites sommes d'argent en espérant faire un bénéfice au moment de la revente.

* Lexique

Titre : action achetée en Bourse.

Résumé

Les écrivains du XIXe siècle comme Victor Hugo et Émile Zola décrivent la société de leur temps. De nombreux récits de voyages passionnent les lecteurs qui découvrent de nouvelles régions du monde.

18 Autres temps, autres images

De nouveaux types d'images apparaissent au XIXᵉ siècle grâce aux inventions techniques.

La photographie

La **photographie** naît en France dans les années 1820-1830. Le procédé s'améliore peu à peu et la photographie devient une **industrie** qui réalise des **portraits** (Doc. 1), des **paysages**, de **grands reportages**. Faire des photographies est un métier et un loisir appréciés.

? **Décris la position d'Alphonse Daudet** (Doc. 1)**.**

? **Que vois-tu en bas à droite de la photo ?**

Doc. 1 :
L'écrivain Alphonse Daudet photographié par Nadar.
Nadar (1820-1910) a photographié les grandes personnalités de son époque (écrivains, auteurs) et a réalisé les premières photos prises en ballon.

La carte postale

La première carte postale date de 1869. Les cartes postales sont d'abord non illustrées, puis sont décorées de dessins, de publicités, puis de photographies (Doc. 2). Elles sont **très diversifiées** et montrent tous les types de paysages possibles, des monuments, des personnages. **En 1914, la France en produit des millions**.

? **Quel est le titre de cette carte postale** (Doc. 2) **?**

? **Décris la scène.**

? **Compare ce document avec une carte postale du bord de mer aujourd'hui.**

Doc. 2 :
Carte postale, 9 août 1919.

1820-1830 invention du procédé photographique

1869 premières cartes postales

28 décembre 1895 première séance publique de cinéma

1820 | 1840 | 1860 | 1880 | 1900

Époque contemporaine

Doc. 3 : Une colonne Morris en 1890 peinte par Jean Béraud (1849-1936).

L'affiche publicitaire

Les **affiches publicitaires** naissent au XIXe siècle. Elles s'adressent aux professionnels et aux particuliers (Doc. 3). On les colle sur les murs ou sur les palissades, on les peint sur les murs aveugles des maisons.

Avec la naissance des Grands* magasins et le développement de l'industrie, la publicité se développe. Elle vante les mérites du commerce et des nouveaux objets de consommation : l'automobile, l'électricité, les engrais, les machines agricoles…

? **À quoi sert la colonne Morris (Doc. 3) ?**

? **Que font les deux personnages ?**

Le cinéma

Le 28 décembre 1895, les frères Lumière organisent à Paris la première séance publique de cinéma. Le cinéma se développe réellement à partir du début du XXe siècle et devient une véritable industrie avec ses techniques, son financement et ses acteurs (Doc. 4).

? **Comment la Lune est-elle représentée (Doc. 4) ?**

? **Qu'a-t-elle dans son œil ?**

? **Pourquoi peut-on dire que cette scène est imaginaire ?**

Doc. 4 : Scène extraite du film de Georges Méliès, *Le Voyage dans la Lune*, en 1902. Georges Méliès est l'un des premiers réalisateurs de cinéma.

Le sais-tu ?

Louis Lumière a inventé le premier procédé de photographie en couleurs. Il utilisait de la fécule de pomme de terre étendue sur une plaque de verre.

* Lexique

Grand magasin : magasin où sont regroupés dans un grand immeuble toutes les marchandises possibles (habillement, chaussures, mobilier, parfumerie, etc.).

Résumé

Les innovations techniques du XIXe siècle ont permis le développement de nouvelles images. L'image devient plus présente dans le quotidien.

19 La IIIe République

La IIIe République s'enracine progressivement dans la société française. Elle lui assure les libertés qu'elle réclamait.

La Commune*

La **IIIe République est proclamée** le 4 septembre 1870. Le gouvernement provisoire signe un **armistice avec la Prusse** et mécontente les Parisiens.

De mars à mai 1871, les Parisiens se soulèvent et forment la **Commune** de Paris (Doc. 1, 2 et 3) qui instaure un **pouvoir révolutionnaire**. Le gouvernement ordonne une terrible répression (plus de 20 000 morts).

Déclaration de la Commune au peuple français le 19 avril 1871

Cette fois encore le peuple de Paris travaille et souffre pour la France entière. [...] Que demande-t-il ?
La reconnaissance et la consolidation de la République, seule forme de gouvernement compatible avec les droits du peuple et le développement régulier et libre de la société.
L'autonomie absolue de la Commune étendue à toutes les localités de la France et assurant à chacun l'intégralité de ses droits et à tout Français le plein exercice de ses facultés et de ses aptitudes comme homme, comme citoyen et producteur.
[Paris] se réserve d'opérer comme il l'entendra chez lui les réformes administratives et économiques que réclame sa population.

▲ Doc. 1

? Cherche dans un dictionnaire la définition des mots difficiles (Doc. 1).

? Que demande la Commune de Paris ?

▸ Doc. 3 : *Louise Michel haranguant les communards,* scène peinte par Jules Girardet, en 1883.

Louise Michel (1830-1905)

Louise Michel est une institutrice qui participe activement à la Commune de Paris (Doc. 3). Elle est à cause de cela déportée six ans en Nouvelle-Calédonie. Elle y soutient les Kanaks (Canaques) qui sont les populations locales colonisées par la France ; elle leur fait l'école.
Louise Michel est l'auteur de nombreuses œuvres, dont des écrits politiques, des poèmes et des romans.

▲ Doc. 2

? Qui est Louise Michel (Doc. 2) **?**

? Pourquoi est-elle déportée ?

? Qu'a-t-elle écrit ?

? Cherche des informations sur les actions de Louise Michel pendant la Commune.

? Dans quelle attitude Louise Michel est-elle peinte ? Pourquoi (Doc. 3) **?**

? Qu'y a-t-il dans le trou du mur ? Pourquoi ?

? Décris les personnes qui l'écoutent. Qu'a voulu dire le peintre ?

- **1870**
  - **4 septembre 1870** proclamation de la IIIe République
  - **mars-mai 1871** la Commune de Paris
- **1880**
  - **1881** liberté de la presse et liberté de réunion
  - **1881-1882** école gratuite, laïque et obligatoire
  - **1884** liberté syndicale
- **1890**
- **1900**
  - **1905** liberté d'association
  - **1905** séparation des Églises et de l'État
- **1910**

Époque contemporaine

Les lois républicaines

La IIIe République installe un **régime parlementaire**. Le pouvoir est partagé entre les assemblées (Chambre des députés et Sénat).

De 1881 à 1889, des lois établissent les **grandes libertés** que les Français attendaient : liberté de la presse (1881), liberté de réunion (1881) et d'association (1905), liberté syndicale (1884).

En 1905, les querelles religieuses aboutissent à la **séparation des Églises et de l'État** (Doc. 4). L'État français devient un **État laïque***.

Les lois scolaires

En 1881 et 1882, le ministre de l'Instruction publique, **Jules Ferry**, instaure **l'école primaire gratuite, laïque et obligatoire**. L'école forme les citoyens et les travailleurs dont la France a besoin. On construit 20 000 écoles nouvelles.

La République enracinée

La République s'enracine progressivement en France. Les libertés sont garanties. Grâce au **suffrage universel masculin**, les élections font de la République l'affaire de toutes les familles. L'école répand la langue française dans toutes les régions. Le **14 Juillet** devient la **fête nationale** (Doc. 5) qui rassemble tous les Français.

À la veille de la Première Guerre mondiale, les opposants à la République ne sont plus qu'une minorité et la nation* française paraît unie.

▲ Doc. 5 : La fête du 14 Juillet, place de la République, à Paris, en 1880.

? Que fête-t-on en France le 14 Juillet (Doc. 5) ?

? Décris les personnages.

? Cherche les éléments qui montrent combien la République est au centre de cette fête.

La loi de séparation des Églises et de l'État

ARTICLE 1 : La République assure la liberté de conscience. Elle garantit le libre exercice des cultes.

ARTICLE 2 : La République ne reconnaît ni ne salarie aucun culte.

▲ Doc. 4

? Que garantit la République (Doc. 4) ?

? Que ne fait-elle pas ?

Le sais-tu ?

« Le président de la République est élu pour sept ans ». Cette phrase inscrite dans une loi votée à une seule voix de majorité (353 contre 352) marque la naissance de la IIIe République. Jusque-là, certains députés espéraient rétablir la monarchie.

* Lexique

Commune : gouvernement révolutionnaire installé à Paris entre mars et mai 1871.

Laïque : qui est indépendant de toute religion.

Nation : peuple qui a conscience de son unité et désire vivre en commun.

Résumé

La IIIe République répond aux souhaits des Français : les lois républicaines accordant les libertés fondamentales sont votées. En 1914, la République est bien enracinée en France.

Je vais... À L'ÉCOLE

Je suis écolière. J'ai vécu de grands changements depuis que Jules Ferry est devenu ministre de l'Instruction publique en 1880. Je vais vous raconter tout ce que j'ai observé.

1882 : tous les enfants vont à l'école

Si tous les enfants vont aujourd'hui à l'école, c'est grâce à Jules Ferry (Doc. 1). C'est lui qui a rendu l'enseignement primaire gratuit, laïque et obligatoire dans une loi de 1882.

? J'observe la photo de Jules Ferry (Doc. 1).

? Je recherche des renseignements sur sa carrière politique.

Doc. 1 : Portrait de Jules Ferry (1832-1893).

Je lis la loi qu'il a fait promulguer (Doc. 2).

Loi du 28 mars 1882 sur l'instruction primaire

Article 4 : L'instruction primaire est obligatoire pour les enfants des deux sexes de 6 ans révolus à 13 ans révolus ; elle peut être donnée soit dans les établissements d'instruction primaire ou secondaire, soit dans des écoles publiques ou libres*, soit dans les familles par le père de famille lui-même ou par toute personne qu'il aura choisie [...].

Article 6 : Il est institué un certificat d'études primaires : il est décerné après un examen public auquel pourront se présenter les enfants dès l'âge de 11 ans. Ceux qui, à partir de cet âge, auront obtenu le certificat d'études primaires seront dispensés du temps de scolarité obligatoire qui leur restait à passer.

* Écoles religieuses le plus souvent.

Doc. 2

Je m'interroge :

? Combien d'années dure l'instruction primaire obligatoire (Doc. 2) ?

? Où les enfants peuvent-ils recevoir cet enseignement ?

? Pourquoi certains élèves peuvent-ils quitter l'école à 11 ans ?

Doc. 3 : École de Buigny-les-Gamaches vers 1900-1905.

L'école communale

Chacune de nos communes a l'obligation de construire une école pour les enfants des deux sexes. Dans les écoles, les filles et les garçons sont séparés (Doc. 3) sauf si l'école possède une classe unique.

J'observe la photo de classe de mon frère Étienne et je m'interroge :

? Comment se tiennent tous les garçons (Doc. 3) ?

? Où est placé l'instituteur ?

DE JULES FERRY

Ma classe

Dans ma classe, nous travaillons avec beaucoup d'application. Un peintre est venu nous dessiner pendant un cours (Doc. 4).

Je regarde le tableau et je décris notre matériel de travail (Doc. 4).

Je dis ce que nous faisons.

Je dis ce que fait la maîtresse.

Je décris la façon dont nous sommes habillées.

Doc. 4 : *La Dictée*, peinte en 1891 par Demetrio Cosola (1851-1895).

LE COIN DE L'HISTORIEN

Nous n'apprenons pas seulement à lire, écrire et compter. L'histoire et la géographie, l'anatomie et les plantes sont aussi à notre programme. Nous ne devons parler que le français, alors qu'à la maison nos parents ne le parlent pas toujours. On nous apprend la morale, le respect et l'amour de la patrie républicaine. Un monsieur, appelé Ernest Lavisse, est venu nous en parler en classe. Voici ce qu'il nous a dit (Doc. 5).

Le patriotisme à l'école

Le vrai patriotisme a besoin d'être cultivé. […] Enseignement moral et patriotique : là doit aboutir l'enseignement de l'histoire à l'école primaire. […] Pour tout dire, si l'écolier n'emporte pas avec lui le vivant souvenir de nos gloires nationales, s'il ne sait pas que ses ancêtres ont combattu sur mille champs de bataille pour de nobles causes ; s'il n'a point appris ce qu'il a coûté de sang et d'efforts pour faire l'unité de notre patrie et [faire ensuite naître] les lois qui nous ont rendus libres, s'il ne devient pas un citoyen pénétré du sentiment de ses devoirs et un soldat qui aime son fusil, l'instituteur aura perdu son temps.

Ernest Lavisse, *Questions d'enseignement national*, Armand Colin, 1885.

Doc. 5

Je cherche dans un dictionnaire la signification du mot « patriotisme ».

Je me demande pourquoi Ernest Lavisse veut que les écoliers emportent avec eux « le vivant souvenir de nos gloires nationales » (Doc. 5).

Je relève les mots qui montrent que l'école de Jules Ferry est tournée vers un enseignement patriotique et moral.

La discipline à l'école

Voici ce que notre maîtresse nous a dit le jour de la rentrée des classes (Doc. 6).

La discipline

On respecte sa classe, ses maîtres et ses camarades en ne pénétrant dans les salles qu'avec une tenue correcte et digne, avec le sentiment que l'on entre dans une sorte de temple, de lieu sacré. On ne doit pas y bavarder, y faire du bruit, y courir, y jouer. Même pendant les récréations, même lorsqu'il n'y a personne, on doit y demeurer découvert et silencieux.

P. Pinasseau et E. Egal, Cours moyen d'instruction morale et civique, Châteauroux, 1896.

Doc. 6

J'essaie de me souvenir comment nous devons nous tenir en classe (Doc. 6).

21 Les femmes dans la vie politique et sociale

Au XIXe siècle, les femmes au travail sont nombreuses. Mais les lois et les coutumes les maintiennent dans l'inégalité avec les hommes.

Les femmes et le travail

Les femmes des **milieux populaires** associent généralement le **travail domestique** et le **travail professionnel**. À la campagne, elles entretiennent le jardin, le potager et la basse-cour, elles participent aux travaux des champs. En ville, elles reçoivent des salaires très inférieurs à ceux des hommes. Elles sont **domestiques**, **ouvrières** à domicile, en usine (Doc. 1) ou dans les mines. Un ouvrier sur trois est une femme.

Les **bourgeoises** ne travaillent pas à l'extérieur. Elles **s'occupent de la maison et des enfants**, des œuvres de charité et organisent des réceptions.

Doc. 1 : Gravure représentant des femmes au travail dans un atelier de tissage à Bagatelle, en 1884.

? Décris la scène, les personnages, les machines (Doc. 1).

? Compte les ouvriers, puis les ouvrières au travail.

? Font-ils les mêmes travaux ?

Les femmes et la société

Le Code civil de 1804 fait des femmes des **mineures éternelles** en les mettant sous l'autorité de leur père puis de leur mari. Elles ne peuvent pas gérer leurs biens, elles ne peuvent pas travailler ni même avoir un passeport sans leur autorisation.

Toutefois, les femmes accèdent progressivement à la **culture grâce à l'école** et à **davantage de liberté** dans leur vie.

Regarde la frise chronologique page 51.

? Quelles lois permettent la scolarisation des filles ?

? Quelle loi donne davantage de liberté d'action aux femmes ?

Les femmes et la démocratie

Les femmes sont encore exclues du droit* de vote en 1848. Elles ne trouvent pas leur place dans la vie politique ou syndicale, qui reste l'affaire des hommes.

De nombreuses voix s'élèvent cependant **contre l'exclusion politique et sociale des femmes**. Elles proviennent d'écrivains comme **George Sand** (Doc. 2 et 3) et Victor Hugo, de femmes qui s'engagent en politique comme Flora Tristan et Louise Michel.

1830 — 1836 : enseignement primaire public pour les filles

1850

1867 : cours secondaires féminins publics

1870 — 1876 : premier groupe de suffragistes françaises

1881-1882 : enseignement primaire gratuit, laïque et obligatoire

1884 : rétablissement du divorce

1890

1910

Époque contemporaine

Dès la fin du siècle, des femmes se mobilisent en vain au Royaume-Uni et en France pour **réclamer le droit de vote**. Leur mouvement s'appelle « le **suffragisme*** » et on les appelle par dérision « **les suffragettes** ».

George Sand (1804-1876)

George Sand est une grande romancière française. Son œuvre est inspirée par le romantisme. Elle y parle de l'amour et fait la critique de la société (Doc. 3) qu'elle voudrait plus fraternelle et plus juste. George Sand a participé à la révolution de 1848 en écrivant dans des journaux et en travaillant avec les hommes politiques du moment.

▲ Doc. 2

Qui est George Sand (Doc. 2) ?

De quoi parle son œuvre ?

Le rôle des femmes dans la société

Je voudrais qu'elle pût s'occuper davantage de l'éducation de ses enfants, compléter celle de ses filles et préparer celle que ses fils doivent recevoir de l'État à un certain âge [...]. Je crois que les femmes [sont] aptes à tous les arts et même à toutes les fonctions comme les hommes. [...] Je voudrais qu'elles puissent apprendre et exercer la médecine, la chirurgie et la pharmacie [...]. Un temps viendra donc, peut-être, où le domaine des sciences, des arts et de la philosophie sera ouvert aux deux sexes.

George Sand, *Souvenirs et idées*, ouvrage posthume paru en 1904.

▲ Doc. 3

Quel rôle George Sand veut-elle voir jouer aux mères de famille (Doc. 3) ?

Selon elle, quels métiers et quelles fonctions devraient être ouverts aux femmes ?

Écrirait-on la même chose aujourd'hui ? Pourquoi ?

▲ Doc. 4 : Manifestation de femmes à Londres, en 1905.

Que demandent ces femmes (Doc. 4) ?

Quand l'ont-elles obtenu ?

Le sais-tu ?

En 1909, le port du pantalon est toujours un délit pour la femme, sauf si elle tient un guidon de bicyclette ou un cheval.

* Lexique

Droit de vote : droit d'élire les députés, les conseillers municipaux.

Suffragisme : mouvement qui cherche à obtenir le droit de vote pour les femmes.

Résumé

Au XIXe siècle, les femmes sont très présentes au travail et dans les familles. Mais la société leur refuse l'égalité juridique avec les hommes et le droit de vote.

La création artistique et littéraire

Au XIXe et au début du XXe siècles, les arts et la littérature connaissent d'immenses bouleversements.

Le romantisme

Un courant artistique et littéraire, le romantisme, se répand en Europe dans la première moitié du XIXe siècle. Il **met en valeur les sentiments personnels** : les émotions, la passion et la souffrance. **La défense des valeurs politiques ou nationales** tient aussi une grande place.

L'Allemand **Goethe** (Doc. 1) et le Français **Victor Hugo** font partie de cette école littéraire.

Les souffrances du jeune Werther

Werther exprime son émotion devant le bonheur que fait naître en lui une jeune fille qu'il a rencontrée.

J'ai fait une connaissance qui touche mon cœur de près. J'ai... je ne sais pas. Te raconter bien posément comment il est arrivé que j'ai fait la connaissance de la plus aimable personne sera difficile. Je suis content, je suis heureux, je ne suis donc pas un grand faiseur de récit.

Un ange ! Fi, chacun dit cela de la sienne, n'est-ce pas ? Et pourtant je ne suis pas en état de te dire à quel point elle est accomplie, et pourquoi elle est si parfaite. Qu'il suffise de dire qu'elle a pris possession de toute ma sensibilité. Je n'étais plus un être de chair. Tenir dans ses bras la plus aimable des créatures, et tourbillonner avec elle comme le vent, jusqu'à voir tout disparaître autour de soi [...].

Johann von Goethe, *Les Souffrances du jeune Werther*, 1774.

▲ Doc. 1

? **Retrouve dans le texte les expressions qui montrent le trouble de Werther** (Doc. 1).

? **Comment appellerais-tu le sentiment qui apparaît chez Werther ?**

Le réalisme

Le **réalisme** s'impose peu à peu en Europe à la place du romantisme. Des peintres comme **Gustave Courbet** (Doc. 2) et des écrivains comme **Honoré de Balzac** et **Émile Zola** illustrent ce courant. Ils décrivent dans leurs œuvres **le monde réel** comme ils le voient autour d'eux.

? **Quels sont la nature, la date et l'auteur de cette œuvre d'art** (Doc. 2) **?**

? **Décris la scène représentée.**

? **Pourquoi peux-tu dire que ce tableau est réaliste ?**

▲ Doc. 2 : *L'Enterrement à Ornans*, peint en 1849 par Gustave Courbet (1819-1877).

L'impressionnisme

Dans la seconde partie du XIXe siècle, les peintres se sont intéressés à de **nouvelles façons de représenter le monde**. Ils sont sortis de leurs ateliers pour **peindre en plein air** les impressions produites par le soleil, par le spectacle de la nature et des scènes prises sur le vif. **Claude Monet**, **Auguste Renoir** (Doc. 3) et **Camille Pissarro** sont des peintres de l'**impressionnisme***.

▲ Doc. 3 : *Le Déjeuner des canotiers*, peint en 1879 par Auguste Renoir (1841-1919). Les impressionnistes ne dessinent plus les contours des choses. Ils rendent l'impression de la lumière et du mouvement par de petites touches de couleurs.

? Quels sont la nature, la date et l'auteur de cette œuvre d'art (Doc. 3) ?

? Décris la scène.

? D'après toi, à quelle saison se déroule la scène ? Pourquoi ?

? Quelle atmosphère le peintre a-t-il voulu représenter ?

Les « avant-gardes »

Au début du XXe siècle, la réflexion sur la façon de représenter les êtres et les objets a conduit à de nouvelles révolutions artistiques. Parmi les courants qui ont joué un grand rôle à cette époque, on peut citer le **cubisme** avec **Georges Braque** et **Pablo Picasso**. Les courants s'inspirent des **formes géométriques** de l'art africain (Doc. 4).

Peu avant la Première Guerre mondiale, des artistes comme **Wassily Kandinsky** et **Joan Miró** créent **l'art abstrait** qui n'utilise **aucune forme reconnaissable**.

? Que représente cette sculpture ?

? Les formes sont-elles proches de la réalité ? Montre-le.

▲ Doc. 4 : Tête sculptée en 1911-1912 par Amedeo Modigliani (1884-1920).

Le sais-tu ?

L'hymne de l'Union européenne est un extrait de la *IXe symphonie* de Ludwig van Beethoven, le grand musicien romantique allemand.

* Lexique

Impressionnisme : mouvement artistique de la seconde partie du XIXe siècle qui s'intéresse à la représentation de la lumière et de la vie.

Résumé

De nombreux mouvements bouleversent les traditions artistiques et littéraires en Europe au XIXe et au début du XXe siècle. Les artistes insistent sur les émotions et la vie quotidienne ainsi que sur les formes simplifiées des objets qu'ils représentent.

23 Les Européens et le monde

Au XIXe siècle, les Européens partent tout autour du monde. Certains sont explorateurs* ou missionnaires*, d'autres émigrent dans l'espoir de trouver une vie meilleure.

Découvrir et christianiser le monde

Des **explorateurs partent à la découverte des terres** que l'Europe ne connaît pas encore (Doc. 1). Ils vont en Amérique latine, en Asie, en Afrique, en Australie et en Océanie.

Parmi les explorateurs français, **René Caillié** parvient à Tombouctou (1828) et **Savorgnan de Brazza** explore la rivière Ogooué puis le fleuve Congo (1876-1880).

Des **missionnaires protestants et catholiques** s'installent à la suite des explorateurs pour répandre la religion chrétienne (Doc. 2). Arrivent ensuite des commerçants, des soldats et des fonctionnaires coloniaux.

Le Maroc inconnu

Un Français né en Algérie parle du Maroc, pays voisin de l'Algérie et très peu connu en 1895.

Nous savons tous que le Maroc est, encore aujourd'hui, une terre à peu près inconnue. […] Voyager dans un pays dont on ne connaît pas la langue, c'est voyager en sourd-muet. Quels renseignements, quelles lumières peut-on tirer d'un explorateur qui parcourt une contrée sans pouvoir se faire comprendre des habitants qu'il n'entend pas non plus ? […] Né à Tlemcen, à deux pas des limites marocaines, j'ai grandi sous l'empire de deux idées : […] 1– Connaître notre mystérieux voisin. 2– Le faire entrer dans l'influence de la France. C'est dans ce double but que j'étudie, depuis de longues années, l'arabe et le berbère. [Pour avoir une] connaissance précise des hommes et des choses de l'empire chérifien*, je n'hésitai pas à entrer en relation d'amitié avec de nombreux Marocains, arabes et berbères, lettrés et ignorants, qui, me croyant musulman, ne m'ont caché ni ce qu'ils savaient de leur pays, ni ce qu'ils en pensaient.

A. Mouliéras, *Le Maroc inconnu*, Imprimerie Fouque, Oran, 1895.

* C'est-à-dire le Maroc.

▲ Doc. 1

? Retrouve sur une carte d'Afrique du Nord le Maroc, la frontière algéro-marocaine et la ville de Tlemcen.

? Comment l'auteur est-il parvenu à bien connaître le Maroc (Doc. 1) ?

? Que signifie l'expression « faire entrer le Maroc dans l'influence de la France » ?

▲ Doc. 2 : Des missionnaires français en Nouvelle-Calédonie, en 1871.

? Décris la scène et les personnages (Doc. 2).

? Quels détails te permettent d'identifier les missionnaires ?

Quitter l'Europe des difficultés

Environ **50 millions de migrants quittent l'Europe** entre 1815 et 1914. Ils partent parce qu'ils sont **persécutés** (juifs de Russie), **pauvres ou sans travail**. **Les États-Unis et le « rêve américain »** (vivre libre, avoir du travail, s'enrichir…) les attirent particulièrement (Doc. 3).

Au début du XIXe siècle, ces migrants viennent du Royaume-Uni et d'Irlande. Puis les départs touchent l'Allemagne et les pays du Nord et de l'Est de l'Europe. À la fin du siècle, l'Europe du Sud (Italie) connaît le plus de départs.

❓ **Qui est l'Oncle Sam** (Doc. 3) **?**

❓ **Comment accueille-t-il les immigrants ?**

▲ Doc. 3 : *L'Oncle Sam accueillant les immigrants*, gravure américaine de 1889 de Joseph Keppler (1838-1894).

S'installer dans un autre continent

L'émigration* se fait par bateau et peut durer plusieurs semaines. Certains migrants, très pauvres, voyagent dans des dortoirs ou même sur le pont des navires.

Les principaux pays d'accueil sont les **États-Unis** (Doc. 4), le **Canada**, l'**Argentine**, le **Brésil** et l'**Australie**. Les migrants ne sont pas tous restés dans leur nouveau pays : un tiers des personnes entrées aux États-Unis ont fini par partir.

❓ **Décris les migrants** (Doc. 4).

❓ **À ton avis, qu'aperçois-tu dans la brume au loin ?**

▶ Doc. 4 : Immigrants européens arrivant à New York.

Le sais-tu ?

Les sociétés de géographie des pays européens ont joué un grand rôle dans le domaine des explorations au XIXe siècle. La Société de géographie de Paris, la plus ancienne, créée en 1821, a publié des récits de voyages et établi des cartes du monde de plus en plus détaillées.

* Lexique

Émigration : action de quitter son pays pour aller dans un autre.

Explorateur : personne qui voyage dans un pays peu connu pour l'étudier.

Missionnaire : personne qui cherche à répandre sa foi.

Résumé

Au XIXe siècle, les explorateurs et les missionnaires européens parcourent le monde. Au même moment, environ 50 millions d'Européens partent s'installer dans d'autres continents.
Ils se dirigent vers le continent américain, l'Afrique, l'Océanie et l'Australie.

24 L'expansion coloniale

La colonisation européenne prend un nouvel essor après 1850. En 1914, l'Europe est présente sur tous les continents.

Buts et moyens de la colonisation

L'Europe trouve dans la colonisation des **débouchés** et des **matières premières** indispensables à son économie. Coloniser permet aussi aux pays européens d'**accroître leur puissance**. Enfin, l'Europe pense apporter avec elle la **civilisation** et le **progrès** (Doc. 1 et 2).

L'Europe a pu s'imposer partout grâce à sa puissance technique, scientifique, économique et militaire.

Quelles sont les trois raisons pour lesquelles Jules Ferry est favorable à la colonisation (Doc. 1) **?**

D'après Jules Ferry, qu'est-ce que « le droit des races supérieures » ?

Jules Ferry, favorable à la colonisation

On peut rattacher le système d'expansion coloniale à trois sortes d'idées : à des idées économiques, à des idées de civilisation, à des idées d'ordre politique et patriotique.
Ce qui manque à notre industrie, ce sont des débouchés ; or, ce problème est intimement lié à la politique coloniale.
Il y a un second point : c'est le côté humanitaire et civilisateur de la question. Les races supérieures ont un droit vis-à-vis des races inférieures. Je dis qu'il y a pour elles un droit parce qu'il y a un devoir pour elles. Elles ont le devoir de civiliser les races inférieures.
Un troisième point : c'est le côté politique de la question. Rayonner sans agir, en regardant comme un piège, comme une aventure toute expansion vers l'Afrique de l'Ouest ou vers l'Orient, pour une grande nation, c'est abdiquer.

D'après Jules Ferry, discours à la Chambre des députés, 28 juillet 1885.

▲ Doc. 1

Georges Clemenceau, contre la colonisation

Races supérieures, races inférieures ! [...] Non, il n'y a pas de droit des nations dites « supérieures » contre les nations dites « inférieures ». N'essayons pas de revêtir la violence du nom hypocrite de « civilisation ». [...] La conquête que vous préconisez, c'est l'abus pur et simple de la force que donne la civilisation scientifique sur les civilisations rudimentaires pour s'approprier l'homme, le torturer, en extraire toute la force qui est en lui au profit du prétendu civilisateur.

D'après Georges Clemenceau, discours à la Chambre des députés, 31 juillet 1885.

▲ Doc. 2

L'expansion coloniale

En 1815, l'Europe possède son ancien empire colonial fondé depuis le XVIe siècle. Il comprend les **colonies des Amériques et des comptoirs commerciaux** dispersés autour du monde et reliés par bateaux avec l'Europe.

Après 1850, les pays européens **s'emparent**, le plus souvent **par la violence**, **de nombreux territoires** en Afrique, en Asie et en Océanie.

Regarde la carte des empires coloniaux européens en 1914 à la fin de ton livre.

Quel État européen possède le plus vaste empire colonial en 1914 ?

Quel continent est presque entièrement dominé par les Européens ?

Pourquoi Clemenceau ne croit-il pas aux races supérieures (Doc. 2) **?**

D'après Clemenceau, que cherchent en fait les colonisateurs ?

L'organisation des colonies

Une fois installés, les Européens bâtissent des villes et aménagent les colonies*. Des **mines** et des **exploitations agricoles** sont ouvertes. Des **routes**, des **chemins de fer** et des **ports** sont construits pour organiser le transport des marchandises.

La Métropole* offre ses capitaux et ses produits fabriqués, la colonie fournit les matières premières. Les pays colonisés ne sont pas vraiment industrialisés ni modernisés.

La domination coloniale

Les **populations « indigènes* » subissent la loi du colonisateur*** (Doc. 3). Elles sont soumises au travail forcé ou corvées* (Doc. 4) et à l'impôt. Les meilleures terres leur échappent. Elles sont souvent très mal traitées.

L'administration coloniale et les églises chrétiennes ouvrent progressivement des écoles, des centres de soins, des hôpitaux…

? Que dénonce cette caricature (Doc. 3) ?

? Que dit la France aux écoliers africains ?

? Que se passe-t-il en dehors de l'école ?

▼ Doc. 4 : Scène de travail dans une plantation de café au Cameroun, au début du XXe siècle.

▲ Doc. 3 : La France et ses colonies, caricature parue dans *L'Assiette au beurre*, 1911.

? Qui sont les ouvriers (Doc. 4) ?

? Que font-ils ?

Le sais-tu ?

En 1914, seuls deux pays africains échappent à l'emprise européenne : l'Éthiopie et le Liberia.

* Lexique

Colonie : territoire dépendant d'un pays occupant.

Colonisateur : État ou personne qui colonise un pays.

Corvée : travail physique imposé dans les colonies pour aménager le pays.

Indigène : personne née dans un pays. Les Européens ont appelé « indigènes » les peuples qu'ils colonisaient.

Métropole : État dont dépend une colonie.

Résumé

Entre 1815 et 1914, l'Europe s'empare par la violence de territoires qu'elle transforme et aménage en colonies. Elle en exploite les richesses. Les populations indigènes souffrent des conditions de vie et de travail qui leur sont imposées.

25 La Première Guerre mondiale

De 1914 à 1918, l'Europe a connu une guerre très meurtrière et d'un genre nouveau.

Pourquoi la guerre ?

Des **rivalités politiques, économiques et coloniales** opposent en Europe les **pays de l'Alliance**, regroupés autour de l'Allemagne et de l'Autriche-Hongrie, et les **pays de l'Entente** (les Alliés), réunis autour de la Russie, du Royaume-Uni et de la France (Doc. 1).

En **août 1914, la guerre est déclarée entre l'Alliance et l'Entente**, à l'Ouest et à l'Est de l'Europe.

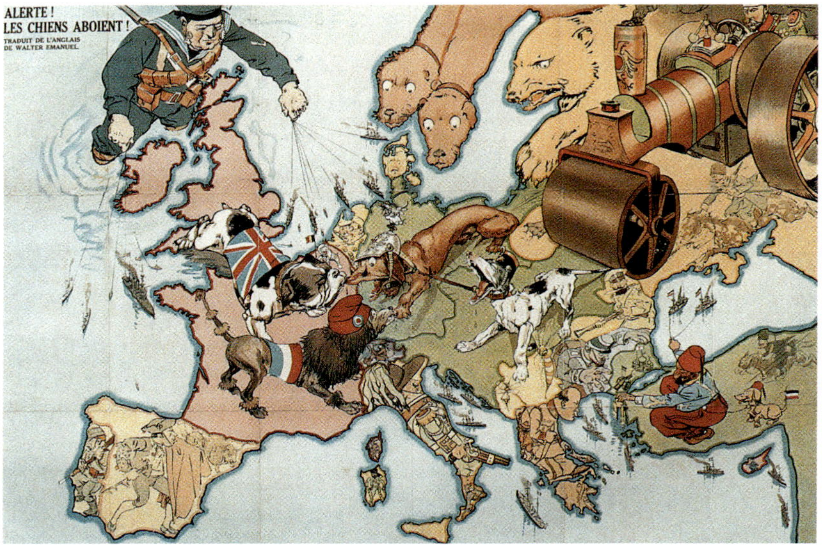

Doc. 1 : Une carte postale humoristique anglaise représentant l'Europe en 1914.

Reporte-toi à la carte des alliances dans l'Europe en guerre à la fin de ton livre.

? Quels sont les pays de l'Alliance ? et les pays de l'Entente ?

? Comment reconnaît-on l'Anglais et le Français (Doc. 1) ?

? Comment reconnaît-on l'Allemand et l'Autrichien ? Pourquoi sont-ils réunis par une laisse ?

? Que signifie la représentation du Russe, en haut à droite de la carte ?

Une guerre de quatre ans

Fin 1914, les armées française et allemande ont creusé **600 kilomètres de tranchées*** de la mer du Nord à la Suisse (Doc. 2). Une **guerre d'usure** commence entre les deux pays. **En 1917, la lassitude gagne l'arrière*** **et le front***, où des soldats se révoltent.

L'entrée en guerre des États-Unis aux côtés des Alliés en 1917 leur permet de remporter la victoire. **L'armistice*** est signé le **11 novembre 1918**. La paix est signée au **traité de Versailles en 1919** entre l'Allemagne, vaincue et humiliée, et les Alliés.

? Décris la tranchée (Doc. 2).

? Que font les soldats ?

? Quelles armes vois-tu sur cette photo ?

Doc. 2 : Des mitrailleurs anglais dans une tranchée à Ribecourt (France), le 20 novembre 1917.

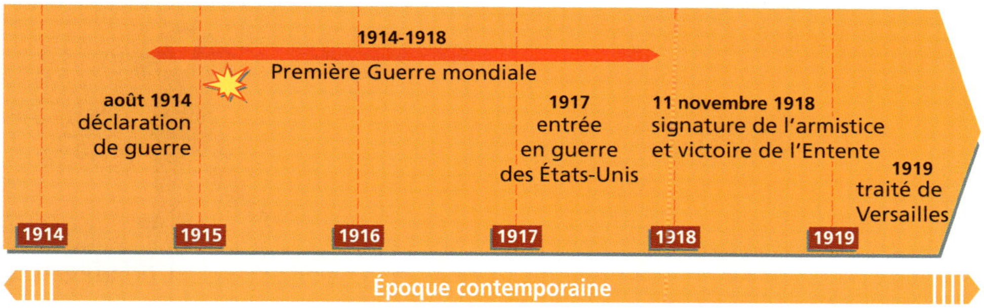

Une guerre mondiale* et totale

Près de **70 millions d'hommes de tous les continents**, et en particulier des colonies européennes, ont été mobilisés. **Les combats ont été terrestres, aériens et sous-marins**. De **nouvelles armes** et de **nouveaux véhicules de guerre** (Doc. 3) ont joué un grand rôle dans les combats.

En France, **l'État a dirigé l'économie et les finances**. Les impôts ont augmenté, des emprunts* de guerre ont été lancés, le ravitaillement en nourriture et en matières premières a été contrôlé. Un homme, **Georges Clemenceau** (Doc. 4), a symbolisé la volonté française de vaincre.

Doc. 3 : Un char Renault.

Georges Clemenceau (1841-1929)

Homme politique français, il a été ministre et président du Conseil. Pendant la Première Guerre mondiale, il redevient président du Conseil en septembre 1917 et conduit la France à la victoire avec énergie et patriotisme. Il était très populaire.

Doc. 4

? Pourquoi le char peut-il franchir les tranchées (Doc. 3) ?

? Quelle a pu être l'importance des chars pendant la guerre ?

? Quelles fonctions politiques Georges Clemenceau a-t-il occupées (Doc. 4) ?

Les conséquences de la guerre

La guerre a fait **près de 10 millions de morts**, dont au moins 1,5 million de Français, et **6 millions de grands blessés**. Les **destructions matérielles** sont considérables et les **populations traumatisées**.

L'Europe est alors en déclin. Humiliée par le traité de Versailles, **l'Allemagne souhaite prendre sa revanche sur les Alliés** (voir la carte de l'Europe au lendemain de la Première Guerre mondiale à la fin de ton livre).

Le sais-tu ?

Une épidémie de grippe, appelée « grippe espagnole », a tué entre 15 et 25 millions de personnes dans le monde en 1918 et 1919. Tous ces morts viennent s'ajouter à ceux de la Première Guerre mondiale.

* Lexique

Armistice : arrêt des combats.

Arrière : territoire ou population situés en dehors de la zone des combats.

Emprunt de guerre : argent demandé par l'État pour financer la guerre.

Front : zone des combats.

Guerre mondiale : guerre qui concerne tous les continents.

Tranchée : fossé très allongé où les soldats vivaient pendant la guerre.

Résumé

La Première Guerre mondiale, née d'un conflit en Europe, a touché le monde entier. Elle a fait près de 10 millions de morts et de nombreuses destructions matérielles.

26 Hommes et femmes dans la guerre

Pendant la guerre, la vie des soldats est très difficile. À l'arrière, les hommes, les femmes et l'économie sont aussi mobilisés pour le conflit.

Le front

La vie dans les tranchées est effroyable. Les soldats, appelés en France « **les poilus** », vivent en été sous le grand soleil et en hiver dans le froid, la pluie et la boue. Les rats, les poux et les puces sont partout, le ravitaillement est souvent mal assuré et la mort guette.

Les combattants vivent dans l'attente d'une brève et violente attaque où chacun essaye de s'emparer de la tranchée ennemie ou de défendre la sienne (Doc. 1 et 2).

Lettre d'un soldat français (22 août 1914)

Toute la journée je me bats, je suis blessé légèrement une première fois, une balle traverse mon sac placé devant moi, me blesse à la main, perce ma capote et m'érafle la poitrine. [...] Le combat continue, une grande quantité de mes camarades sont couchés morts ou blessés autour de moi. [...] Vers les trois heures de l'après-midi, [...] je suis atteint d'une balle au côté gauche [...]. La balle m'a traversé dans toute ma longueur en passant par le bassin et s'est logée au-dessus du genou. Aussitôt, je ressens une grande souffrance et une fièvre brûlante.

J.-P. Guéno et Y. Laplume, *Paroles de poilus, Lettres et Carnets du front, 1914-1918*, Radio France, Librio, 1998.

▲ Doc. 1

Lettre d'un soldat allemand (12 août 1918)

J'ai été projeté en l'air, des masses de terre se sont soulevées sous moi [...]. Enseveli, enterré vivant sous de lourdes masses de terre, dans quelques instants je vais manquer d'air, et ce sera la mort ! [...] Pendant ce temps-là, trois camarades extrêmement courageux avaient commencé un travail de sauvetage au plus fort de la pluie d'obus. [...] Comme tout était merveilleux autour de moi une fois que j'ai pu respirer à nouveau librement alors même que les obus ne cessaient de faire de nouvelles victimes dans nos rangs !

J.-P. Guéno et Y. Laplume, *Paroles de poilus, Lettres et Carnets du front, 1914-1918*, Radio France, Librio, 1998.

▲ Doc. 2

? **Le combat dure-t-il longtemps** (Doc. 1) **?**

? **Quelle arme a blessé le soldat ? À quel endroit a-t-il été touché ?**

? **Qu'arrive-t-il au soldat** (Doc. 2) **? Pourquoi ?**

? **Quelle arme a blessé le soldat ?**

? **Pourquoi les trois camarades sont-ils présentés comme « extrêmement courageux » ?**

La vie dans les tranchées

Les soldats parviennent à supporter la vie dans les tranchées (Doc. 3) grâce à la **camaraderie**, à la **solidarité**, au

▸ Doc. 3 : Des soldats au repos près de Reims, en 1917.

jeu et aux travaux manuels. La **correspondance** avec la famille ou les marraines* de guerre compte beaucoup.

Mais **les soldats** pensent aussi combattre pour une cause juste : ils **sont patriotes**, désirent défendre leur famille ou même venger les camarades morts au combat.

Regarde le Doc. 3 page 60.

? **Où les soldats se reposent-ils ?**

? **Décris ce lieu.**

? **Que font les soldats ?**

À l'arrière

La population civile est mise au service de la guerre. Les vieillards, les habitants des colonies, les prisonniers de guerre et les affectés* spéciaux travaillent dans les usines de guerre : armement, véhicules, toiles pour les tentes ou les camions, vêtements…

L'opinion publique est encadrée par la censure* et la propagande* qui s'étalent dans la presse ou sur les affiches (Doc. 4). On cache les mauvaises nouvelles venues du front : c'est le « bourrage* de crâne ».

? **Qui travaille dans les vignes pour les vendanges (Doc. 5) ?**

? **Compte le nombre de femmes, jeunes et âgées.**

? **Que fait le facteur ?**

▲ Doc. 4 : Une affiche de propagande de 1914-1918.

Les femmes et la guerre

Les femmes occupent les emplois des hommes partis à la guerre et prennent des **responsabilités nouvelles** (Doc. 5). Elles deviennent parfois infirmières ou ambulancières dans l'armée.

▲ Doc. 5 : Les vendanges de 1914, gravure.

? **Décris la scène (Doc. 4).**

? **Comment est représenté le soldat allemand ?**

? **Que doivent faire les Français ?**

? **Quelle est la signification de cette affiche ?**

Le sais-tu ?

Les artistes peintres qui ont été mobilisés pendant la guerre ont été sollicités pour faire du camouflage, c'est-à-dire pour rendre invisible le matériel de guerre.

* Lexique

Affectés spéciaux : militaires ayant un métier qui leur permet de travailler dans les usines au lieu d'être sur le front.

Bourrage de crâne : propagande de tous les instants.

Censure : interdiction de publier certaines nouvelles.

Marraine de guerre : jeune femme, en général, qui correspond par écrit avec un soldat.

Propagande : actions en direction de l'opinion pour qu'elle adhère à certaines idées.

Résumé

Pendant la guerre, les poilus vivent dans les tranchées. À l'arrière, l'économie fournit les armes et le matériel de guerre. Les femmes prennent une place importante dans la société.

27 Les totalitarismes

Après la Première Guerre mondiale, certains pays européens deviennent des dictatures appelées « totalitarismes* ».

Le communisme* russe

En 1917, une révolution porte les communistes et Lénine au pouvoir en Russie. En 1922, la Russie **devient l'URSS** (Union des Républiques socialistes soviétiques).

Après Lénine, **Staline instaure un totalitarisme et un régime de terreur**. Les terres sont mises en commun et la propriété privée est abolie : c'est la **collectivisation**. **La société est totalement contrôlée** et des millions de prisonniers sont envoyés dans des camps de travail (le goulag) (Doc. 1).

Doc. 1 : Le goulag : un camp de travaux forcés en URSS, en 1932.

Que font les prisonniers (Doc. 1) **?**

Sont-ils nombreux ?

Doc. 2 : Affiche de propagande italienne de 1928.

Décris l'affiche (Doc. 2).

Comment est représenté Mussolini ? Décris ses attitudes, ses vêtements...

Le fascisme* italien et le nazisme* allemand

En 1922, **Mussolini** prend le pouvoir en Italie et **instaure le fascisme**. En 1933, **Hitler** gagne les élections en Allemagne et **impose le nazisme**. Dans ces deux pays, une **dictature totalitaire et nationaliste*** est installée.

Le nazisme repose sur une doctrine raciste et antisémite. Il décrit les Allemands comme une race supérieure qui doit soumettre les pays d'Europe, au besoin par la guerre, et qui doit lutter contre les juifs considérés comme une race inférieure.

Doc. 3 : Affiche de propagande nazie de 1938-1939 : « Un peuple, un empire, un chef ! ».

❓ **Regarde le** Doc. 3 **page 62. Comment est représenté Hitler ? Décris son attitude, ses vêtements…**

❓ **Cherche les points communs entre ces deux affiches de propagande** (Doc. 2 et 3).

Qu'est-ce que le totalitarisme ?

Les différents totalitarismes ont des points communs :

- Le **chef** qui dirige le pays a le **pouvoir total**.
- La vie politique, économique et sociale est contrôlée par **un parti unique** aux ordres du pouvoir. Une **police spéciale** surveille la population.
- Les **individus** sont **encadrés** par les organisations du régime (Doc. 4) et par la propagande officielle.
- L'art, la culture et la presse sont **au service de l'État**.

Le contrôle des individus

Un « mauvais communiste », nommé Dénikine, doit s'améliorer en suivant les consignes de sa cellule (groupe) communiste.

Dénikine devra s'améliorer :
– en allant aux réunions de cellule ;
– en se préparant aux cours et en élevant son niveau politique ;
– en apprenant le programme et l'histoire du Parti ;
– en lisant régulièrement le journal du Parti. […]

Le camarade Tikhonov est chargé d'aider Dénikine dans ces tâches. Au bout d'un mois, la cellule du Parti communiste contrôlera les progrès de Dénikine.

Cité par N. Werth, *Être communiste en URSS sous Staline*, coll. « Archives », © Julliard-Gallimard, 1984.

◂ Doc. 4

❓ **Cherche ce qui est reproché à Dénikine** (Doc. 4).

❓ **Que doit-il faire pour devenir « un bon communiste » ?**

❓ **Quel est le rôle de Tikhonov ?**

Les régimes autoritaires

Des régimes autoritaires s'installent parfois violemment en Espagne, en Pologne, en Hongrie, en Yougoslavie et en Roumanie. Ce sont des dictatures, mais moins sévères que les totalitarismes. **En 1939, presque toute l'Europe est soumise à la dictature. Les démocraties sont peu nombreuses.**

Le sais-tu ?

Les jeunes sont un enjeu capital pour l'avenir des totalitarismes. C'est pourquoi, dès l'enfance, les jeunes sont encadrés par des mouvements de jeunesse.

* Lexique

Communisme : doctrine politique qui veut mettre en commun les terres et les moyens de production (usines, mines…).

Fascisme : régime politique totalitaire et nationaliste instauré par Mussolini en Italie, en 1922.

Nationalisme : doctrine politique donnant la priorité absolue aux intérêts nationaux.

Nazisme : régime politique totalitaire, nationaliste, raciste et antisémite instauré par Hitler en Allemagne, en 1933.

Totalitarisme : régime politique dans lequel l'État contrôle la vie politique, économique et sociale ainsi que la vie des individus.

Résumé

Des régimes totalitaires ou autoritaires s'installent peu à peu en Europe.
Le communisme, le fascisme et le nazisme sont des totalitarismes.

Je dois faire un exposé en classe sur un film que j'ai aimé.
J'ai choisi « Le Dictateur » (1940) de Charlie Chaplin (1889-1977)
qui a obtenu un très grand succès au début de la Seconde Guerre mondiale.

Que voulait Charlie Chaplin ?

Je sais que Charlie Chaplin était très hostile à Hitler et au nazisme. Il cherchait à les ridiculiser et à en montrer toute l'horreur. Il raconte dans un livre comment il a choisi de jouer lui-même deux rôles dans ce film (Doc. 1) : celui d'un dictateur ressemblant à Hitler et celui d'un juif (Charlot) persécuté par l'antisémitisme des nazis.

Entre Hitler et Charlot

Dans le rôle d'Hitler, je pouvais haranguer les foules dans un jargon de mon invention et parler à ma guise. Et dans le rôle de Charlot, je pouvais demeurer plus ou moins silencieux. Un scénario sur Hitler se prêtait au burlesque et à la pantomime. [...] Je me mis à écrire un script. Cela me prit deux ans.

Charlie Chaplin, *Histoire de ma vie*, Éditions Robert Laffont, 1964.

▲ Doc. 1

Je lis le texte et je m'interroge (Doc. 1) :

? Que pouvait faire Charlie Chaplin dans le rôle d'Hitler ?

? Que pouvait faire Charlie Chaplin dans le rôle de Charlot ?

? Que cherche Charlie Chaplin en associant les deux personnages ?

? Combien de temps Charlie Chaplin a-t-il mis pour écrire son scénario ?

LE COIN DE L'HISTORIEN

Pour représenter les dictateurs, Charlie Chaplin disposait de nombreuses photos et de séquences filmées montrant Hitler (Allemagne nazie) et Mussolini (Italie fasciste) (Doc. 2). Il a aussi représenté la société et le fonctionnement politique du régime nazi. Je regarde comment il s'en est servi dans son film (Doc. 3).

J'observe les deux photos (Doc. 2 et 3) et je m'interroge :

? Je définis la nature et la date de ces documents.

▶ Doc. 2 : Hitler et Mussolini à Rome en 1937.

Doc. 3 : La rencontre des deux dictateurs dans le film *Le Dictateur*.

? Qu'y a-t-il de commun entre les deux photos (Doc. 2 et 3) ?

? Comment Charlie Chaplin parvient-il à imiter dans son film les deux dictateurs européens : personnages, costumes, insignes, attitudes... ?

? Je décris la foule qui entoure les dictateurs : personnages, costumes, insignes, symboles.

Que propose Charlie Chaplin ?

Pour expliquer à mes camarades quel message Charlie Chaplin a voulu délivrer au monde (Doc. 5), je regarde une photographie de son film (Doc. 4).

? Je décris la scène (Doc. 4).

? J'explique ce que le dictateur regarde avec convoitise.

? J'explique ce que Charlie Chaplin a voulu montrer dans cette scène.

Le discours de fin de Charlot

La haine finira par disparaître et les dictateurs mourront, et le pouvoir qu'ils avaient pris aux peuples va retourner aux peuples. Et tant que des hommes mourront pour elle, la liberté ne pourra pas périr. [...] Les dictateurs [...] font un esclave du peuple. [...] Il faut nous battre pour libérer le monde, pour renverser les frontières et les barrières raciales, pour en finir avec l'avidité, avec la haine et l'intolérance. Il faut nous battre pour construire un monde de raison, un monde où la science et le progrès mèneront tous les hommes vers le bonheur.

Charlie Chaplin, extrait du discours final dans le film *Le Dictateur*, 1940.

Doc. 5

Doc. 4 : Le dictateur, joué par Charlie Chaplin dans le film.

? Je dis ce que Charlie Chaplin propose aux hommes de son temps (Doc. 5).

? Je décris le monde futur dont il rêve.

Pas étonnant que le film ait eu beaucoup de succès !

29 La Seconde Guerre mondiale

La Seconde Guerre mondiale (1939-1945), née en Europe, s'étend au monde entier. Elle se termine par la victoire des Alliés.

La guerre éclair (1939-1940)

L'invasion de la Pologne par l'Allemagne hitlérienne en 1939 conduit le Royaume-Uni et la France (les Alliés) à lui déclarer la guerre. Mais l'Allemagne occupe très rapidement les Pays-Bas, la Belgique et le Nord de la France en mai-juin 1940.

Le Royaume-Uni, dirigé par le Premier ministre Winston Churchill (Doc. 1), continue seul le combat sous les bombardements allemands.

? Qui est Winston Churchill (Doc. 1) ?

? Quelle est son attitude face à l'Allemagne nazie ?

Le conflit devient mondial (1941)

Les forces de l'Axe (Allemagne, Italie, Japon) étendent la guerre partout dans le monde. **La guerre s'étend en Méditerranée et en URSS**, envahie par l'Allemagne en 1941. **Dans le Pacifique, le Japon provoque l'entrée en guerre des États-Unis** en bombardant la base américaine de Pearl Harbor. Les colonies européennes d'Asie et d'Afrique sont progressivement touchées par la guerre (Doc. 2).

▲ Doc. 2 : Une unité de tirailleurs sénégalais pendant la guerre. Comme pendant la Première Guerre mondiale, les soldats des colonies européennes ont joué un rôle important dans la Seconde Guerre mondiale.

Winston Churchill (1874-1965)

Churchill est un homme politique britannique qui a été plusieurs fois ministre. Nommé Premier ministre en mai 1940, il est pour les Anglais le symbole de la résistance au nazisme. Il conduit très fermement la guerre. Il est à nouveau Premier ministre de 1951 à 1955 et reçoit le Prix Nobel de littérature en 1953.

▲ Doc. 1

? Décris l'habillement et l'armement de ces soldats (Doc. 2).

? D'où viennent une partie de ces soldats ?

L'Europe sous domination nazie

Dans les pays occupés, l'Allemagne exerce un véritable pillage financier, économique et humain (Doc. 3). Les populations vivent dans la pénurie, la peur des arrestations et des exécutions.

Regarde la carte de l'Europe et du monde en 1942 à la fin de ton livre.

? Quels sont les pays européens occupés par l'Allemagne ?

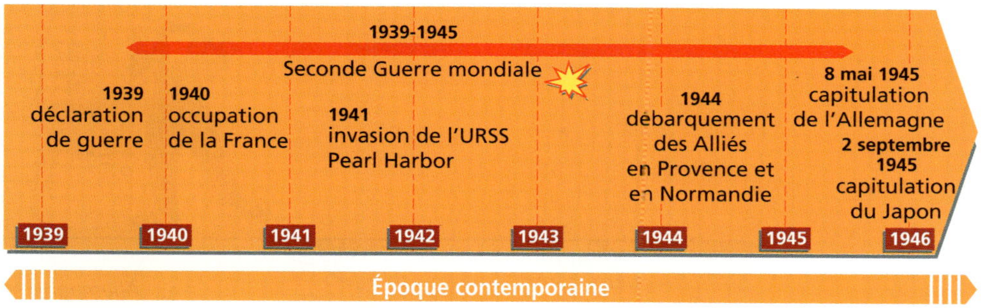

Berlin et le pillage de l'Europe

Les habitants de Berlin profitent du pillage des pays occupés par l'Allemagne.
Les Berlinois des classes aisées n'en reviennent pas de voir dans les boutiques du caviar russe, de l'alcool scandinave, du sanglier des Carpates, du jambon des Ardennes, du foie gras du Périgord. […] Berlin est devenu, pour un temps, le cœur d'un immense garde-manger. Le blé est gratuit, distribué par le chef de la propagande, […] par des employés du Parti. Les femmes accumulent à bas prix des soieries et des parfums. […] Jamais Berlin n'a été si heureux, exalté, confiant dans la victoire finale.

Jean Marabini, *La Vie quotidienne à Berlin sous Hitler*, Hachette, 1985.

▲ Doc. 3

? Quels sont les pays alliés contre l'Allemagne ?

? Qu'appelle-t-on « un pays neutre » ?

? D'où viennent les produits consommés à Berlin (Doc. 3) ?

? Quelle est l'opinion des Berlinois sur la victoire finale ? Pourquoi ?

? Ce texte est-il un document d'époque ou un travail d'historien ? Pourquoi ?

Le tournant de la guerre (1942-1943)

En 1942, l'Axe domine le monde. Mais, grâce aux États-Unis, les Alliés ont désormais l'avantage en hommes et en matériel et les Allemands sont vaincus en Afrique du Nord (1942). La **reconquête du Pacifique** sur les Japonais et surtout la **capitulation des Allemands** en Russie à Stalingrad (février 1943) marquent le tournant de la guerre.

La défaite de l'Axe (1943-1945)

Le débarquement* des Américains et des Britanniques en Italie (1943), en Normandie et en Provence (1944) **fait reculer les Allemands** à l'Ouest, tandis que l'URSS progresse à l'Est. Les pays occupés sont peu à peu libérés. **L'Allemagne capitule le 8 mai 1945**.

En Asie, **le Japon capitule le 2 septembre 1945** après l'explosion de deux bombes* atomiques lancées par les États-Unis sur **Hiroshima** et **Nagasaki** (Doc. 4).

La guerre a fait **plus de 50 millions de morts** dans le monde. Les pays européens sont massivement détruits.

▲ Doc. 4 : Hiroshima après la bombe atomique, en 1945.

? Que reste-t-il de la ville d'Hiroshima (Doc. 4) ?

Le sais-tu ?

En 1950, le nombre total de morts fait par les bombes atomiques s'élevait au Japon à 340 000.

* Lexique

Bombe atomique : bombe très puissante utilisant des matériaux radioactifs.

Débarquement : période pendant laquelle les troupes alliées ont débarqué par mer en Italie et en France et se sont battues contre les Allemands.

Résumé

La Seconde Guerre mondiale a été très longue et meurtrière. Elle a fait plus de 50 millions de morts et a mobilisé les forces économiques et humaines du monde entier.

30 La France dans la guerre

La France est occupée par l'Allemagne en juin 1940. Le maréchal Pétain, porté au pouvoir, met en place l'État français.

L'armistice

En juin 1940, la France est vaincue par l'Allemagne et donne les pleins pouvoirs au maréchal Pétain, âgé de 84 ans, qui demande l'armistice.

La France est coupée en deux zones principales : **au Nord, une « zone occupée » par les Allemands** (Doc. 1) et, **au Sud, une « zone libre » sous l'autorité de l'État français**, dirigé depuis Vichy par le maréchal Pétain et par Pierre Laval, chef du gouvernement.

? **Quelle est la zone occupée par l'Allemagne** (Doc. 1) **?**

? **Où se trouve la « zone libre » ?**

? **Dans quelles zones sont situées Paris et Vichy ?**

▲ Doc. 1 : La France, en 1940.

▲ Doc. 2 : Affiche de propagande pour la « révolution nationale », en 1942.

L'État français

Le maréchal Pétain instaure un régime autoritaire, l'État français, qui remplace la IIIe République. Il supprime le suffrage universel, les partis politiques, les syndicats et le droit de grève. Il dispose du pouvoir exécutif et du pouvoir législatif et contrôle le pouvoir judiciaire.

La « révolution nationale » (Doc. 2) instaurée par l'État français propose le retour à la terre et à la tradition. Les femmes mariées doivent quitter leur emploi et retourner au foyer.

? **Qui est représenté en haut de l'affiche** (Doc. 2) **?**

? **Décris les deux scènes en bas à gauche et en bas à droite.**

? **Quelle est la devise de l'État français dirigé par Pétain ?**

? **Retrouve les dessins qui illustrent chaque mot de la devise.**

juin 1940
armistice
le maréchal Pétain
prend les pleins pouvoirs

novembre 1942
la « zone libre »
est occupée
par l'Allemagne

1939 | 1940 | 1941 | 1942 | 1943 | 1944 | 1945

Époque contemporaine

L'occupation nazie

En collaborant avec l'Allemagne, le maréchal Pétain espère obtenir un allègement des charges de l'Occupation. Mais **les Allemands** exigent énormément d'argent, **de matières premières, de produits alimentaires et d'hommes**.

La présence allemande est pesante (Doc. 3) et les Français vivent dans la crainte des dénonciations. La pénurie, le rationnement et le marché* noir s'installent dès 1940. **En novembre 1942, la « zone libre » est occupée par l'Allemagne.**

Doc. 3 : L'Assemblée nationale à Paris portant une affiche de propagande allemande, en 1941 : « L'Allemagne est victorieuse sur tous les fronts ».

Le statut des juifs

Les **juifs** ne sont pas seulement touchés par les difficultés de la guerre. Ils sont aussi **victimes de la politique antisémite mise en place par le gouvernement de Pétain** : statut des juifs (Doc. 4), port de l'étoile jaune, arrestations, déportations* vers les camps* d'extermination.

? **Qui est considéré comme juif** (Doc. 4) **?**

? **Quelles fonctions sont interdites aux juifs ?**

? **Pourquoi peut-on parler de « politique antisémite » ?**

Le statut des juifs (3 octobre 1940)

ARTICLE 1er : Est regardé comme juif toute personne issue de trois grands-parents de race juive ou de deux grands-parents de la même race, si son conjoint est lui-même juif.

ARTICLE 2 : L'accès et l'exercice des fonctions publiques et mandats énumérés ci-après sont interdits aux juifs :
1 – Chef de l'État, membre du gouvernement [...] et de toutes assemblées issues de l'élection [...].
4 – Membres des corps enseignants.
5 – Officiers des armées de terre, de mer, de l'air [...].

Doc. 4

? **En quelle langue est rédigée cette banderole** (Doc. 3) **?**

? **Que symbolise la présence de cette banderole sur le fronton de l'Assemblée nationale française ?**

Le sais-tu ?

« Tout est factice » : cette indication portée devant des rangées de boîtes de conserve vides indiquait très souvent aux ménagères qu'il n'y avait rien à acheter dans les magasins d'alimentation.

* Lexique

Camp d'extermination : camp où les juifs et les tziganes sont systématiquement exterminés par l'Allemagne nazie.

Déportation : transport et enfermement de prisonniers dans un camp de concentration ou d'extermination.

Marché noir : achat de produits échappant au contrôle du ravitaillement et coûtant très chers.

Résumé

La France est vaincue en juin 1940 et occupée par l'Allemagne. Elle est dirigée par le maréchal Pétain qui fonde l'État français et collabore avec les vainqueurs. La France est soumise au dur régime de l'Occupation et les juifs sont persécutés.

31 Collaboration et Résistance

Pendant l'Occupation allemande, la Collaboration* et la Résistance* agissent en France.

La Collaboration

Le maréchal Pétain a offert la collaboration de la France à l'Allemagne. Il reste au pouvoir après l'occupation de la totalité du pays par les Allemands, en novembre 1942.

L'État français organise lui-même le **STO*** (Service du travail obligatoire) exigé par l'Allemagne et **participe à la déportation des juifs** (Doc. 1). La police recherche les opposants, la justice les condamne. Certains Français entrent dans les organisations qui collaborent avec l'Allemagne, comme **la Milice***.

▲ Doc. 1 : Le camp de transit de Pithiviers entre 1941 et 1943 où étaient placés les juifs sous la garde de la gendarmerie française avant leur déportation vers les camps d'extermination.

? **Décris la photo** (Doc. 1).

? **Que fait le gendarme ?**

La Résistance extérieure ou France libre

Par l'*Appel du 18 juin 1940* (Doc. 2), **le général de Gaulle** (Doc. 3) demande aux Français de le rejoindre à Londres pour poursuivre la lutte. Il **organise les Forces françaises libres** (FFL) qui participent aux côtés des Alliés aux batailles en Afrique du Nord (1943), en Italie ainsi qu'aux débarquements en France en 1944 et aux combats de la Libération*.

? **Que pense le général de Gaulle de l'issue de la guerre** (Doc. 2) **?**

? **Que propose-t-il aux Français ?**

? **Qu'a fait le général de Gaulle avant la guerre** (Doc. 3) **?**

? **Que fait-il à Londres ?**

A TOUS LES FRANÇAIS

La France a perdu une bataille!
Mais la France n'a pas perdu la guerre!

Des gouvernants de rencontre ont pu capituler, cédant à la panique, oubliant l'honneur, livrant le pays à la servitude. Cependant, rien n'est perdu!

Rien n'est perdu, parce que cette guerre est une guerre mondiale. Dans l'univers libre, des forces immenses n'ont pas encore donné. Un jour, ces forces écraseront l'ennemi. Il faut que la France, ce jour-là, soit présente à la victoire. Alors, elle retrouvera sa liberté et sa grandeur. Tel est mon but, mon seul but!

Voila pourquoi je convie tous les Francais, où qu'ils se trouvent, à s'unir à moi dans l'action, dans le sacrifice et dans l'espérance.

Notre patrie est en peril de mort.
Luttons tous pour la sauver!

VIVE LA FRANCE !

TO ALL FRENCHMEN

GÉNÉRAL DE GAULLE

QUARTIER-GÉNÉRAL,
4, CARLTON GARDENS,
LONDON, S.W.1.

▲ Doc. 2 : L'*Appel du 18 juin 1940* du général de Gaulle.

Charles de Gaulle (1890-1970)

Charles de Gaulle est un officier de carrière qui a été plusieurs fois blessé pendant la Première Guerre mondiale. Pendant l'entre-deux-guerres, il défend la modernisation de l'armée et l'emploi des blindés. De Gaulle devient membre du gouvernement le 6 juin 1940 et part en mission à Londres. C'est là qu'il refuse la défaite et lance à la radio l'*Appel du 18 juin 1940*. Il devient le chef de la France libre.

▲ Doc. 3

La Résistance intérieure

Dès 1940 se créent en France les premiers **mouvements de résistance** (Doc. 4). Ils rédigent des tracts et des journaux clandestins, organisent des filières d'évasion, des sabotages et exécutent des militaires allemands. Ceux-ci répondent par des prises d'otages et des massacres. En 1942, **Jean Moulin** (Doc. 5) unifie les mouvements de résistance. La Résistance intérieure sert de point d'appui aux Alliés et aux FFL au moment des débarquements et de la Libération. Grâce à cela, la France fait partie des vainqueurs de la guerre.

Les débuts de la Résistance

Une résistante raconte comment elle a participé à la création d'un réseau de résistants après avoir rencontré un responsable de ce réseau, Jean Cassou.*

Jean Cassou m'a dit : « Nous nous sommes réunis hier avec quelques amis et nous avons fondé le mouvement *Résistance*. Voulez-vous être des nôtres ? » [...] J'étais très émue. J'ai demandé vingt-quatre heures de réflexion [...] car il ne pouvait s'agir que d'un engagement total et sans condition. [...] Le lendemain, j'ai retrouvé Jean Cassou et j'ai dit : « C'est d'accord ». Et j'ai assisté aux premières réunions. [...] Chacun ne connaissait que les noms de ses contacts immédiats. Ainsi, en cas de torture, nous n'aurions pu livrer tous les membres du réseau. [...]

Les discussions portaient sur la nature des actions à mener. Nous prenions conseil à Londres par télégrammes chiffrés. On nous encourageait à soutenir le moral des patriotes*, à saboter les installations allemandes, à fournir une quantité de renseignements, mais le plus souvent nous étions obligés d'improviser.

Ch. Desroches-Noblecourt, *Sous le regard des dieux*, Albin Michel, 2003.

▲ Doc. 4

? **Qui contacte Madame Desroches-Noblecourt** (Doc. 4) **?**

? **Que lui propose-t-il ?**

? **Décris le fonctionnement quotidien de ce réseau de résistance.**

Jean Moulin (1899-1943)

Jean Moulin est un préfet rallié au général de Gaulle. Il unifie la Résistance intérieure en 1942, puis crée le Conseil national de la Résistance (CNR) en 1943. Il est dénoncé, arrêté et torturé par la Gestapo (police spéciale allemande). Il meurt sans avoir parlé le 8 juillet 1943.

▲ Doc. 5

? **Qui est Jean Moulin** (Doc. 5) **?**

? **Comment est-il mort ?**

La Résistance civile

La Résistance civile est le **refus de la population de céder totalement devant les Allemands ou devant Vichy**. Elle est faite d'actions silencieuses et modestes : non-dénonciation ou mise à l'abri de juifs et de résistants, écoute de Radio-Londres, etc.

Le sais-tu ?

Les résistants prenaient un surnom pour cacher leur vrai nom et protéger leurs familles. Par exemple, Jean Moulin s'appelait « Max ».

* Lexique

Collaboration : ensemble de personnes et d'organisations favorables aux occupants allemands.

Libération : période allant du débarquement des Alliés à la libération totale du territoire français.

Milice : organisation policière au service de la Collaboration.

Patriote : personne qui aime sa patrie et veut la défendre.

Réseau : groupe de personnes qui agissent dans un mouvement de résistance.

Résistance : ensemble des personnes et des organisations agissant pour la libération de la France.

STO : service du travail obligatoire. Une partie de la main d'œuvre française doit partir en Allemagne.

Résumé

À côté de la Collaboration qui facilite l'occupation allemande, un certain nombre de Français s'engagent dans différentes formes de résistance.

32 Le génocide

On appelle « génocide de la Seconde Guerre mondiale » l'extermination systématique des juifs et des tziganes d'Europe par les nazis.

Des déportations en masse

Dès le début de la guerre, les nazis ont arrêté et éliminé dans des **camps* de concentration** les opposants politiques (socialistes, communistes), les juifs, les résistants… Les prisonniers y mouraient de froid, de faim et de mauvais traitements.

Le génocide

À partir de 1942, les nazis ont mis en œuvre la « solution finale du problème juif », c'est-à-dire l'**extermination des populations juives d'Europe** (Doc. 1). **Les tziganes ont subi le même sort**.

Des camps d'extermination ont été ouverts, notamment en Pologne, et équipés de **chambres* à gaz**. Les juifs ont été arrêtés en grand nombre dans toute l'Europe occupée : Pays-Bas (Doc. 2), France, Hongrie… Au total, plus de 5 millions de juifs ont été tués dans ce génocide, aussi appelé « **Shoah** ».

? Décris le convoi de prisonniers (Doc. 1).

? Cherche pourquoi l'auteur emploie le mot « incrédule ».

? Relève dans le texte les éléments qui montrent que les prisonniers ne sont pas traités comme des hommes.

Un témoignage de déporté

Primo Levi est un résistant et un juif. Il a été déporté à Auschwitz en 1944 à l'âge de 24 ans.

Il y avait douze wagons pour six cent cinquante personnes. Dans le mien, nous n'étions que quarante-cinq ; mais parce que le wagon était petit. Pas de doute, ce que nous avions sous les yeux, ce que nous sentions sous nos pieds, c'était un de ces fameux convois allemands, de ceux qui ne reviennent pas, et dont nous avions si souvent entendu parler, en tremblant et vaguement incrédules. C'était bien cela, très exactement des wagons de marchandises, fermés de l'extérieur, et dedans, entassés sans pitié comme un chargement en gros, hommes, femmes et enfants, en route pour le néant, la chute, le fond. Mais cette fois, c'est nous qui sommes dedans.

Primo Levi, *Si c'est un homme*, traduction de M. Schruoffeneger, 1947, Éditions Robert Laffont, 1996.

▲ Doc. 1

Anne Frank (1929-1945)

Jeune Allemande dont la famille s'est réfugiée aux Pays-Bas en 1933. Cachée dans un grenier entre juin 1942 et août 1944 avec sa famille, elle écrit un journal qui raconte sa vie quotidienne sous les lois antisémites allemandes. Après avoir été dénoncées, Anne et sa famille sont déportées. Seul son père est revenu de camp de concentration.

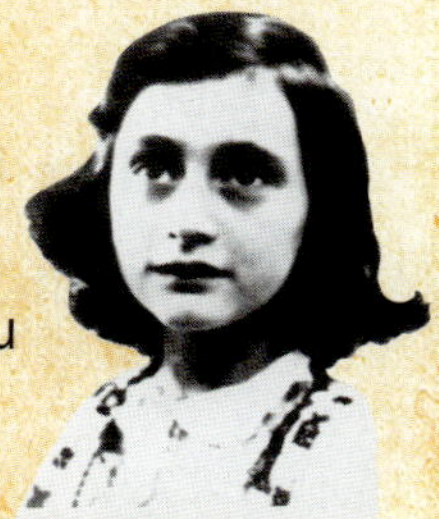

▲ Doc. 2

Auschwitz, symbole du génocide

Le **camp d'Auschwitz** (Doc. 3), situé à 60 kilomètres de Cracovie, en Pologne, a été **ouvert en mai 1940 et libéré en janvier 1945** par l'armée soviétique. Il était composé de plusieurs camps dont un pour les exterminations immédiates dans les chambres à gaz. Dans les mois qui ont précédé la libération du camp, environ **20 000 juifs ont été exterminés par jour**.

? Qui est Anne Frank (Doc. 2) ?

? Pourquoi a-t-elle été déportée ?

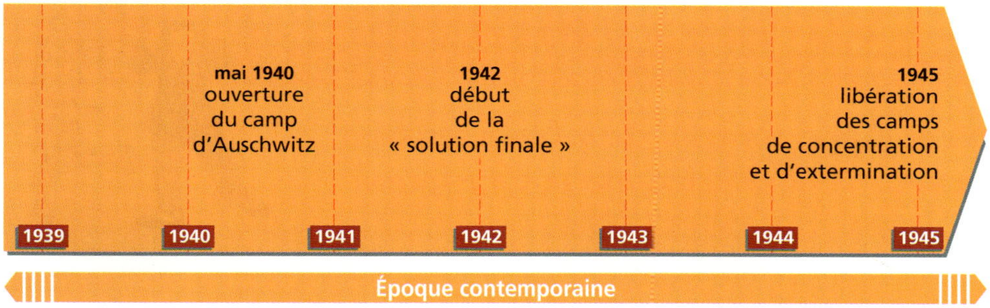

◂ Doc. 3 : Le camp d'extermination d'Auschwitz, en 1945, à la libération du camp.

❓ Comment empêchait-on les prisonniers de sortir du camp (Doc. 3) ?

❓ Pouvaient-ils s'évader la nuit ?

Les sources historiques du génocide

Les Allemands ont éliminé le plus possible les traces de leurs massacres, mais les **vestiges** des camps de concentration et d'extermination subsistent. Il reste aussi quelques **photos** prises par des déportés ou les nazis eux-mêmes pendant la guerre ainsi que les photos et les **films** pris au moment de la libération des camps. Enfin, les **renseignements recueillis au procès de Nuremberg** (Doc. 4) **ou auprès des déportés** constituent une source importante pour les historiens.

Déposition du commandant du camp d'Auschwitz au procès de Nuremberg (1945-1946)

À Auschwitz, deux médecins SS examinaient les arrivages de transports de prisonniers. Les prisonniers devaient passer devant l'un de ces médecins qui, à l'aide d'un signe, faisait connaître sa décision. Ceux qui étaient jugés aptes au travail étaient envoyés dans les camps ; les autres, dirigés sur les lieux d'extermination. Les enfants en bas âge étaient exterminés sans exception, puisque, du fait de leur âge, ils étaient incapables de travailler.

Rudolf Hess, Déposition devant le tribunal de Nuremberg, 5 avril 1946.

▴ Doc. 4

❓ Que se passe-t-il lors de l'arrivée des prisonniers au camp (Doc. 4) ?

❓ Qu'arrive-t-il aux adultes ? aux enfants en bas âge ?

Le sais-tu ?

Pour procéder à l'élimination en masse des juifs hongrois en 1944, les Allemands avaient dû doubler la « rampe » (le quai) qui recevait les déportés à leur arrivée au camp.

* Lexique

Camp de concentration : camp de travail pour déportés. La mortalité y était très importante.

Chambre à gaz : local où l'on faisait mourir les déportés en envoyant des gaz asphyxiants.

Résumé

Pendant la Seconde Guerre mondiale, l'Allemagne nazie a éliminé en masse les juifs, les tziganes et les opposants au régime nazi. Ce génocide a tué plus de 5 millions de juifs ainsi que la presque totalité des tziganes d'Europe.

33 Le monde de 1945 à 1991

À partir de 1947, les États-Unis et l'URSS forment deux blocs opposés. Depuis cette date, les crises se succèdent et le monde se transforme.

Construire la paix

En 1945, **le monde est choqué par les millions de morts de la guerre** et par les horreurs commises par les nazis. Les États ressentent le besoin d'**empêcher le retour des guerres**.

Les Alliés proposent alors aux pays du monde entier de fonder ensemble l'**ONU*** pour régler les querelles entre les États et pour **préserver la paix** (Doc. 1).

***La Déclaration universelle des droits de l'homme* (1948)**

Les Nations Unies proclament comme idéal commun à atteindre par tous les peuples :

Article 1 : Tous les êtres humains naissent libres et égaux. Ils doivent agir les uns envers les autres dans un esprit de fraternité.

Article 2 : Les droits et libertés sont proclamés ici pour tous, sans distinction de race, de couleur, de sexe, de langue, de religion, d'opinion, d'origine, de fortune ou de toute autre situation. [...]

Article 4 : Nul ne sera tenu en esclavage. [...]

Article 7 : Tous sont égaux devant la loi. [...]

Article 16 : L'homme et la femme, sans aucune restriction quant à la race, la nationalité ou la religion, ont le droit de se marier. Ils ont des droits égaux dans le mariage. Le mariage ne peut être conclu qu'avec le consentement des époux. [...]

Article 29 : Toute personne a des devoirs envers la communauté.

▲ Doc. 1

? Retrouve dans le texte les expressions qui montrent que les droits et les libertés sont proclamés pour tous (Doc. 1).

? Que dit l'article 16 de l'homme et de la femme ?

Coopérer entre États

D'autres organismes internationaux comme l'**UNESCO*** et l'**UNICEF*** organisent la coopération entre les États dans le domaine de la culture et de l'enfance. Une force armée, les **Casques bleus**, peut intervenir en cas de conflit pour protéger les civils et séparer les combattants (Doc. 2).

? Dans quel pays opèrent ces Casques bleus (Doc. 2) ?

? Que font-ils ?

? Recherche dans une encyclopédie quel est le rôle de ces militaires.

▸ Doc. 2 : Des Casques bleus de l'ONU en Bosnie, en 1993.

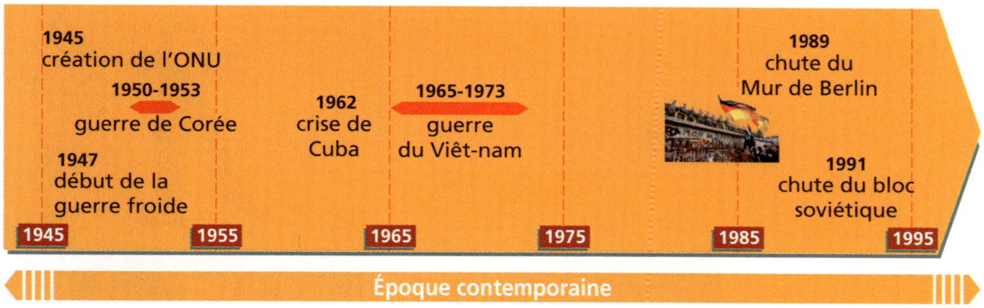

La formation de deux blocs opposés

En 1945, l'armée soviétique (de l'URSS) est installée à l'Est de l'Europe et l'armée américaine à l'Ouest ; les deux États restent alliés. Mais, **à partir de 1947, les États-Unis et l'URSS s'opposent sur le plan politique et économique**.

Deux ensembles se forment en Europe : à l'Ouest, les pays européens se reconstruisent avec l'aide des États-Unis. À l'Est, les démocraties populaires se créent sous le contrôle de l'URSS. C'est le **début de la guerre* froide**.

Regarde la carte de l'Europe dans les années 1950 à la fin de ton livre.

? Repère le bloc de l'Est et le bloc de l'Ouest.

? Quels sont les pays restés neutres face à la formation des deux blocs ?

Un monde instable

La guerre froide provoque de **nombreuses crises dans le monde** : **à Berlin** pour la maîtrise de la ville (1948), **en Asie** lors de la guerre* de Corée (1950-1953), à **Cuba** où les Soviétiques dirigent des rampes de missiles vers les États-Unis (1962)…

Puis, après une période de détente, **le bloc soviétique s'effondre (1991)** (Doc. 3) et les États-Unis restent la seule grande puissance.

Doc. 3 : La chute du Mur de Berlin. Le 9 novembre 1989, les Berlinois de l'Ouest détruisent le Mur qui les séparait des Berlinois de l'Est, sous contrôle soviétique.

? Que font les jeunes gens à droite (Doc. 3) **?**

? À ton avis, que font les soldats sur le Mur ?

Le sais-tu ?

La Déclaration universelle des droits de l'homme de 1948 a été largement inspirée par *La Déclaration des droits de l'homme et du citoyen* du 26 août 1789.

* Lexique

Guerre de Corée : de 1950 à 1953, elle oppose les Coréens du Nord soutenus par la Chine communiste aux Coréens du Sud soutenus par les États-Unis.

Guerre froide : période (1947-1989) pendant laquelle les États-Unis et l'URSS s'opposent indirectement.

ONU : Organisation des nations unies.

UNESCO : Organisation des nations unies pour l'éducation, la science et la culture.

UNICEF : Fonds d'urgence des nations unies pour l'enfance.

Résumé

Depuis 1945, le monde a connu de nombreuses crises et des conflits incessants. Mais des organisations comme l'ONU, créées au lendemain de la guerre, cherchent à préserver la paix.

34 Construire l'Union européenne

Après 1945, de nombreux pays d'Europe s'unissent progressivement. Aujourd'hui, 27 pays font partie de l'Union européenne.

Le contexte d'après-guerre

En 1945, plusieurs priorités s'imposent dans l'Ouest de l'Europe et sont soutenues par les États-Unis : il faut **éviter un nouveau conflit mondial, reconstruire l'économie européenne** (Doc. 1) et **se protéger de l'Union soviétique**.

? **Décris la scène** (Doc. 1).

? **Cherche dans ton livre quels pays ont été aidés par les Américains.**

? **Pourquoi ces pays ont-ils besoin d'être reconstruits ?**

▲ Doc. 1 : L'arrivée de l'aide américaine aux habitants de Berck (France), en 1948. Les États-Unis ont soutenu la reconstruction de l'Europe non communiste par des envois de matériel, d'alimentation et par des investissements.

Les premiers pas

Le rapprochement commence entre la France, l'Allemagne, l'Italie, la Belgique, les Pays-Bas et le Luxembourg. **En 1951**, un premier traité crée **la CECA** (Communauté économique du charbon et de l'acier). **En 1957**, le traité de Rome fonde **la CEE** (Communauté économique européenne) (Doc. 2) qui prévoit la libre circulation des personnes, des biens et des capitaux.

▲ Doc. 2 : Affiche française de 1957 en faveur de la création du Marché commun.

? **Quels sont les pays représentés** (Doc. 2) **?**

? **De quel départ s'agit-il ?**

? **D'après toi, que signifie cette représentation ?**

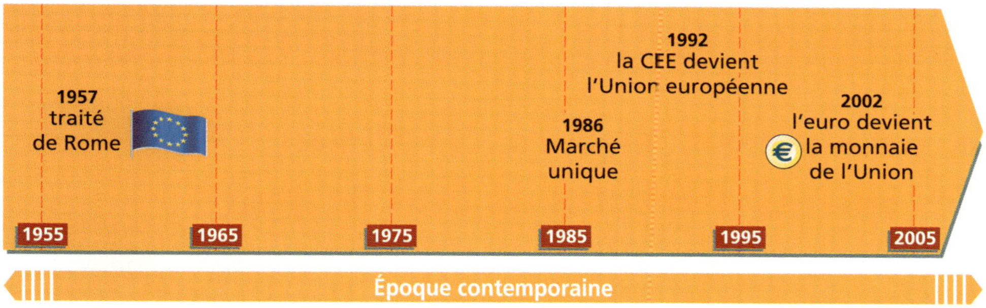

De nouvelles adhésions

La réussite économique de la CEE décide d'autres pays européens à la rejoindre : le Royaume-Uni, l'Irlande, le Danemark, la Grèce, l'Espagne et le Portugal.

Le **Marché unique** est établi **en 1986**. Il abolit les douanes intérieures entre les différents pays de la CEE.

L'Union européenne

En 1992, avec le traité de Maastricht, la CEE devient **l'Union européenne. Une monnaie unique, l'euro** (Doc. 3), existe depuis 2002.

L'Union prévoit de **développer des politiques communes** dans les domaines de la justice, de l'armée, de la police, de l'éducation et de la formation.

Doc. 4 : Le drapeau de l'Union européenne.

Combien ce drapeau compte-t-il d'étoiles (Doc. 4) **? À ton avis, pourquoi ?**

Une Europe à 27

L'Union européenne repousse encore ses frontières lors de l'entrée de l'Autriche, de la Finlande et de la Suède. Elle est composée **en 2007** de **27 États**, soit 12 États supplémentaires (Pologne, Hongrie, République tchèque, Slovaquie, Slovénie, Lettonie, Estonie, Lituanie, Chypre, Malte, entrés en 2005, et Roumanie et Bulgarie en 2007).

L'Union européenne est la **première puissance économique mondiale**. Mais elle éprouve des difficultés à compter sur le plan politique.

Regarde la carte des étapes de la construction européenne à la fin de ton livre.

Quels sont les 6 pays fondateurs de la CEE ?

Pourquoi parle-t-on d'élargissement à l'Est de l'Union européenne en 2005 ?

Doc. 3 : Le lancement de la campagne d'information sur le passage à l'euro, en 2001.

Explique la phrase placée en bas de l'affiche (Doc. 3)**.**

Quel est le but de cette campagne d'affichage ?

Le sais-tu ?

Certains pays de l'Union européenne n'utilisent pas l'euro, soit parce que leurs économies ne sont pas encore prêtes, soit parce qu'ils ne le veulent pas (la Suède et le Royaume-Uni).

Résumé

L'Union européenne est née progressivement après 1945. Elle assure la libre circulation des personnes, des marchandises et des services.

J'aime... L'ART

J'ai visité une exposition qui montrait les caractéristiques du XXe siècle à travers les œuvres d'artistes de tous les pays.

Les artistes et la guerre

La première salle était consacrée aux guerres et aux violences. Ainsi, Pablo Picasso a peint un tableau, *Guernica*, en 1937, pour crier son indignation pendant la guerre d'Espagne (1936-1939) (Doc. 1).

Doc. 1 : *Guernica*, peint en 1937 par Pablo Picasso (1881-1973). Pendant la guerre d'Espagne, la ville de Guernica a été bombardée par l'aviation allemande. De nombreux civils sont morts.

? Je recherche des renseignements sur la guerre d'Espagne.

? Je me demande ce qu'a voulu représenter Picasso (Doc. 1).

? J'explique le message qu'il a voulu transmettre sur la guerre.

La modernité

La deuxième salle de l'exposition projetait des films et des vidéos. J'ai bien aimé un cinéaste comme Jacques Tati (1907-1982) qui dépeint les Français des années 1950-1960 aux prises avec les nouvelles conditions de vie : l'uniformité des nouvelles constructions, la circulation automobile, le travail dans les usines modernes et dans les bureaux (Doc. 2)...

J'observe cette scène du film et je m'interroge :

? Que fait Jacques Tati (Doc. 2) ?

? Comment montre-t-il l'uniformité des nouvelles conditions de travail ?

Doc. 2 : Une scène du film *Playtime* de Jacques Tati, en 1964-1967.

? Je me demande quels objets ou matériaux a utilisés Arman (Doc. 3).

Les artistes et la société de consommation

Une troisième salle de l'exposition était consacrée à la société de consommation. Des artistes ont détourné des objets de notre quotidien pour en faire des sculptures (Doc. 3)... Ils ont voulu montrer que les objets jouent un rôle fondamental dans notre société.

Doc. 3 : La sculpture d'Arman, *L'Heure pour tous* (1985) est exposée devant la gare Saint-Lazare, à Paris.

LE COIN DE L'HISTORIEN

La dernière salle de l'exposition était consacrée au regard que les artistes portent sur la ville. Des œuvres d'art étaient comparées entre elles. J'ai pu ainsi comprendre comment les artistes observent le réel et comment ils le représentent. Deux œuvres m'ont paru très intéressantes à comparer : un tableau de René Magritte (Doc. 4) et une œuvre de Maria-Helena Vieira da Silva (Doc. 5).

? Je décris chacune de ces œuvres (Doc. 4 et 5).

? Je cherche laquelle ressemble le plus à une ville réelle.

? Je me demande ce que les artistes ont voulu exprimer à travers leurs tableaux.

▲ **Doc. 4 :** Tableau de René Magritte (1898-1967) intitulé *La Poitrine*, en 1961.

◀ **Doc. 5 :** *Ville au bord de l'eau*, peinte par Maria-Helena Vieira da Silva (1908-1992), en 1947.

Je suis étonné du nombre de sujets que les artistes peuvent aborder !

36 Les décolonisations

Après la Seconde Guerre mondiale, un puissant mouvement de décolonisation* aboutit à l'indépendance des pays dominés par l'Europe.

L'ordre colonial menacé

Les peuples colonisés ont contribué à l'effort de guerre aux côtés des pays colonisateurs. Au lendemain de la guerre, ils **demandent davantage de liberté** (Doc. 1).

De leur côté, les puissances coloniales ont été affaiblies par la guerre et sont en pleine reconstruction. Elles ne disposent pas du soutien international car les États-Unis, l'URSS et l'ONU sont favorables au **droit des peuples à disposer d'eux-mêmes**.

Discours d'un député d'Algérie en 1946

Mesdames, messieurs, [...] vous nous avez apporté votre culture, [...] qui doit permettre l'affranchissement des hommes. Vous nous avez donné le goût de la liberté et, maintenant que nous disons que nous ne voulons pas de l'esprit colonial et de la colonisation, [...] mais que nous voulons être libres, être des hommes, rien que des hommes, ni plus ni moins, vous [...] êtes étonnés, vous Français, que quelques esprits chez nous cherchent l'indépendance.

Discours d'Ahmed Saadane, 26 août 1946.

▲ Doc. 1

Gandhi (1869-1948)

Gandhi a fait des études d'avocat à Londres. Il a défendu les Indiens contre la ségrégation raciale en Afrique du Sud (1893). Retourné en Inde, il lutta contre les Britanniques en proposant la désobéissance civile et le boycottage* des produits anglais. Il fit plusieurs séjours en prison. Gandhi prêchait la non-violence et l'égalité entre les hommes. Il a participé en 1947 aux négociations pour l'indépendance de l'Inde. Il fut assassiné en 1948.

▲ Doc. 2

? Qu'a apporté la culture française en Algérie (Doc. 1) ?

? Que demande ce député ?

? Cherche ce qu'on appelle « la désobéissance civile » (Doc. 2).

? Par quels moyens Gandhi luttait-il contre les Britanniques ?

Les décolonisations en Asie

Le continent asiatique a connu les premières décolonisations.

L'**indépendance** de la colonie britannique **des Indes**, dans laquelle **Gandhi** (Doc. 2) a joué un très grand rôle, est proclamée **en 1947** et donne naissance à deux États : **l'Union indienne** et **le Pakistan**.

De leur côté, les **Indes néerlandaises** obtiennent des Pays-Bas leur indépendance **en 1949** après une période de troubles importants. Elles deviennent **l'Indonésie**.

La France s'engage en 1946 dans une longue **guerre en Indochine** pour rétablir son pouvoir. Mais elle est **vaincue en 1954** et quatre États naissent de sa défaite : **le Cambodge, le Laos, le Viêt-Nam du Nord et le Viêt-Nam du Sud**.

Les décolonisations en Afrique

Des troubles importants aboutissent **en 1956** à l'**indépendance** de la **Tunisie** et du **Maroc**. **L'Algérie** n'obtient son **indépendance** qu'**en 1962** (Doc. 3 et 4).

La plupart des territoires d'Afrique sub-saharienne sont décolonisés sans heurts. Les colonies britanniques sont décolonisées pays par pays. **En 1960, 14 pays africains obtiennent de la France leur indépendance.**

Toutefois, le **Congo belge** (Zaïre), indépendant après des troubles en 1960, s'enfonce dans une **guerre civile** pour plusieurs années. Et les **colonies portugaises** ne trouvent leur indépendance qu'après de **longues guerres** (1961-1974).

▲ Doc. 3 : Affiche algérienne de 1963 représentant Nasser et Ben Bella terrassant le colonialisme.

? Cherche dans une encyclopédie qui sont Nasser et Ben Bella.

? Que font-ils sur cette affiche (Doc. 3) ?

? Comment le colonialisme est-il représenté ?

? Quand débutent les premiers troubles en Algérie (Doc. 4) ?

? Combien de temps dure la guerre d'Algérie ?

? Qui sont les « pieds-noirs » ?

La guerre d'Algérie (1954-1962)

La France s'est installée en Algérie en 1830. En mai 1945, les massacres de l'Est algérien, qui font plus de 20 000 morts du côté algérien, creusent un fossé entre les Européens et les « musulmans ».
En 1954, l'Algérie compte 9 millions de « musulmans » et 1 million d'Européens. Le FLN (Front de libération nationale) déclenche alors la lutte armée contre la France. Elle s'achève en 1962 par l'indépendance de l'Algérie, après avoir fait 400 000 morts et d'importantes destructions. Les Français d'Algérie (qu'on appelle désormais « pieds-noirs ») viennent alors s'installer en France.

▲ Doc. 4

Regarde la carte de la décolonisation à la fin de ton livre.

? Quels pays ont été décolonisés à la suite de troubles ?

? Quels pays ont été décolonisés pacifiquement ?

Le sais-tu ?

Une des origines du mot *pied-noir* viendrait de l'état des pieds des colons européens après des journées de marche dans le « bled » (la campagne algérienne).

* Lexique

Boycottage : refus d'acheter certains produits.

Décolonisation : processus d'indépendance des pays colonisés.

Résumé

Après la Seconde Guerre mondiale, les puissances coloniales sont affaiblies dans le monde. Les pays dominés obtiennent progressivement leur indépendance, soit par la négociation, soit par la lutte armée.

37 La révolution scientifique et technique

Au XXe siècle, une révolution scientifique et technique de très grande ampleur a permis à l'homme de mieux se connaître et de commencer la conquête de l'espace.

Les progrès jusqu'aux années 1930

Au début du XXe siècle ont été découverts de **nouveaux vaccins** (BCG*) et de **nouveaux médicaments**, comme la pénicilline* (1928) qui est le premier antibiotique*.

Les chercheurs ont perfectionné leurs outils de recherche (microscope électronique en 1934) et fait de nouvelles découvertes : par exemple, en physique grâce à **Albert Einstein** (Doc. 1).

Le rôle des guerres

Les deux guerres mondiales ont permis de **nombreux progrès** : par exemple, en **chirurgie réparatrice** pour soigner les blessés.

La recherche militaire a également favorisé les progrès dans les **transmissions** (radar), dans l'**aviation** et dans l'**armement**. Mais certaines inventions telles que les **armes chimiques** ou la **bombe atomique** (Doc. 2) sont dangereuses pour l'avenir des hommes et de la planète.

▲ Doc. 2 : Un essai nucléaire en URSS, en 1954.

? Pourquoi appelle-t-on ce nuage de fumée « un champignon » (Doc. 2) ?

? Qu'arrive-t-il aux personnes qui sont à proximité ?

Albert Einstein (1879-1955)

Albert Einstein est un grand physicien qui a bouleversé les connaissances sur l'espace et le temps. Il cherchait toujours les lois les plus générales possibles et était favorable à une remise en question constante de la recherche.

▲ Doc. 1

? Fais une recherche sur Albert Einstein (Doc. 1).

? Pourquoi est-il célèbre ?

Un monde de la rapidité

La circulation des hommes et des marchandises s'est accélérée et généralisée grâce aux **progrès** constants **des moyens de transport** aériens (Doc. 3) et terrestres (TGV).

De même, avec le développement de la presse, de la radio et de la télévision, **l'information circule de plus en plus vite et même en direct** grâce à l'Internet.

- 1960 — **1961** le Soviétique Gagarine accomplit le premier voyage dans l'espace
- **1969** deux astronautes américains marchent sur la Lune
- 1970 — **1972** premier scanner
- 1980 — **1981** premier TGV
- **1990** Internet

Époque contemporaine

? **Décris le Concorde** (Doc. 3).

? **Recherche ce que l'on appelle « un avion supersonique ».**

Doc. 3 : Le Concorde était un avion supersonique fabriqué par la France et le Royaume-Uni à partir de 1976. Il était très en avance sur les autres avions.

À la conquête de l'espace

Depuis la Seconde Guerre mondiale, l'homme s'intéresse à la conquête de l'espace (Doc. 4). **En 1961**, un Russe effectue le **premier vol spatial**. Aujourd'hui, des centaines d'engins spatiaux de télécommunications tournent autour de la Terre (satellites). D'autres engins parcourent le système solaire et commencent à s'aventurer au-delà.

? **Décris le paysage de la Lune** (Doc. 4).

? **Comment Edwin E. Aldrin est-il habillé ?**

? **Pourquoi est-il habillé ainsi ?**

Doc. 4 : L'astronaute américain Edwin E. Aldrin marche sur la Lune, le 21 juillet 1969.

Un monde de savoir

Les **progrès** constants effectués **en médecine** ont abouti à une meilleure connaissance du corps humain (ADN*), des maladies (grâce au scanner*) et de leurs traitements. La recherche scientifique s'est développée dans tous les domaines : en physique, en chimie, en génétique*…

Le sais-tu ?

Autrefois, les savants travaillaient seuls dans leur laboratoire. Aujourd'hui, les recherches sont si complexes qu'il faut des équipes nombreuses pour les faire aboutir.

* Lexique

ADN : molécule qui contient toutes les caractéristiques génétiques du corps humain.

Antibiotique : médicament qui permet de soigner des maladies infectieuses.

BCG : vaccin contre la tuberculose.

Génétique : branche de la biologie qui étudie l'hérédité.

Pénicilline : médicament antibiotique à base de champignons microscopiques.

Scanner : appareil moderne de radiologie.

Résumé

Une révolution scientifique et technique a eu lieu au XXe siècle. Elle a concerné tous les domaines des activités des hommes.

38 La France depuis 1944

Depuis la fin de la guerre, la France a vécu sous les régimes de la IVe et de la Ve République. Elle s'est modernisée, mais souffre de difficultés économiques.

La IVe République

Au lendemain de la guerre, la France est très affaiblie. Les destructions ont été importantes et les pénuries* persistent (Doc. 1). **Le régime issu de la guerre ne parvient pas à régler la crise de l'après-guerre**. Charles de Gaulle démissionne du gouvernement provisoire en janvier 1946.

En 1946, une Constitution donne naissance à la IVe République. Mais malgré la réussite de la reconstruction économique, la IVe République s'effondre en 1958 à cause des querelles, de l'instabilité politique et de la crise née de la guerre d'Algérie.

▲ Doc. 1 : Un carnet de tickets de rationnement en usage de 1941 à 1949. Chaque famille est inscrite chez un commerçant, où elle vient chercher son alimentation.

Le sais-tu ?

Paul Ramadier fut ministre du Ravitaillement en 1945 et 1946. Mais les pénuries étaient si grandes qu'on l'appelait « Ramadier-famine » ou encore « Ramadiète ».

? Que fait le commerçant de chaque ticket (Doc. 1) ?

? Pourquoi peut-on parler de rationnement ?

La Ve République

En 1958, le général de Gaulle revient au pouvoir. Il propose une nouvelle Constitution qui est adoptée par référendum*. **C'est le début de la Ve République**.

Aujourd'hui encore, la France est sous le régime de la Ve République. Depuis sa création, elle a connu cinq présidents de la République : le général de Gaulle, Georges Pompidou, Valéry Giscard d'Estaing, François Mitterrand et Jacques Chirac (Doc. 2).

? Quels sont les présidents de la Ve République (Doc. 2) ?

? Quel est le président qui est resté le plus longtemps au pouvoir ?

▼ Doc. 2 : Les présidents de la Ve République.

Les réussites de la Ve République

Sous la Ve République, les Français obtiennent la retraite à 60 ans, la cinquième semaine de congés payés, le SMIC*, la semaine de travail de 39, puis de 35 heures. Des indemnités et le RMI* sont accordés aux chômeurs. **La France est modernisée** (Doc. 3).

Sur le plan international, **la Ve République réussit la décolonisation**. Elle achève la réconciliation franco-allemande et entame la construction européenne.

? **Retrouve sur la photo (Doc. 3) les éléments qui montrent les progrès du confort de vie dans les années 1950.**

Doc. 3 : Une rue, en 1956.

Les difficultés de la Ve République

Les réformes ont souvent été obtenues lors de mouvements sociaux : par exemple, lors des **manifestations des étudiants** et d'une partie de la société **en mai 1968** (Doc. 4).

Depuis 1975, une **crise économique mondiale** s'est traduite par une montée considérable du **chômage** qui concerne aujourd'hui environ 9 % de la population active française. Des Français mécontents ont rejoint des partis extrémistes. D'autres Français ont préféré se désintéresser de la politique.

? **Pourquoi les pavés de Paris sont-ils symboliques des événements de mai 1968 ?**

Doc. 4 : Des barricades sur le boulevard Saint-Michel et devant la Sorbonne, à Paris, en 1968.

* Lexique

Pénurie : manque de produits nécessaires à la vie.

Référendum : vote des citoyens pour accepter ou refuser une proposition faite par le pouvoir.

RMI : revenu minimum d'insertion. Revenu donné aux chômeurs.

SMIC : salaire minimum interprofessionnel de croissance. Salaire en dessous duquel il est interdit de payer un employé.

Résumé

Depuis la fin de la Seconde Guerre mondiale, la France a été sous les régimes de la IVe, puis de la Ve République.
Le pays s'est modernisé mais connaît aujourd'hui une crise économique importante.

39 Les institutions de la Ve République

Les institutions de la Ve République (1958) renforcent le pouvoir du président de la République.

La naissance de la Ve République

La Ve République est née en 1958 de la crise provoquée par la guerre d'Algérie. Pour sortir la France de cette crise, on a fait appel au général de Gaulle, qui a proposé un changement de Constitution.

La Constitution de 1958 (Doc. 3) a rendu la **vie politique plus stable** qu'avant et **a renforcé le pouvoir du président de la République**. Depuis 1962, le président de la République est élu au suffrage universel par les citoyens et les citoyennes majeurs.

Doc. 1 : L'intérieur de l'Assemblée nationale.

Repère la tribune du président du Sénat (Doc. 2).

Comment les sénateurs sont-ils disposés autour de la tribune ?

À ton avis, pourquoi ?

Doc. 2 : L'intérieur du Sénat.

Les pouvoirs dans la Ve République

Le pouvoir législatif prépare, discute et vote les lois. Ce pouvoir appartient à l'Assemblée nationale (Doc. 1) et au Sénat (Doc. 2).

Le pouvoir exécutif fait appliquer les lois. Il est entre les mains du président de la République, du Premier ministre et du gouvernement.

Décris l'Assemblée nationale (Doc. 1).

Repère les députés, le président de l'Assemblée, les visiteurs.

À ton avis, pourquoi admet-on des visiteurs pendant les séances de l'Assemblée nationale ?

POUVOIRS	DÉTENTEURS DU POUVOIR	RÔLES ET FONCTIONS
Souveraineté = autorité de l'État (celui qui détient la souveraineté détient le pouvoir)	Le peuple = tous les citoyens et les citoyennes français majeurs	– élit les députés au suffrage universel direct – élit les membres des collectivités territoriales (conseillers municipaux, conseillers généraux et conseillers régionaux) au suffrage universel direct – élit le président de la République au suffrage universel direct
Pouvoir législatif	– Assemblée nationale = députés élus pour 5 ans au suffrage universel direct – Sénat = sénateurs élus pour 9 ans par les élus des collectivités territoriales (suffrage universel indirect)	– proposent les lois – discutent les lois – votent les lois
Pouvoir exécutif	– Président de la République élu pour 5 ans au suffrage universel direct	– fait exécuter les lois – nomme le Premier ministre – est le chef des armées
	– Premier ministre nommé par le président de la République	– nomme les ministres du gouvernement – conduit la politique du gouvernement
	– Gouvernement = ensemble des ministres nommés par le Premier ministre	– chaque ministre est en charge d'un secteur particulier (Éducation, Agriculture, Économie…)

Le Sénat.

▲ Doc. 3 : Les institutions de la Ve République.

? Que font les citoyens et les citoyennes (Doc. 3) ?

? Que fait le président de la République ?

? Par qui sont nommés les ministres ?

? Par qui est nommé le Premier ministre ?

Un procès.

Le pouvoir judiciaire

Le pouvoir judiciaire juge et punit les personnes qui ne respectent pas les lois. Les juges sont sélectionnés par concours et siègent dans différents tribunaux. Les juges de paix sanctionnent les fautes légères au tribunal de police. Les juges correctionnels jugent les fautes plus importantes au tribunal correctionnel. Enfin, les affaires criminelles sont jugées par les juges d'assises en tribunal d'assises.

Résumé

La Constitution de la Ve République a instauré un régime dans lequel le pouvoir législatif, le pouvoir exécutif et le pouvoir judiciaire sont séparés les uns des autres.

40 J'étudie... LES TRANSFO

Je m'appelle Julie : je suis en CM2. Ma grand-mère m'a raconté qu'après la guerre, elle habitait déjà dans notre quartier mais elle avait très peu de confort chez elle. Depuis cette époque, les choses ont bien changé !

J'habite en ville

Nous habitons en ville, comme la majorité des Français. Ma grand-mère me montre une photo d'une rue du quartier en 1950 (Doc. 1). Moi, je lui montre la photo d'une autre rue du quartier aujourd'hui (Doc. 2). Nous nous amusons à repérer tout ce qui a changé depuis les années 1950.

? Je décris les différences dans les habitations (Doc. 1 et 2).

Doc. 1 : Notre quartier dans les années 1950.

? Je décris les commerces que j'aperçois. Y a-t-il des différences entre les deux photos ?

? Je cherche à quelle époque la circulation des voitures est la plus importante.

? Je dis quelles autres différences je vois entre les deux photos.

Doc. 2 : Notre quartier aujourd'hui.

Je suis bien équipée

Dans les années 1950, ma grand-mère, comme toutes les mères de famille, avait peu d'appareils ménagers pour l'aider à accomplir les tâches de la maison (Doc. 3). Aujourd'hui, la cuisine de mes parents est bien équipée (Doc. 4). Nous avons tout un tas d'appareils qui reflètent la société de consommation dans laquelle nous vivons.

MATIONS DES MODES DE VIE

? Je décris les ustensiles que je vois dans la cuisine de 1950 (Doc. 3).

? Je décris les appareils ménagers présents dans notre cuisine d'aujourd'hui (Doc. 4).

? J'explique en quoi ces appareils soulagent le travail des femmes et des hommes.

▲ Doc. 3 : La cuisine de ma grand-mère dans les années 1950.

▲ Doc. 4 : La cuisine de mes parents aujourd'hui.

LE COIN DE L'HISTORIEN

J'ai recherché sur l'Internet des renseignements sur les dépenses des Français en 1960 et en 2004 (Doc. 5).

? Je regarde les dépenses qui ont le plus augmenté et celles qui ont le plus diminué entre 1960 et 2004 (Doc. 5).

? J'explique pourquoi certaines dépenses ont beaucoup augmenté.

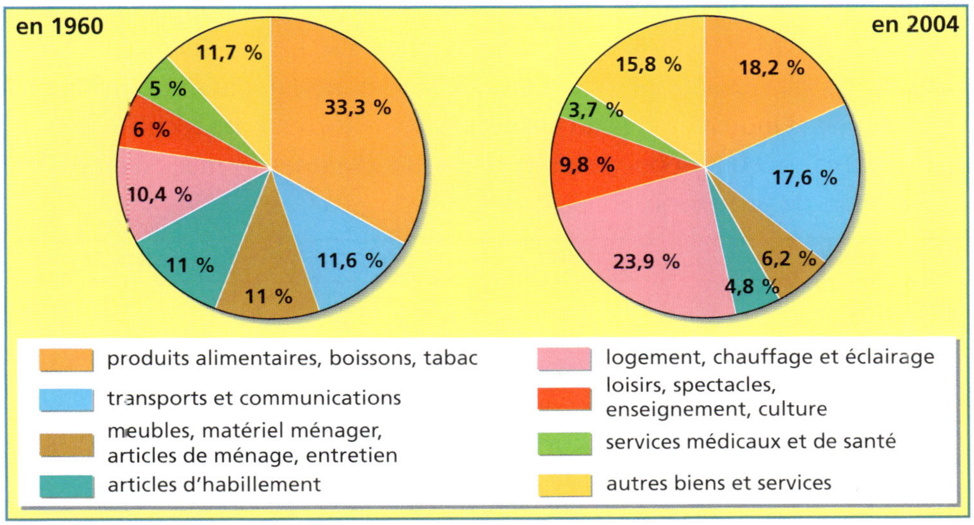

▲ Doc. 5 : Les dépenses des ménages, en 1960 et en 2004.

41 Une nouvelle société

La société s'est beaucoup transformée en France depuis 1945.
La population s'est accrue et le niveau de vie des Français a augmenté.
Toutefois, depuis 1975, une crise économique s'est installée.

La croissance de la population

Depuis 1945, la population française est passée **de 40 à 62 millions d'habitants** grâce à une **forte natalité**, à un **solde*** **migratoire positif** et à un important **allongement de la durée de la vie** (Doc. 1).

Dans les années qui ont suivi la Libération, la natalité était si forte qu'on a parlé de « **baby-boom** ». Aujourd'hui que ces personnes parviennent à l'âge de la retraite, on parle de « **papy-boom** ».

Quel effet les deux guerres mondiales ont-elles eu sur la natalité (Doc. 1) **?**

Quelle est l'évolution de la natalité depuis 1973 ?

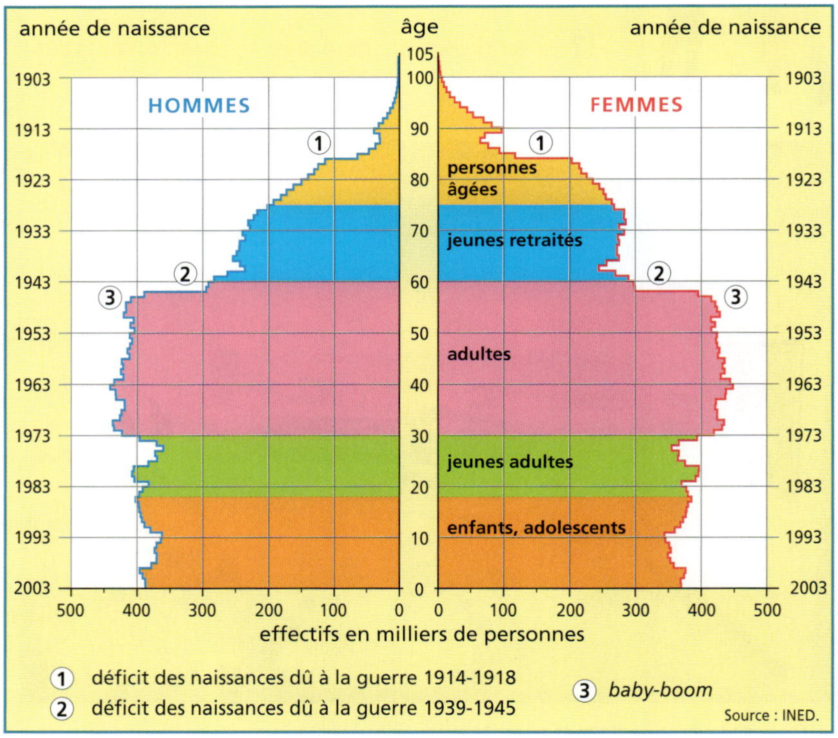

Doc. 1 : La pyramide des âges de la France.

Les transformations sociales

La **modernisation de l'économie** s'est traduite par **le recul ou l'apparition de certaines professions**. Au début des années 1950, la France comptait 6 millions d'agriculteurs. Ils ne sont plus qu'un million aujourd'hui : certains sont partis travailler en ville, d'autres ont subi les effets de la mécanisation. De même, les emplois de l'industrie et du bâtiment ont fortement reculé (Doc. 2). Parallèlement se sont développées les **classes moyennes** formées d'employés, de cadres et de professions intellectuelles.

ANNÉE	AGRICULTURE	INDUSTRIE	SERVICES
1946	37 %	29 %	34 %
2001	4 %	24 %	72 %

Doc. 2 : L'évolution des secteurs d'activité (en % des emplois).

Quel secteur d'activité a perdu le plus d'emplois (Doc. 2) **?**

Quel secteur d'activité a gagné le plus d'emplois ?

Les modes de vie

L'urbanisation a beaucoup progressé depuis 1945. De nombreux logements collectifs et individuels bien équipés ont été construits pour loger la population qui augmentait (Doc. 3).

Aujourd'hui, **les villes s'étalent dans les banlieues** où habitent de nombreuses personnes travaillant en ville. Certaines de ces banlieues souffrent du chômage, de la délinquance et de l'absence d'équipements.

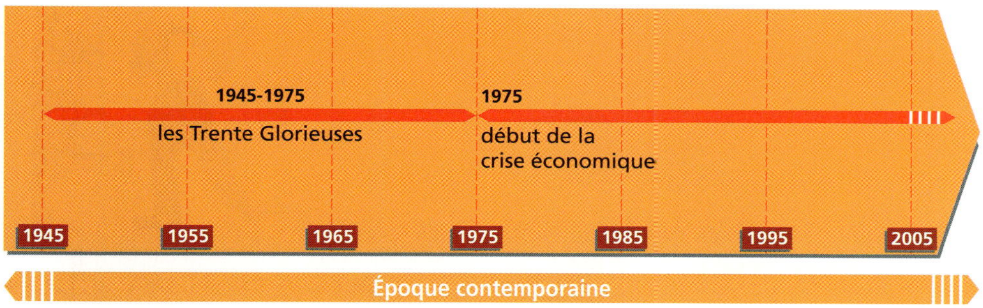

? Décris les différents types d'habitats que tu vois sur cette photo (Doc. 3).

◂ Doc. 3 : Une vue aérienne de la ville du Pont-d'Épinay, dans la banlieue parisienne (Seine-Saint-Denis).

Prospérité et crise

Entre 1945 et 1975, la France a connu une longue période de prospérité économique appelée **les « Trente Glorieuses »**. Durant cette période, les revenus des Français ont augmenté et leur niveau de vie s'est amélioré. Les Français entrent alors dans la **société* de consommation**.

Mais **depuis 1975**, la France traverse **une crise économique** qui a provoqué une forte hausse du **chômage**. Partout, les **inégalités se sont accrues** (Doc. 4). On parle d'« **exclusion** »*.

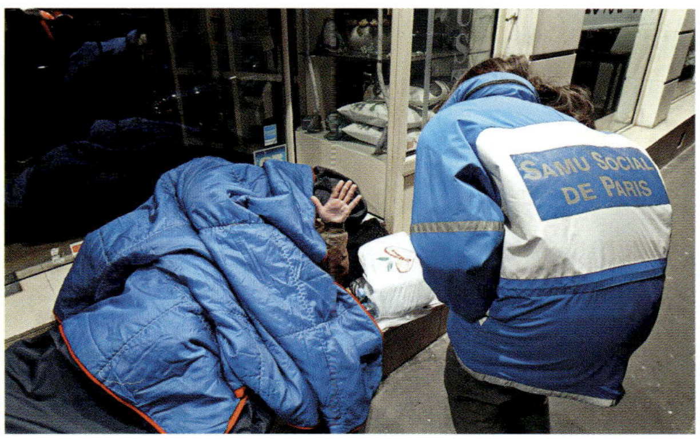

▴ Doc. 4 : La misère conduit certaines personnes à dormir dans la rue. Des organisations et des associations tentent de les aider.

? Comment appelle-t-on les personnes qui dorment dans la rue (Doc. 4) ?

? Qu'est-ce que le SAMU social ?

? Qu'essaient de faire les volontaires du SAMU social ?

* Lexique

Exclusion : mise à l'écart de la société (par le chômage, le manque de formation…).

Société de consommation : société où l'on peut acheter de nombreux objets.

Solde migratoire : différence entre le nombre de personnes qui entrent dans un pays et le nombre de celles qui en sortent.

Résumé

Depuis 1945, la France s'est modernisée. La population a augmenté, a un meilleur niveau de vie et s'est regroupée dans les villes et les banlieues. Après avoir connu une période de grande prospérité, la France souffre du chômage et de la pauvreté.

42 Être femme aujourd'hui en France

Au xxe siècle, les femmes ont obtenu davantage d'égalité avec les hommes et davantage de liberté dans leur vie quotidienne.

L'acquisition des droits des femmes

Tout au long du xxe siècle, **les femmes ont combattu** (Doc. 2) pour **obtenir plus d'égalité** avec les hommes, plus de **maîtrise de leur vie personnelle et de leur corps**.

En 1944, **les femmes ont acquis le droit de vote** (Doc. 1). Puis elles ont obtenu progressivement **le partage des responsabilités familiales avec les hommes**.

▲ Doc. 1 : Des Françaises votent lors du référendum sur la Constitution de la IVe République, en 1946.

? Quels éléments du bureau de vote reconnais-tu (Doc. 1) ?

▲ Doc. 2 : Une manifestation de femmes, en 1974.

? Décris la manifestation (Doc. 2).

? Que peux-tu lire sur la banderole ?

? À ton avis, pourquoi y a-t-il surtout des femmes dans le cortège ?

Des femmes d'exception

Au cours du xxe siècle, **de nombreuses femmes se sont rendues célèbres** dans des domaines jusque-là masculins. **Suzanne Lenglen** (1899-1938) a été la plus grande championne de tennis de son temps : elle a été 7 fois championne du monde en simple dames et 6 fois en double mixte.

Hélène Boucher (1908-1934) a été une grande pionnière de l'aviation (Doc. 3). Elle a été la première à exécuter en solitaire le raid Paris-Saïgon en 1929 et a obtenu 7 records mondiaux.

Regarde la frise chronologique page 93.

? Quels droits les femmes ont-elles obtenus depuis 1944 ?

? Quelles en sont les conséquences pour les hommes ?

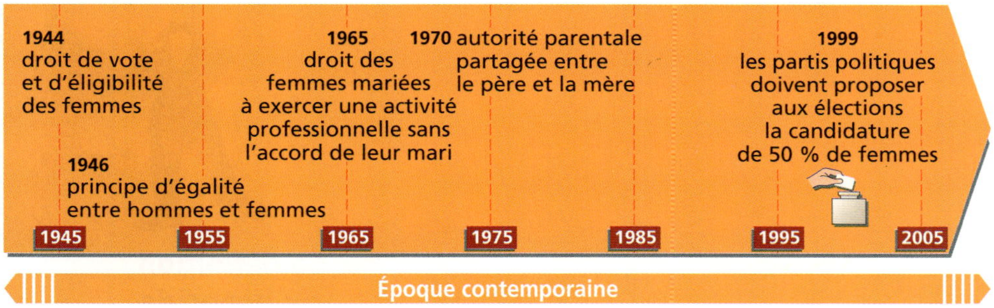

Doc. 3 : Hélène Boucher, en 1933.

? **Recherche quels records Hélène Boucher a battus.**

Le travail

En plus de leur travail domestique, les femmes ont toujours fourni à la maison un travail artisanal ou agricole. De nos jours, **le travail salarié des femmes à l'extérieur de la maison s'est généralisé** : 10 millions de femmes occupent aujourd'hui un emploi salarié contre 6,5 millions en 1960.

Grâce à la **scolarisation massive** et à l'**accès aux études supérieures**, les femmes ont pu occuper davantage d'emplois qualifiés et variés.

Le maintien des problèmes

Les **salaires des femmes** sont encore **inférieurs à ceux des hommes** de 30 % environ pour le même travail et elles n'ont pas accès à tous les emplois (Doc. 4). Elles sont beaucoup plus souvent victimes que les hommes de la précarité* et de la monoparentalité*. À l'intérieur des familles, elles sont encore souvent victimes de violences* conjugales.

Doc. 4

L'emploi des femmes en 1992

20 professions sur 455 regroupent 45 % des femmes. Quels sont les ghettos de l'emploi féminin ? Garde d'enfants, activités de nettoyage, emplois d'exécution de type administratif, emplois liés à la vente en constituent une part très importante. Outre ces emplois en général peu qualifiés, les femmes sont majoritaires dans le secteur médico-social et l'éducation nationale où elles exercent les professions d'infirmières et d'institutrices.
En revanche, la présence des femmes est inférieure à 10 % dans les secteurs à tradition fortement masculine : professeurs et professions scientifiques, ouvriers qualifiés, bâtiment et travaux publics. Elles sont peu nombreuses dans les postes d'encadrement et de responsabilité.

A. Artinia et L. Boccara, « Femmes au travail », D.R.

? **Selon les auteurs, qu'est-ce qu'un « ghetto de l'emploi féminin » (Doc. 4) ?**

? **Dans quels secteurs les femmes sont-elles fortement représentées ?**

? **Dans quels secteurs les femmes sont-elles peu nombreuses ?**

Le sais-tu ?

La première femme ministre (1947-1948) a été une Marseillaise du nom de Germaine Poinso-Chapuis. Elle était avocate et résistante.

* Lexique

Monoparentalité : famille avec un seul parent, le plus souvent la mère.

Précarité : situation économique, professionnelle et personnelle fragile.

Violences conjugales : violences exercées généralement contre les femmes à l'intérieur de la famille ou du couple.

Résumé

Les Françaises ont acquis le droit de vote, puis l'égalité avec les hommes dans la famille. Elles sont aujourd'hui très nombreuses à travailler. Mais de nombreux problèmes subsistent.

43 Un siècle de violences

Le XXe siècle a été une période de violences constantes. Des millions d'hommes, de femmes et d'enfants en ont été les victimes.

Les génocides

Le mot *génocide* (Doc. 1) a été forgé après la Seconde Guerre mondiale pour rendre compte de l'extermination systématique des juifs par les nazis entre 1942 et 1945.

Parmi les autres génocides du XXe siècle, on peut citer le **génocide des Arméniens en 1915-1916** et le génocide **des Tutsis du Rwanda en 1994**. Ces génocides ont pris la forme d'exécutions par les armes, de déportations, de famines organisées et de maladies volontairement non soignées.

La définition du génocide

On appelle *génocide* « des actes commis dans l'intention de détruire, en tout ou en partie, un groupe national, ethnique, racial ou religieux, comme tel ».

D'après la Convention des Nations Unies du 9 décembre 1948, article II.

▲ Doc. 1

? Retrouve la nature et la date de ce texte (Doc. 1).

? Quels sont les groupes retenus par cette définition du génocide ?

? Qu'arrive-t-il à ces groupes ?

Les massacres de masse

Comme les génocides, les massacres de masse ont lieu à certains moments particuliers de tension lors des **guerres** ou des **guerres* civiles**. Des dizaines ou des centaines de milliers de non-combattants peuvent être tués en quelques semaines (guerre en ex-Yougoslavie) (Doc. 2).

Un massacre en Bosnie en 1992

Ce texte est le récit d'un massacre de musulmans de Bosnie (à Visegrad) par des Serbes.

Des hommes coiffés de *balaklava* de laine noire faisaient irruption dans les foyers musulmans. Ils exigeaient argent et bijoux. Ils volaient tout ce qu'ils pouvaient emporter : montres en or, bagues et chaînes, argent liquide, lave-linge, téléviseurs, sucreries. Les musulmans n'opposaient aucune résistance. [Les Serbes] conduisaient hommes et femmes sur le pont Mehmet-Pacha, où ils les exécutaient au pistolet et au couteau, puis ils balançaient leurs corps dans la rivière et s'amusaient à tirer sur les cadavres qui dérivaient au fil de l'eau.

Cité par J. Sémelin, *Purifier et Détruire. Usages politiques des massacres et génocides*, coll. « La couleur des idées », © Éditions du Seuil, 2005.

▲ Doc. 2

▲ Doc. 3 : Les combattants irakiens pendant la guerre entre l'Iran et l'Irak, en 1984.

? Que font ces Serbes en arrivant dans les maisons des musulmans (Doc. 2) ?

? Que se passe-t-il ensuite ?

? Situe l'Iran et l'Irak sur le planisphère au début de ton livre.

? Fais une recherche sur ce conflit.

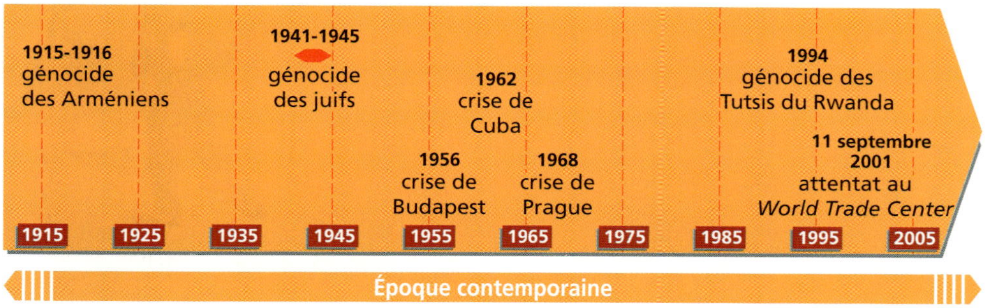

? **Décris la scène** (Doc. 4).

? **Que penses-tu de l'action de ce jeune homme ?**

? **D'après toi, pourquoi cette photo a-t-elle fait le tour du monde ?**

Des conflits incessants

Depuis 1950, de nombreuses **guerres régionales** ont éclaté entre certains peuples (Doc. 3) **pour des raisons économiques, politiques ou religieuses** (conflit israélo-arabe).

La violence des États

Des violences opposent parfois les citoyens des régimes autoritaires à leur gouvernement, aux forces de l'ordre et à des troupes étrangères. Ce fut le cas en Europe de l'Est : **à Budapest** (1956), **à Prague** (1968), lorsque des manifestants exigèrent des réformes.

Doc. 4 : Un étudiant chinois tente d'arrêter les chars du pouvoir, le 3 juin 1989.

Ce fut aussi le cas en **Chine communiste** à partir du 4 mai 1989 lorsque des **étudiants** se regroupèrent sur la **place Tian-an-men** à Pékin pour obtenir la démocratie et des réformes économiques (Doc. 4). Ils étaient jusqu'à un million chaque jour. Dans la nuit du 3 au 4 juin 1989, les forces de l'ordre firent plus de 1 000 morts et des dizaines de milliers de blessés.

Le terrorisme

Certains groupes extrémistes ont recours depuis les années 1980 au terrorisme* pour faire avancer leurs idées politiques ou religieuses. Ces actes terroristes ont un grand retentissement dans le monde entier (Doc. 5), car ils se produisent de façon inattendue et choquent les opinions publiques.

Doc. 5 : Les attentats du 11 septembre 2001 sur les tours jumelles du *World Trade Center* à New York (États-Unis). Plus de 2 000 personnes ont trouvé la mort dans cet acte terroriste.

? **À ton avis, que s'est-il passé dans la tour qui est en feu** (Doc. 5) **?**

? **Vers où se dirige l'avion ?**

? **D'après toi, pourquoi cet événement a-t-il choqué le monde entier ?**

* Lexique

Guerre civile : guerre qui oppose les habitants d'un même pays entre eux.

Terrorisme : action violente contre des biens et des personnes.

Résumé

Le XXe siècle a été parsemé de génocides, de massacres de masse, de guerres et d'actes terroristes. Des millions de personnes y ont perdu la vie.

44 L'immigration en France

Depuis le milieu du XIXe siècle, la France a accueilli des millions d'immigrants. Ces populations sont parfois mal intégrées dans la vie et l'économie françaises.

L'origine de l'immigration*

Depuis le Second Empire, **la France fait appel aux travailleurs étrangers** lorsque l'économie industrielle est prospère, mais elle limite leur entrée pendant les périodes de crise économique.

Certains immigrants sont **à la recherche d'un travail et de meilleures conditions de vie**. Les autres **fuient leur pays** parce qu'ils sont en danger pour des raisons ethniques, religieuses ou politiques (Doc. 1 et 2).

▲ Doc. 1 : L'écrivain français d'origine chinoise Gao Xingjian, Prix Nobel de littérature en 2000.

? Fais une recherche sur la vie et l'œuvre de cet écrivain (Doc. 1).

? Écris une petite biographie de Gao Xingjian.

▲ Doc. 2 : L'écrivain Nina Bouraoui, Prix Renaudot en 2005.

? Fais une recherche sur la vie et l'œuvre de cet écrivain (Doc. 2).

? Qu'est-ce que le Prix Renaudot ?

Les âges de l'immigration

Au XIXe siècle, les immigrants sont venus des pays voisins : Belgique, Allemagne, Italie et Espagne. **Dans les années 1920**, on a fait appel à des travailleurs **de toute l'Europe**, notamment de Pologne.

Après 1945, l'ancien Empire colonial français et **surtout l'Afrique du Nord** (Maroc, Tunisie, Algérie) ont donné le plus d'immigrants. **Depuis les années 1970-1980**, l'immigration provient aussi de régions du monde de plus en plus éloignées : **Afrique subsaharienne, Asie** (Doc. 3).

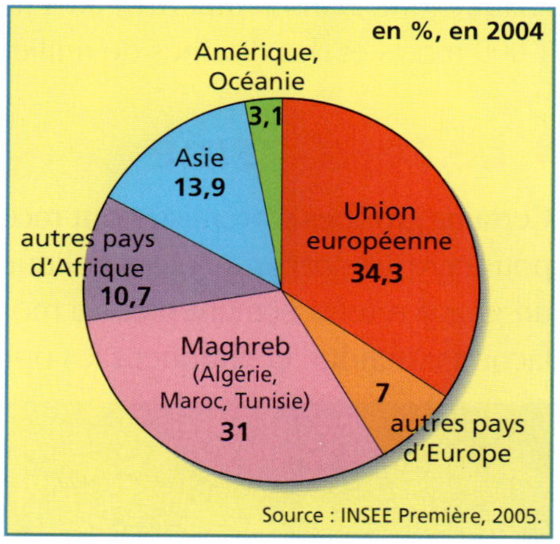

▲ Doc. 3 : La répartition des immigrés en France, en 2004.

? D'où proviennent les immigrés qui entrent en France (Doc. 3) ?

? Quelle est la région du monde d'où viennent le plus d'immigrants ?

L'intégration des immigrés

Plus de 4 millions d'étrangers vivent en France aujourd'hui. Leur intégration est délicate en période de crise économique, notamment lorsqu'ils n'ont pas de formation professionnelle ou qu'ils maîtrisent mal la langue française.

L'intégration des populations immigrées et de leurs enfants passe par un habitat qui évite la ségrégation, une bonne formation scolaire et professionnelle, l'apprentissage des lois et des modes de vie du pays d'accueil et la lutte contre le racisme (Doc. 4).

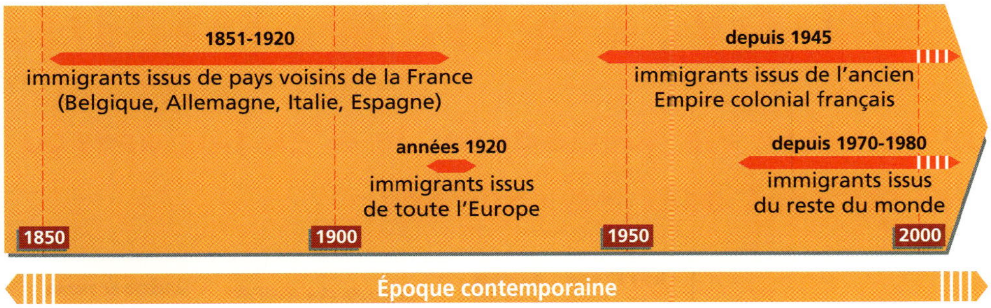

Loi du 13 juillet 1990 contre le racisme, dite « loi Gayssot »

ARTICLE Ier : Toute discrimination fondée sur l'appartenance ou la non-appartenance à une ethnie, une nation, une race ou une religion est interdite. L'État assure le respect de ce principe dans le cadre des lois en vigueur.

▲ Doc. 4

? Qu'appelle-t-on une « discrimination » (Doc. 4) ?

? Qu'interdit l'article Ier ?

? Quelle est l'autorité qui assure le respect de la non-discrimination ?

L'immigration clandestine

Des immigrants clandestins (Doc. 5) provenant de toute l'Afrique, du Moyen-Orient et d'Asie (Pakistan, Chine…) **parviennent en France**. Cette immigration clandestine touche aussi des enfants. Les clandestins **n'ont pas de papiers** et sont victimes de passeurs* et d'employeurs indélicats.

Le témoignage d'un immigré clandestin kurde

Partir de chez soi, c'est très difficile. […] Pourquoi on fait ça ? Pour vivre mieux, pour une meilleure éducation pour nos enfants. […] Tous les jours, le froid, la faim, la misère. Tous les jours, on marche sans savoir où on va ; il n'y a que les passeurs qui sachent où on va. Les clandestins et le passeur, c'est comme les moutons et le berger. […] Tous les jours, on risque des contrôles et on peut aller en prison pendant des mois ou être renvoyé dans son pays. […]

Le Monde, 14 juin 2002.

▲ Doc. 5

? Recherche où se trouve le Kurdistan.

? Quelles sont les raisons du départ de cet immigré (Doc. 5) ?

? Quels sont les risques de l'immigration clandestine ?

Le sais-tu ?

À Paris, après la Première Guerre mondiale, les chauffeurs de taxis étaient souvent des immigrés russes chassés de Russie par la révolution de 1917.

* Lexique

Immigration : arrivée dans un pays de personnes nées à l'étranger.

Passeur : personne qui fait entrer clandestinement des migrants dans un pays.

Résumé

La France accueille des immigrants depuis le XIXe siècle. Les premiers ont été des Européens mais, aujourd'hui, les immigrants viennent de tous les continents. Certains vivent en France clandestinement et connaissent des conditions de vie difficiles.

45 Je vis... DANS UN MONDE

Les images sont au cœur de notre vie quotidienne. Je m'en suis aperçu en observant toutes celles qui sont dans ma chambre.

Les images fixes

Mes images sont très nombreuses et très variées. J'ai des affiches sur les murs, des publicités, des photos et des posters.

À travers les magazines, les bandes dessinées et les journaux, je découvre aussi tout un ensemble de photos et de dessins. Les documents visuels forment même l'essentiel de certaines publications comme les journaux destinés à la jeunesse qui ont aujourd'hui beaucoup de succès. Je regarde la première page (la une) d'un de mes journaux préférés (Doc. 1).

? Je décris le type d'images que je vois (Doc. 1).

? Je recherche les images humoristiques.

? Je dis quelles images permettent de voir un fait marquant de l'actualité.

IL Y A 90 JOURS

Les journalistes Christian Chesnot et Georges Malbrunot étaient pris en otages en Irak (Moyen-Orient).

UNIQUEMENT PAR ABONNEMENT tous les jours sauf dimanche et lundi

mercredi 17 *novembre 2004*

LA MÉTÉO DE DEMAIN

Lever du Soleil : 8 h 04
Coucher du Soleil : 17 h 06

Mon Quotidien

www.monquotidien.com

ISSN 1258 - 6447 n° 2 526 *Le seul journal pour les 10-14 ans qui paraît tous les jours* - *0,46 euro*

«J'ai été enfant-soldat en Afrique pendant 10 ans»

Entre 8 et 18 ans, China Keitetsi a été forcée de faire la guerre en Ouganda (Afrique). Elle le raconte dans un livre. Interview. *p. 3*

China vit aujourd'hui au Danemark (Europe du Nord).

© UNICEF

Lettres *p. 4*

La Poste organise un concours pour apprendre aux Français à bien écrire les adresses sur les enveloppes.

Baleines *p. 6*

Les Japonais ont repris la chasse à la baleine en Antarctique. Ils veulent en tuer 440 en 6 mois.

© AP

32% DES FRANÇAIS QUI POSSÈDENT UN CHIEN LUI OFFRENT UN CADEAU POUR NOËL OU SON ANNIVERSAIRE.

Source : l'Ifop

À 2 839 abonnés individuels, pose de 3 encarts Play Bac Presse. À 14 379 exemplaires en prospection, pose de 3 encarts Play Bac Presse.

MON QUOTIDIEN EST ÉDITÉ PAR PLAY BAC, LE CRÉATEUR DES *INCOLLABLES*.

▸ Doc. 1 : La une de *Mon Quotidien* du 17 novembre 2004.

LE COIN DE L'HISTORIEN

Avec mon appareil photo numérique, je peux stocker des images à l'infini sans même avoir besoin de faire un tirage papier. Les appareils photo numériques sont récents. Je me suis demandé comment évoluait leurs ventes dans le monde. Pour le savoir, j'ai cherché des renseignements sur l'Internet et j'ai construit un tableau (Doc. 2). Je l'observe et je m'interroge.

	2002	2003	2004
ÉVOLUTION DES VENTES	+ 70 %	+ 70 %	+ 51 %

▲ Doc. 2 : L'évolution des ventes d'appareils photo numériques dans le monde.

? Quelle est l'augmentation des ventes d'appareils photo numériques en 2003 par rapport à 2002 ? en 2004 par rapport à 2003 ?

DE L'IMAGE

J'essaie de comprendre pourquoi les ventes d'appareils photo numériques ont moins augmenté en 2004. J'ai trouvé un petit article qui me donne une explication (Doc. 3).

? J'explique pourquoi en 2004 les ventes d'appareils photo numériques classiques ont moins augmenté que les années précédentes (Doc. 2 et 3).

L'essor du photophone

Les fabricants traditionnels d'appareils photos numériques auront du mal à croître. 257 millions de photophones* ont été vendus dans le monde en 2004. C'est quatre fois plus que le nombre d'appareils numériques classiques.

Atelier groupe BNP Paris, 19 avril 2005.

* **Photophone :** téléphone portable permettant de prendre des photos numériques.

▲ Doc. 3

Les images animées

Ma télévision associe l'image et le son. Je peux même y regarder mes films préférés grâce à mon lecteur DVD. C'est sans doute une des raisons pour lesquelles les gens vont moins au cinéma qu'autrefois (Doc. 4).

La télévision nous informe immédiatement sur ce qui se passe dans le monde car les satellites peuvent retransmettre un événement en direct dans le monde entier.

Je m'interroge :

? Comment ont évolué le nombre de salles de cinéma et le nombre de spectateurs entre 1964 et 2002 (Doc. 4) ?

	Nombre de salles de cinéma	Nombre de spectateurs (en millions)	Temps passé par une personne devant la télévision (en minutes par jour)
1964	5 592	276	57
1980	5 440	174	131
2002	5 257	120	200

▲ Doc. 4 : Le cinéma et la télévision en France.

? Combien de temps par jour un téléspectateur passait-il devant sa télévision en 1964 ? et en 2002 ?

La révolution de l'Internet

Mon ordinateur est mon outil le plus précieux. Je peux utiliser différents logiciels, lire des CD-Rom, regarder des films, et surtout utiliser l'Internet qui a le plus révolutionné les techniques de l'information. L'Internet associe le texte, le son et l'image. Il me permet d'être informé en temps réel sur l'actualité et d'accéder à la presse du monde entier. Je peux aussi y mener des recherches sur tous les sujets culturels ou d'actualité qui m'intéressent, discuter avec mes amis ou ma famille.

Mes parents se sont aussi équipés en informatique (Doc. 5).

? Je décris les équipements qui servent à traiter ou à regarder des images (Doc. 5).

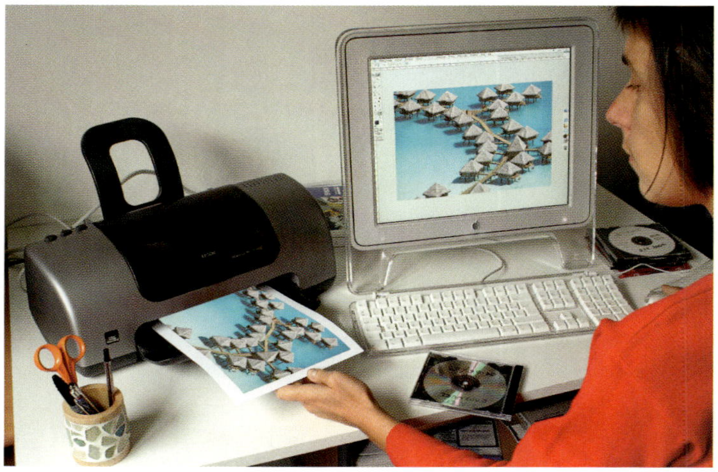

▲ Doc. 5 : Ma mère devant l'ordinateur.

Oui, décidément, l'image est vraiment partout dans ma vie !

GÉOGRAPHIE

Pages-outils

Regards sur le monde

Les paysages européens

Les paysages français

pp. 102 à 109

pp. 110 à 133

pp. 134 à 151

pp. 152 à 185

1 Lire des documents graphiques ou chiffrés

Les documents graphiques se présentent sous forme de courbes, de bâtons, de cercles ou de tableaux. On les utilise pour décrire ou expliquer une situation, un problème géographique. Ils ne sont pas utilisés uniquement en géographie.

Étudier un graphique

Avant d'étudier un graphique*, nous devons l'observer et nous poser les questions suivantes :

- Quel est son titre ?
- Quelle est la source de ce graphique ?
- Quelles sont les données représentées ?
- En quelles unités sont-elles exprimées ?
- À quelle date correspond ce graphique ?

On distingue plusieurs sortes de graphiques.

Le graphique en courbe (Doc. 1) indique comment évolue un phénomène.

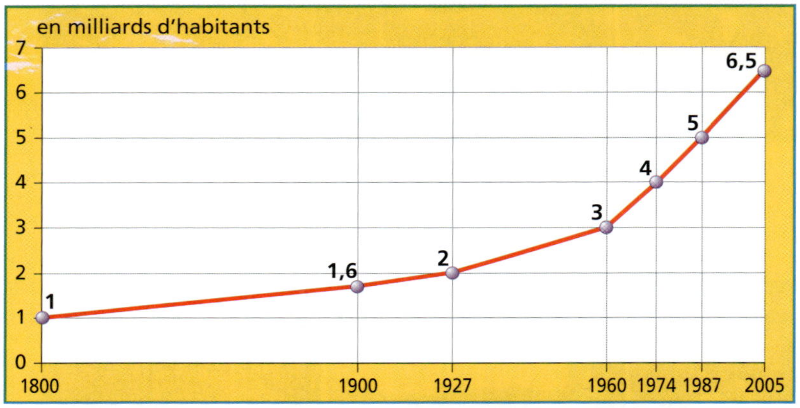

Doc. 1 : La croissance de la population mondiale (source : INSEE, 2000).

Le graphique circulaire (Doc. 2) montre la répartition d'un phénomène sur un territoire.

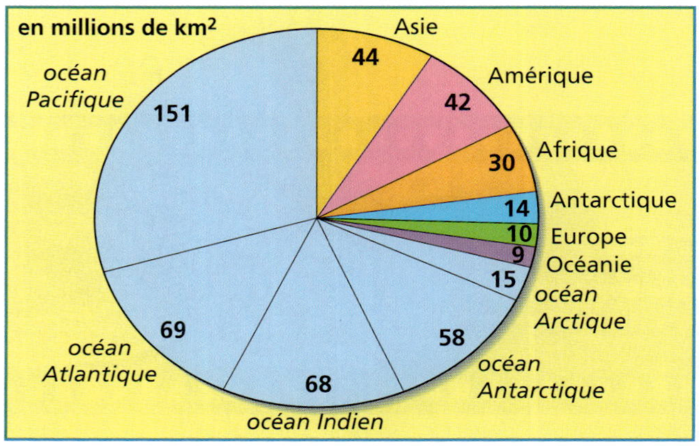

Doc. 2 : La superficie des océans et des continents en millions de km².

Le sais-tu ?

Quand on coupe les parts d'un gâteau, on fait un graphique circulaire. Un caricaturiste a représenté la richesse du monde par un gâteau : les 8 pays les plus riches ont la plus grosse part (plus des trois quarts), alors que tous les autres pays (185) n'ont à eux tous que la petite part restante.

? Quel est le titre de ce graphique (Doc. 1) ?

? En quelles unités sont représentées les données ?

? Quelle est l'évolution de la population mondiale depuis 1800 ?

? Combien la Terre a-t-elle gagné d'habitants depuis 1800 ?

? En combien d'années la Terre est-elle passée de 1 à 2 milliards d'habitants ? de 2 à 3 milliards ? de 5 à plus de 6 milliards ?

? Pourquoi appelle-t-on la Terre « la planète bleue » (Doc. 2) ?

? Calcule l'étendue des océans.

? Quel continent a la plus grande superficie ?

? Quel océan occupe la plus grande superficie ?

Le graphique en bâtons montre aussi une répartition. La hauteur des rectangles représente les données. Sur le Doc. 3, les rectangles représentent la hauteur des pluies.

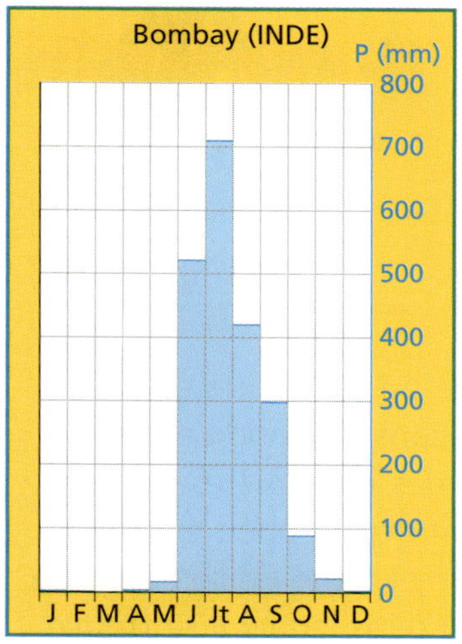

◀ Doc. 3 :
La répartition
des pluies à Bombay.

? **Situe Bombay sur la carte du monde au début de ton livre.**

? **Cette partie du monde reçoit la mousson, un vent qui apporte des précipitations très abondantes : à quels mois de l'année correspond le passage de la mousson** (Doc. 3) **?**

? **L'hiver est-il une saison sèche ou une saison humide ?**

* Lexique

Graphique : représentation d'une donnée par des lignes ou des figures.

Résumé

Avant d'analyser un document graphique ou un tableau de chiffres, tu dois observer le phénomène mesuré, les données représentées, les unités utilisées et la date. Tu peux construire un graphique à partir de documents chiffrés.

Construire un graphique

L'analyse d'un tableau de chiffres (Doc. 4) est plus facile si les données sont représentées par un graphique. Pour construire un graphique, nous devons suivre trois étapes :

- **Présenter les données** : le phénomène mesuré est souvent indiqué dans le titre du tableau.
- **Analyser les données** : nous pouvons nous intéresser à l'évolution du phénomène dans le temps d'une date à une autre ou comparer les données de deux ou plusieurs colonnes ligne par ligne.
- **Représenter les données** : sur une ligne horizontale, nous inscrivons le nom des territoires étudiés et, sur une ligne verticale, la valeur ou la quantité du phénomène mesuré. Nous dessinons pour chaque territoire un rectangle large d'une unité (le pays). La hauteur du rectangle dépend de la valeur du phénomène.

	FRANCE	ALLEMAGNE	SUÈDE	BELGIQUE
POPULATION (NOMBRE D'HABITANTS)	62 000 000	82 000 000	8 000 000	10 000 000
SUPERFICIE (KM^2)	550 000	350 000	450 000	30 000

◀ Doc. 4 : Population et superficie de quatre pays européens en 2000.

? **Compare les données ligne par ligne** (Doc. 4).

? **Construis un premier graphique pour la population. Prends comme unités : 1 carreau pour représenter le pays sur la ligne horizontale et 1 mm pour représenter 1 million d'habitants sur la ligne verticale.**

? **Construis un second graphique pour les superficies. Prends comme unités : 1 carreau pour chaque pays sur la ligne horizontale et 1 mm pour 10 000 km^2 sur la ligne verticale.**

? **Compare les deux graphiques. L'ordre des pays est-il le même ?**

2 Utiliser un texte en géographie

Le géographe utilise différents types de textes : littéraires, publicitaires, journalistiques ou humoristiques… Mais il analyse ces textes selon une démarche particulière.

Présenter le texte

Pour présenter le texte (Doc. 1), nous devons **suivre une démarche bien précise** :

- Donner le **titre** du texte.
- Définir la **nature** du texte : est-ce un roman ? un récit d'exploration ? un ouvrage scientifique ? une encyclopédie ? un article de journal ? une introduction à un livre ? une revue ?
- Rechercher la **date** du texte.
- Rechercher l'**auteur** et son métier (journaliste, écrivain, photographe…).

Le sais-tu ?

Au cours de ses enquêtes, Tintin voyage dans le monde entier et dans des milieux très variés. Il devient géographe : il observe, se repère et tente de comprendre le milieu dans lequel il se trouve.

L'avenir de la Terre

Petit à petit, on a compris que le pétrole, s'il fait voler les avions et rouler les voitures, pollue aussi l'atmosphère. Que l'exploitation intensive des forêts permet de fabriquer des livres et des journaux mais fait aussi disparaître des plantes et des animaux qui vivent dans ces milieux. […] L'équilibre naturel est bouleversé, et l'on sait maintenant que le climat de la planète est en train de changer à cause des activités humaines. Cela concerne tout le monde […].

C'est à cause de tout cela qu'est née l'idée du développement* durable, quand tout le monde s'est aperçu que ça ne pouvait plus durer. Derrière ce terme un peu barbare se trouve l'idée qu'il faut respecter un équilibre entre les besoins de la vie moderne et ce que peut supporter notre planète. Pas facile, n'est-ce pas ? Alors, chacun de nous doit se mobiliser […]. Chaque geste compte : trier les déchets, utiliser le moins possible la voiture, protéger davantage les milieux naturels, ne pas consommer n'importe comment.

Le développement durable, c'est aussi la prise de conscience que les richesses du monde sont mal partagées. Ce qui nous semble aller de soi n'est pas possible partout : manger à sa faim, boire de l'eau potable, aller à l'école, pouvoir se soigner… Aujourd'hui, 20 % des habitants de la Terre se partagent 80 % des richesses du monde. Toi qui as ce livre en main, tu fais probablement partie de ces 20 %. Mais les autres ? Il serait peut-être temps d'y penser pour assurer ensemble l'avenir de la Terre.

Introduction de H. de La Martinière, Y. Arthus-Bertrand, *L'Avenir de la Terre*, La Martinière Jeunesse, 2003.

▲ Doc. 1

? Quel est le titre du livre dont est extrait ce texte (Doc. 1) ?

? À qui est destiné ce livre ?

? De quand date ce texte ?

? Quels sont les auteurs de ce texte ?

? Quel est le thème de ce texte ?

Comprendre le texte

Pour comprendre le texte, nous devons l'analyser par étapes :

- **Relire** bien attentivement le texte.
- **Souligner ou écrire les mots importants** et **rechercher la signification des mots nouveaux**.
- **Résumer** chaque paragraphe par un titre.

? Relis le texte (Doc. 1).

? Quels mots importants as-tu relevés ?

? Quels sont les mots que tu ne connais pas ? Recherche leur définition dans un dictionnaire.

? Combien ce texte compte-t-il de paragraphes ?

? Quel titre donnerais-tu à chaque paragraphe ?

Une cigogne prisonnière d'un sac plastique.

Analyser le texte

Une troisième lecture est nécessaire pour **relever les arguments et les idées de l'auteur**. Tu pourras ainsi comprendre son opinion et te faire ton propre point de vue.

? Que nous dit l'auteur des conséquences des activités humaines sur la planète (Doc. 1) ?

? Quelle idée les hommes ont-ils avancée ?

? Que peux-tu faire chaque jour pour participer au développement durable ?

? Tous les enfants vivent-ils comme toi ?

? Pourquoi l'auteur est-il pour le développement durable ?

Voici un article extrait d'un magazine (Doc. 2) qui développe une idée avancée dans le Doc. 1.

La chasse aux déchets est ouverte

Chaque Français produit près de 1 kg d'ordures par jour. « Ça déborde, prévient le ministère de l'Écologie qui a présenté une campagne mettant en valeur quelques gestes simples pour réduire les déchets ménagers : boire de l'eau du robinet, acheter les fruits et les légumes en vrac, faire ses courses avec un cabas. »

© 2005, avec l'autorisation gracieuse de *Le Nouvel Observateur*.

▲ Doc. 2

? Analyse le texte (Doc. 2) en suivant la même démarche que précédemment.

* Lexique

Développement durable : développement qui répond aux besoins des gens d'aujourd'hui et préserve les ressources de la planète pour les générations futures.

Résumé

Tu dois lire plusieurs fois un texte pour en comprendre le sens général, entrer dans les détails et analyser les idées de l'auteur.
Tu pourras ensuite te faire ta propre opinion sur le sujet traité.

3 Faire un schéma cartographique

Le schéma* est une représentation simplifiée de l'espace qui nous permet de comprendre comment cet espace est organisé. Pour construire un schéma cartographique à partir d'une photo, il faut savoir choisir les éléments essentiels à représenter.

Observer un paysage

Avant de construire un schéma cartographique, il faut savoir observer le paysage que nous voulons représenter. Nous devons suivre plusieurs étapes (Doc. 1) :

- **Localiser** le paysage.
- **Distinguer les grands ensembles du paysage**.
- **Reconnaître les formes de relief** (plaine, montagne, littoral…).
- **Décrire les différents plans** (premier plan, second plan, arrière-plan).
- **Classer** dans un tableau **les éléments qui composent le paysage** : les éléments naturels et les aménagements faits par les hommes.

Doc. 1 : Le village d'Irancy (Yonne, France).

Décris chacun des plans (premier plan, second plan, arrière-plan) (Doc. 1).

Recopie et liste dans le tableau les principaux éléments du paysage.

ÉLÉMENTS NATURELS	AMÉNAGEMENTS

Le sais-tu ?

Lorsque nous voulons représenter des pays ou des continents par des croquis, nous utilisons des formes géométriques qui leur ressemblent : un triangle pour l'Inde, l'Afrique ou l'Amérique du Sud, un carré pour l'Espagne, un quadrilatère pour la Chine ou les États-Unis, un hexagone pour la France ou un cercle pour les îles tropicales.

Faire un schéma cartographique

Pour passer de la photographie du paysage à un schéma cartographique (Doc. 2), nous devons suivre plusieurs étapes :

- Placer un **papier calque** sur la photographie.
- **Dessiner les limites** des ensembles représentés.
- Relever les **principaux éléments du paysage**.
- Reproduire les couleurs.
- **Construire une légende** en indiquant le nom de chaque élément du paysage.
- **Donner un titre**.

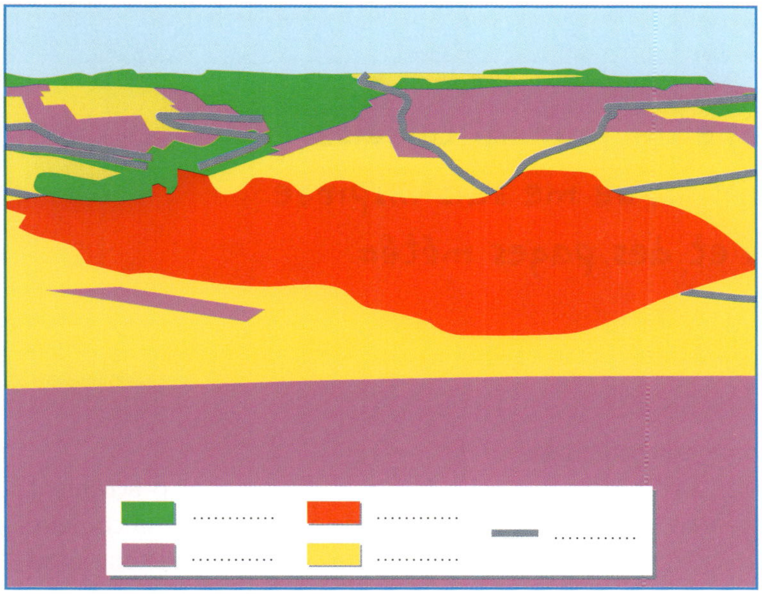

Doc. 2 : Schéma cartographique d'Irancy.

Quels sont les éléments du paysage (Doc. 2) ?

Complète la légende en plaçant correctement les mots suivants : village, vignoble, cultures, route, forêt.

En t'aidant du Doc. 1, indique si le village se trouve sur une hauteur ou dans un creux.

Si tu devais mettre des flèches pour indiquer la pente, comment les placerais-tu ?

Comprendre l'organisation d'un paysage

Pour comprendre comment s'organise un paysage, il faut étudier sa situation géographique :

- **Situer cet espace dans un ensemble plus vaste** : carte de la région (Doc. 3).
- Expliquer l'organisation du territoire à l'aide d'**informations tirées d'autres documents** (autres cartes, dictionnaires…).

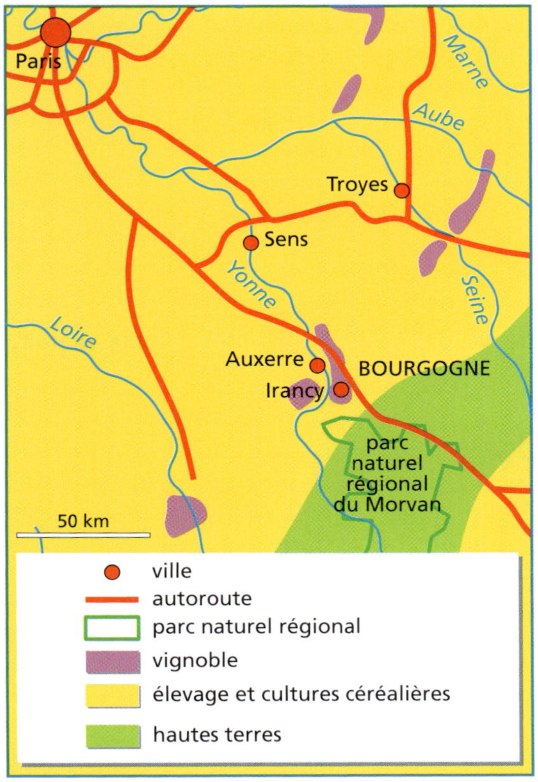

Doc. 3 : La Bourgogne.

Près de quelle ville se situe Irancy (Doc. 3) ?

Quel type d'agriculture trouve-t-on dans la région Bourgogne ?

Quel type d'agriculture est pratiqué à Irancy ?

Sur les limites de quelle grande région se situe la Bourgogne ?

*** Lexique**

Schéma : figure simplifiée, élaborée à partir d'une carte ou d'une photo, qui montre l'organisation du territoire.

Résumé

Pour faire un schéma cartographique, tu dois bien observer le paysage, le territoire ou la carte et savoir choisir les éléments caractéristiques qui les composent.

Je présente…

À l'école, nous avons décidé de faire un journal télévisé. Je suis chargée de présenter la météo. Je me suis inspirée de la présentatrice à la télévision et des pages météo que l'on trouve dans les journaux.

Je présente la carte météorologique

Je vais présenter les différents types de temps (ciel nuageux, précipitations, soleil, vent) que nous allons rencontrer demain sur le territoire français. Pour préparer mon texte de présentation, je vais utiliser une carte des températures et des précipitations (Doc. 1).

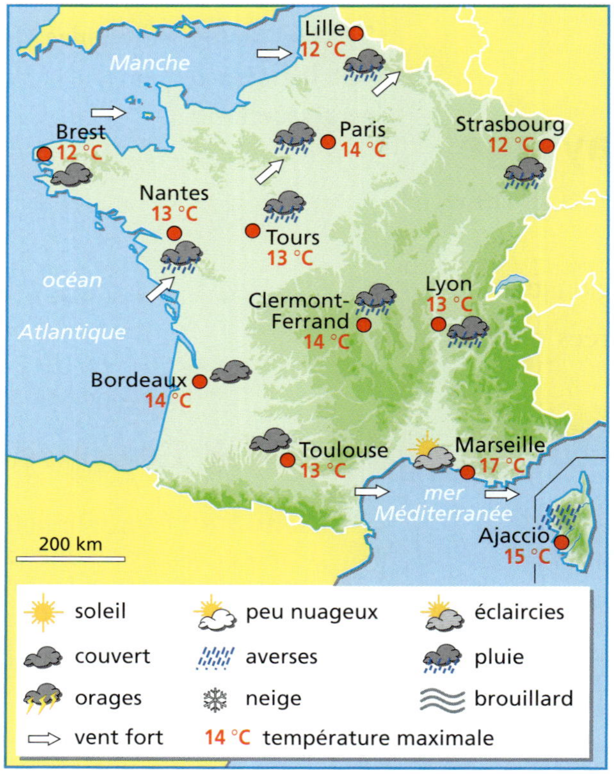

Doc. 1 : Carte météo de la France, le 12 février 2005 à 15 heures.

Le sais-tu ?

Autrefois, les paysans prévoyaient le temps en regardant la couleur du ciel. Un ciel rouge le soir était signe de beau temps, mais le ciel rouge du matin annonçait la pluie ! La Lune leur donnait également des indications : la Lune rousse était annonciatrice de pluie et la Lune entourée d'un cercle était signe de vent.

? Je recopie le tableau ci-dessous et je recherche sur la carte (Doc. 1) les informations pour le remplir.

VILLES	TYPES DE TEMPS	DIRECTIONS DU VENT	TEMPÉRATURES

? J'écris un texte pour présenter la météo de ma région.

LE COIN DU GÉOGRAPHE

Pour établir la carte des types de temps, j'ai utilisé les observations faites dans l'atmosphère sur la position des masses d'air. Il y a deux grandes masses d'air : la masse d'air polaire froid et humide et la masse d'air tropical tiède. L'air chaud et l'air froid entrent en contact par des fronts. C'est le long de ces fronts que se déclenchent les précipitations. En climat tempéré, les précipitations se déplacent toujours de l'ouest vers l'est.

LA MÉTÉO

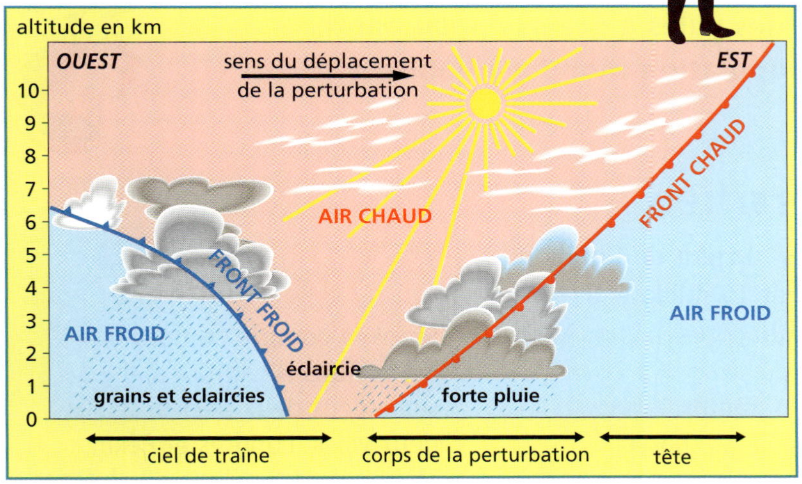

Pour le moment, nous sommes dans un temps froid et sec. Je vais prévoir le temps pour les jours qui viennent à partir de la coupe de la perturbation qui arrive (Doc. 2).

? J'indique à quoi correspond la forte pluie (Doc. 2).

? J'indique à quoi correspond l'éclaircie.

? J'indique à quoi correspond le ciel de traîne.

Doc. 2 : Coupe d'une perturbation.

J'interprète l'image satellite

La carte météo que j'ai utilisée a été construite à partir d'une image satellite (Doc. 3). Elle nous montre comment se déplacent les nuages et les masses d'air à très haute altitude. C'est ce qui nous permet de prévoir le temps. Sur celle-ci, il y a une belle perturbation !

? Je pose mon doigt au centre de la perturbation et je montre comment elle s'enroule (Doc. 3).

? Je me reporte à la coupe de la perturbation (Doc. 2) et j'indique où il fait le plus froid.

? En m'aidant du Doc. 2, j'indique le temps qu'il fait sur la Bretagne.

Doc. 3 : Image satellite de la France.

Le maître-vent

Je suis d'un pays où règne le maître-vent. La mer et la terre lui sont également soumises. Regardez-le ! Autour des fermes, les bouquets d'arbres sont rebroussés vers l'est par de terribles coups de peigne. Il n'est pas une plante qui ne plie sous le maître-vent. Et pendant qu'il y est, il fait le ménage du ciel à fond.

P.-J. Hélias, *Le Cheval d'orgueil*, Plon, 1976.

Doc. 4

J'ai choisi un texte pour illustrer le vent qui accompagne les précipitations (Doc. 4).

? J'indique d'où vient le vent (Doc. 4).

? Je cherche les éléments qui indiquent sa force.

Heureusement que je présente la météo en studio et non à l'extérieur, sinon, avec la pluie et le vent, il faudrait que je crie pour me faire entendre !

5 La croissance des villes dans le monde

Depuis 60 ans, le nombre des habitants des villes a été multiplié par 4 dans le monde. Plus de la moitié de la population mondiale habite aujourd'hui en ville.

Une croissance des villes diversifiée

Le monde compte aujourd'hui près de **400 agglomérations*** **de plus de 1 million d'habitants**. Les plus importantes d'entre elles dépassent 15 millions d'habitants. Ce sont **Tokyo** (Japon), **Mexico** (Mexique), **São Paulo** (Brésil), **New York** (États-Unis).

> **Le sais-tu ?**
> Si Tokyo compte aujourd'hui 35 millions d'habitants, il y a seulement deux siècles, seules deux villes, Londres et Pékin, atteignaient 1 million d'habitants.

Regarde la carte de la croissance des villes dans le monde au début de ton livre.

? **Quelles sont les villes dont la population augmente le plus ?**

? **Où sont situées celles qui ont la croissance la moins forte ?**

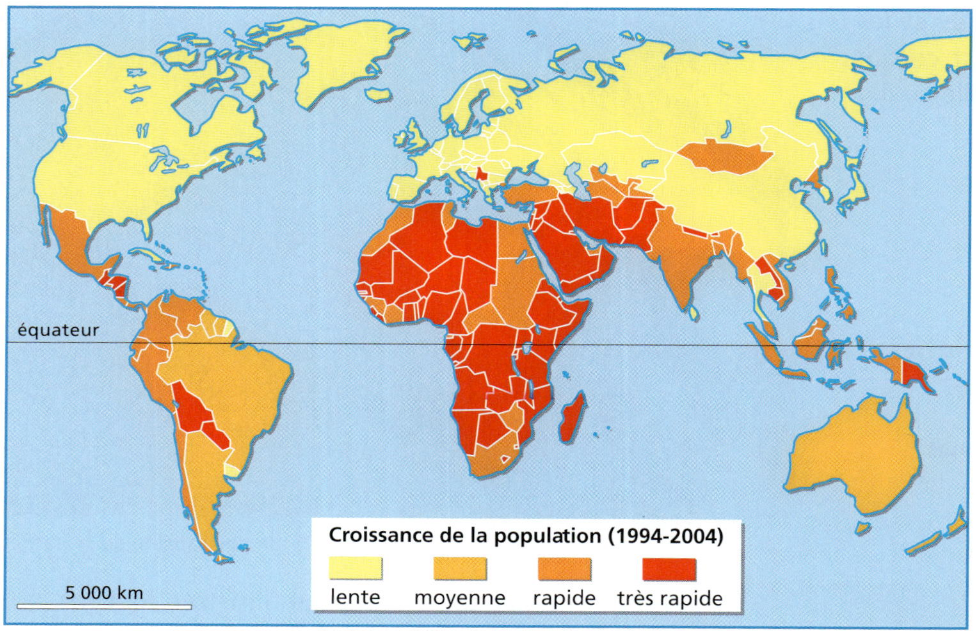

Doc. 1 :
La croissance de la population dans le monde.

Les agglomérations dont la population augmente le plus vite sont situées **en Amérique du Sud, en Asie et en Afrique**. L'émigration des ruraux vers les villes, l'**exode*** **rural**, provoque l'expansion de ces agglomérations.

Au contraire, **en Europe et en Amérique du Nord**, une partie des citadins préfère vivre à l'écart des grandes agglomérations, dans les zones rurales. Ils ne restent cependant pas trop loin des villes pour profiter de leurs avantages : zones commerciales, loisirs, etc.

? **Quels types de croissances connaissent l'Inde, l'Indonésie, l'Afrique, les États-Unis, l'Europe et la Russie** (Doc. 1) **? Tu peux t'aider de la carte du monde au début de ton livre.**

? **Compare cette carte avec la carte des plus grandes agglomérations du monde au début de ton livre. Que peux-tu en conclure ?**

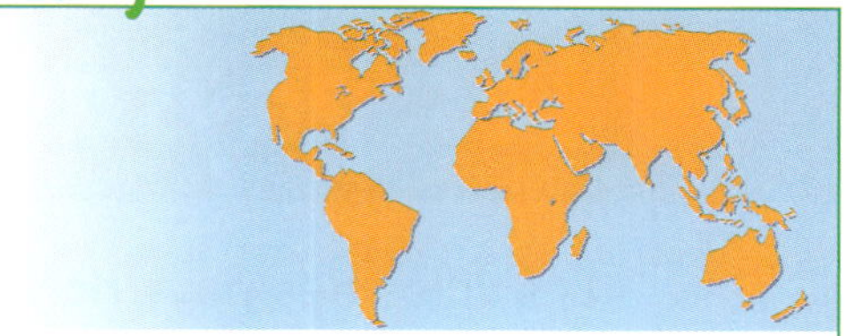

Croissance urbaine et croissance démographique

La **croissance urbaine** dans le monde est **très inégale**. Dans les pays riches, le nombre des citadins n'augmente que lentement alors que, dans les pays pauvres, il s'accroît de façon spectaculaire.

La **croissance démographique** en est en partie responsable (Doc. 1). Dans les pays riches, le nombre des naissances est à peu près égal à celui des décès. Dans les pays pauvres, la population continue d'augmenter rapidement et une partie de la population rurale part s'installer en ville.

Urbanisation* et niveau de richesse

Les taux* d'urbanisation correspondent souvent aux taux de richesse. Là où la richesse est importante, la part de la population urbaine est élevée (Doc. 2). Dans les pays pauvres, le taux d'urbanisation est souvent plus bas car la population demeure une population rurale.

Dans les pays du Nord, le développement des villes a accompagné le développement de la richesse. Il n'en est pas de même dans les pays du Sud.

Actuellement, les villes des pays du Sud connaissent une très forte croissance tout en demeurant pauvres.

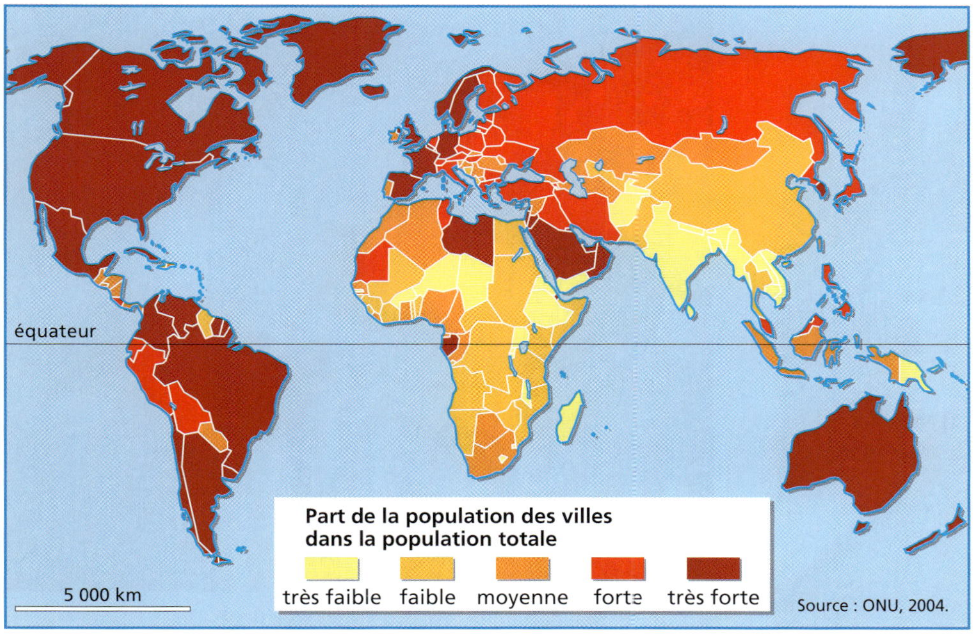

▲ Doc. 2 : Les taux d'urbanisation dans le monde.

? Cite les régions du monde où la part de la population urbaine est la plus importante (Doc. 2).

? Compare avec la carte des inégalités de richesse dans le monde page 122. Qu'en déduis-tu dans la plupart des cas ?

* Lexique

Agglomération : une ville et ses banlieues.
Exode rural : départ des paysans pour la ville.
Taux d'urbanisation : part de la population des villes dans la population totale.
Urbanisation : concentration de la population dans les villes.

Résumé

C'est dans les pays pauvres que les villes s'accroissent le plus fortement en raison de la croissance démographique et de l'exode rural. Mais c'est dans les pays riches que la part de la population vivant dans les villes est la plus importante.

6 Les paysages urbains des pays riches

Les villes des pays riches présentent de grandes banlieues qui se confondent lentement avec la campagne. Elles ont un héritage historique plus ou moins important.

Les villes européennes

Les villes européennes comme Paris, Londres, Madrid, Rome, Prague, Vienne ou Athènes sont des **capitales de pays anciens** et des **métropoles*** européennes. Ces villes plus que millénaires sont formées d'une **succession de couronnes** qui se sont mises en place progressivement avec la croissance de la ville.

- Le **centre** correspond à la vieille ville avec ses monuments historiques (Doc. 1).
- Les **quartiers autour du centre** bénéficient de la construction de bureaux (la City de Londres).
- La **banlieue*** voit s'installer de plus en plus de familles qui font des allers-retours quotidiens entre leur domicile et leur lieu de travail. Les banlieues peuvent être uniformes comme à Londres ou présenter des visages multiples (grands immeubles, pavillons, lotissements) comme à Paris.

Le sais-tu ?

Certaines grandes villes comme Berlin, New York ou Stockholm possèdent de vastes espaces verts au cœur du centre-ville. À Paris ou Tokyo, les espaces verts se situent plus à l'extérieur du centre.

▲ Doc. 1 : Un centre-ville ancien, Prague (République Tchèque).

▲ Doc. 2 : Manhattan, le centre de New York (États-Unis).

? À quoi vois-tu que ce centre est ancien (Doc. 1) ?

? Décris les immeubles situés sur la place.

? Décris les différentes parties du paysage (Doc. 2).

? Comment reconnais-tu le centre des affaires ?

? Compare avec la photo du centre de Prague (Doc. 1). Que peux-tu dire ?

Les villes nord-américaines

Les villes nord-américaines se caractérisent par un **plan géométrique** avec des rues rectilignes se coupant à angle droit. Leur héritage historique est récent.

Les centres-villes américains présentent un **quartier central des affaires** (*central business district*) formé de gratte-ciel (Doc. 2). Autour, des quartiers dégradés, plus ou moins délaissés, se transforment en ghettos* habités par les plus pauvres (Harlem à New York).

La plupart des Américains vivent dans les **banlieues** (*suburbs*), formées d'une infinité de pavillons identiques (Doc. 3) et quadrillées de larges autoroutes.

? À quoi ressemble le paysage d'une banlieue américaine (Doc. 3) ?

? À ton avis, quel genre de population vit dans ce quartier ?

? Pourquoi la voiture est-elle indispensable ?

Doc. 3 : New Haven, une banlieue de New York (États-Unis).

Les villes de l'Asie développée

Les villes du Japon et de la Chine orientale appartiennent à une **civilisation urbaine très ancienne**. Leur centre, aux maisons basses, présente un **noyau historique ancien** (Doc. 4), **lieu de pouvoir et de culture** (Palais impérial de Tokyo). Autour se sont développées des constructions en hauteur.

Ces villes se caractérisent par leur **très forte densité de population** (5 700 habitants au km² à Hong Kong).

? Que vois-tu au centre de la photo (Doc. 4) ? Décris cette partie de la ville.

? Décris l'autre partie de la ville (arrière-plan).

? Compare ce centre avec celui de New York (Doc. 2).

Doc. 4 : Le centre de Pékin (Chine).

* Lexique

Banlieue : communes autour d'une ville qui forment avec elle un ensemble.

Ghetto : quartier dégradé abritant des gens de même origine.

Métropole : très grande agglomération.

Résumé

Les villes européennes anciennes sont formées d'un centre historique et de larges banlieues. Les villes nord-américaines présentent une mosaïque de quartiers autour du quartier central des affaires. Les villes asiatiques sont envahies par des constructions en hauteur.

7 Les paysages urbains des pays pauvres

Les villes des pays pauvres sont démesurément grandes et se développent très rapidement. Elles présentent de grandes variétés de paysages.

Les villes d'Afrique

La plupart des villes au sud du Sahara se sont développées à partir d'une **ville coloniale** fondée au XIXe siècle. Aujourd'hui s'opposent toujours l'ex-ville blanche faite de **quartiers résidentiels** nouveaux bien équipés et l'ex-ville noire constituée de **villages à l'aspect rural** (Doc. 1).

Les villes, en **très forte croissance**, connaissent de grands problèmes pour loger et faire vivre leurs habitants. Beaucoup vivent de petits métiers (Doc. 2) pour survivre.

? Caractérise les différents types de paysages urbains que tu vois sur le Doc. 1.

Doc. 1 : Abidjan (Côte-d'Ivoire).

Des métiers pour survivre

La nuit venue, des « brouettes » sont empruntées sur des chantiers puis louées la nuit aux sans-abri en quête de lits. Lorsque la pluie transforme le marché en bourbier, les enfants prennent des seaux d'eau et proposent aux clients de leur laver les pieds. Les possesseurs d'une motocyclette attendent aux coins des rues où les bus ne s'arrêtent pas.

Le Courrier de l'UNESCO, juin 1999.

Doc. 2

? Quels petits métiers permettent de survivre (Doc. 2) ?

Les villes d'Amérique latine

Pour les Espagnols et les Portugais, la ville a été le point d'appui de la colonisation.

? Décris les contrastes de la ville (Doc. 3).

? Où se situent les quartiers aisés ? les bidonvilles ?

Doc. 3 : Sao Paulo (Brésil).

Un **plan en damier** s'articule autour d'une place centrale carrée et d'édifices qui s'y sont construits. Ces **vieux quartiers** sont très dégradés. Une rénovation importante a permis le développement de **centres d'affaires** avec des gratte-ciel et de larges avenues.

À la périphérie, d'**importants contrastes** apparaissent (Doc. 3) entre les villas somptueuses et les **bidonvilles*** (*favelas*) sans eau, sans électricité et sans hygiène.

Doc. 4 :
La médina de Marrakech (Maroc).

Les villes musulmanes

La ville musulmane existe depuis le Moyen Âge. La vieille ville porte le nom de **médina*** en Afrique du Nord (Doc. 4). C'est une ville fortifiée dont les remparts ont souvent été détruits. Mosquée et école coranique constituent le centre religieux autour duquel se rassemblent les boutiques des souks. Les populations aisées ont quitté la vieille ville pour s'installer dans **les nouveaux quartiers résidentiels** (Doc. 5).

? Décris les maisons et les rues (Doc. 4).

? Quelle impression dégage la ville ancienne ?

? Décris la ville moderne (Doc. 5).

? Compare avec la médina (Doc. 4). Qu'est-ce qui oppose ces deux paysages (Doc. 4 et 5) ?

? Quels éléments ont-ils en commun ?

Doc. 5 :
Casablanca (Maroc).

* Lexique

Bidonville : habitat précaire dans les pays pauvres fait de matériaux de récupération.

Médina : ville ancienne de la ville musulmane.

Résumé

Les paysages urbains des pays pauvres présentent de grands contrastes entre des quartiers modernes et luxueux et des quartiers pauvres.

8 Pourquoi des inégalités de peuplement ?

Près de 6,5 milliards d'êtres humains vivent sur notre planète. Pourtant, les hommes sont inégalement répartis à la surface de la Terre. Les causes en sont multiples.

Les foyers de population et les vides

Il existe de **forts contrastes dans la répartition du peuplement** entre les continents mais aussi à l'intérieur d'une même région ou d'un même pays. Ces contrastes ne s'expliquent pas uniquement par des contraintes naturelles mais aussi par la présence plus ou moins forte des activités économiques et par le poids de l'histoire.

Le sais-tu ?

Sur le quart des terres émergées ne vivent que 2 % des hommes. En revanche, à Java, la population est tellement nombreuse qu'on enterre les morts debout pour pouvoir cultiver les cimetières.

? **Regarde la carte des foyers de peuplement au début de ton livre. Cite les grands foyers de population.**

? **Donne un nom à chacune des zones vides d'hommes.**

Doc. 1 : Le Nord canadien.

Les facteurs naturels

Les zones où les **facteurs naturels sont hostiles à l'homme** sont des zones vides comme les **déserts*** : les déserts chauds du Sahara à l'Asie centrale, les déserts froids au-delà du Cercle polaire (Doc. 1) et les déserts d'altitude (Himalaya, Tibet). C'est aussi la **forêt dense** (Amazonie, Congo).

L'hostilité de la nature n'empêche pas un peuplement important. Les hommes peuvent être nombreux à des altitudes élevées ou dans les déserts si des activités économiques sont présentes : des mines en Amérique du Sud (Doc. 2), de l'agriculture irriguée dans le désert de l'Arizona. L'Asie tropicale, où les rizières ont remplacé la forêt dense, est densément peuplée.

? **Décris ce paysage (Doc. 1).**

? **À ton avis, pourquoi ce paysage est-il si peu peuplé ?**

? **Repère la Bolivie sur le planisphère au début de ton livre.**

? **Par quelle chaîne de montagnes est traversée la Bolivie ?**

? **Pour quelle raison les gens vivent-ils si haut en altitude (Doc. 2) ?**

Doc. 2 : Potosi (Bolivie), une ville minière à 4 000 m d'altitude.

Les activités humaines

Ce sont les **activités humaines** qui ont amené les hommes à se regrouper. Le développement des activités industrielles et des échanges **favorise la concentration des hommes dans les milieux urbains** (Doc. 3). Depuis le début du XXe siècle, la croissance de la population urbaine a été dix fois plus rapide que celle de la population mondiale.

Dans le monde rural, les **densités*** **de population** sont généralement **plus faibles**. En Afrique, la culture* itinérante sur brûlis ne permet de nourrir que quelques dizaines d'habitants au km².

Doc. 3 : Hong Kong (Chine).

En revanche, la culture intensive du riz dans l'Asie des moussons nécessite une importante main-d'œuvre.

? Que peux-tu dire de l'espace de Hong Kong (Doc. 3) ?

? Quel genre de bâtiments vois-tu sur la photo ?

L'apport de l'histoire

Les trois principaux foyers de peuplement de la planète (Asie du Sud et de l'Est, Europe) concentraient déjà la moitié de l'humanité il y a 2 000 ans.

C'est l'histoire qui permet de comprendre les inégalités de la répartition de la population. Près des deux tiers de la population de l'Amérique latine sont issus de **l'immigration**. Les populations se sont concentrées sur la côte Est de l'Amérique du Nord, là où débarquaient les immigrants* (Doc. 4). La croissance de la population de l'Afrique de l'Ouest a été ralentie par **la traite des Noirs** au XVIIIe siècle.

Les immigrants en Amérique

Arrivés dans les ports de la côte atlantique et plus tard dans les aéroports, les immigrants européens restèrent en général à proximité de leur point de chute ; c'est pourquoi les plus fortes densités de population du pays se trouvent encore dans la région comprise entre l'Atlantique et les Grands Lacs.

C. Moindrot, *Les États-Unis, Géographie économique*, Hachette, 1995.

Doc. 4

? Où se situent les plus fortes densités des États-Unis (Doc. 4) ? Pourquoi ?

* Lexique

Culture itinérante sur brûlis : culture qui se pratique après avoir incendié les herbes qui recouvrent la terre.

Densité de population : nombre moyen d'habitants vivant dans un espace carré de 1 km de côté.

Désert : région très sèche caractérisée par une végétation et un peuplement rares.

Immigrant : personne arrivant d'un pays étranger.

Résumé

Le milieu naturel a une influence sur la répartition des hommes. Mais ce sont surtout les activités humaines qui entraînent la concentration et les fortes densités de population.

9 Les paysages ruraux

Près de 90 % des paysages de la planète sont des paysages ruraux où dominent l'agriculture et l'élevage.

Les paysages ruraux d'Europe

En Europe, les paysages ruraux sont très variés. Des campagnes traditionnelles côtoient des régions de grandes cultures mécanisées. Dans les régions de **bocage**, les parcelles sont entourées de haies ou de murs. Dans les **campagnes découvertes**, les champs ne portent pas de haies et les villages sont importants. Les parcelles agricoles (champs labourés, prairies) sont réparties selon le type de terroir*.

Aujourd'hui, **les villages sont menacés par l'exode rural**. Ils tentent de trouver de nouvelles activités pour retenir ou attirer les gens (tourisme vert, mise en valeur du patrimoine) (Doc. 1).

Le sais-tu ?

La culture du riz est apparue il y a 5 000 ans en Inde.
Le riz est aujourd'hui la base de l'alimentation de la moitié des habitants de notre planète.

? Décris le paysage (Doc. 1).

? À quoi reconnais-tu que le village est ancien ?

? D'après toi, vers quelle activité peut-il se tourner actuellement ? Pourquoi ?

Doc. 1 : Le village de Tourtour (Var).

Les paysages ruraux nord-américains

Dans les grands espaces nord-américains, les **champs géométriques** s'étendent à perte de vue (Doc. 2). Les cultures de céréales occupent d'**immenses superficies**.

L'habitat y est dispersé et de grands silos servent à engranger les récoltes. Les agriculteurs utilisent des machines puissantes et de grandes quantités d'engrais. Cette agriculture très **productive et mécanisée** est parfois néfaste pour l'environnement (érosion des sols, pollutions).

Doc. 2 : Une exploitation agricole dans l'Illinois (États-Unis).

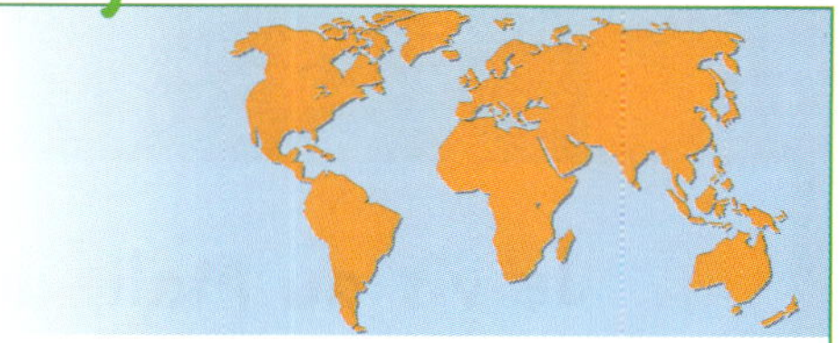

? Observe le Doc. 2 page 118. Quelle forme ont les champs ?

? À partir des couleurs, indique combien de sortes de plantes sont cultivées.

? À quoi servent les différents bâtiments ?

Les paysages rizicoles en Asie

Dans l'Asie soumise aux fortes pluies de la mousson*, **les rizières* nourrissent les plus fortes densités de population du monde**. Elles forment de petits champs ceinturés de digues pour inonder le riz (Doc. 3). Tout le travail se fait à la main et dans l'eau : il est souvent difficile et pénible.

? Repère l'Indonésie sur le planisphère au début de ton livre.

? Décris le paysage (Doc. 3) en utilisant les mots suivants : champs, digue, terrain inondé, terrasse.

Doc. 3 : Paysage de rizière en Indonésie.

Les paysages ruraux d'Afrique

Dans les régions tropicales (savanes africaines), **les campagnes vivent au rythme de la saison sèche et de la saison humide**.

Au centre du territoire se situent les cases en boue séchée avec autour les jardins et les champs cultivés où dominent les cultures* vivrières (Doc. 4). Au-delà s'étend une zone de cultures itinérantes puis la savane où va paître le bétail.

Doc. 4 : Un village au Burkina Faso (en Afrique).

? Repère le Burkina Faso sur le planisphère au début de ton livre.

? Décris le village (Doc. 4).

? Fais un croquis de l'organisation du territoire villageois.

* Lexique

Cultures vivrières : qui nourrissent les campagnes proches.

Mousson : vent saisonnier qui apporte des pluies très abondantes en Asie.

Rizière : champ où l'on cultive le riz.

Terroir : territoire cultivé d'un village.

Résumé

Les paysages ruraux varient en fonction des techniques agricoles utilisées (industrielles ou vivrières) et de la participation plus ou moins importante des régions agricoles au marché mondial. Leurs activités restent surtout agricoles, mais se diversifient de plus en plus.

Je vis... AU MALI

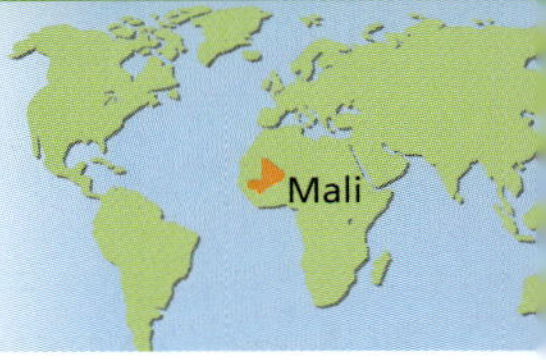

Je vis au Mali, au sud du Sahara, dans un village dogon. Le pays est aride et la végétation y est rare.

Mon village

Mon village (Doc. 1) est situé dans les éboulis au pied d'une falaise qui autrefois nous protégeait des ennemis. Une source nous offre de l'eau. Les maisons sont faites d'un mélange de terre et de paille.

Doc. 1 : Mon village.

Le sais-tu ?

Les Dogon sont environ 500 000. Au XIIe siècle, ils ont fui la traite des esclaves organisée par les Arabes et se sont installés à mi-hauteur des falaises au-dessus des éboulis.

? Je décris le milieu dans lequel se situe mon village (Doc. 1).

? Je décris les maisons de mon village (formes, matériaux de construction des murs et des toits).

Nous vivons dans un milieu difficile

Mon père, comme les autres paysans, a aménagé des terrasses (Doc. 3), apporté de la bonne terre et transporté l'eau pour les cultures. Dans ce paysage désertique, les paysans ont créé des petits jardins verdoyants. J'explique à des touristes de passage comment mon père cultive la terre (Doc. 2).

L'agriculture dogon

Les Dogon fabriquent la terre arable. Le paysan bâtit des anneaux de pierres qu'il remplit de terre rapportée. Sur cette minuscule surface de moins d'un mètre de diamètre, il cultive du millet, des haricots, des oignons. De grands efforts sont faits pour arroser avec les faibles quantités d'eau disponible sur les terrasses, où tout est de la main de l'homme, les murs et la terre.

P. Gourou, *L'Afrique*, Hachette, 1970.

Doc. 2

? J'explique aux touristes ce que doit faire mon père avant de cultiver (Doc. 2).

? Je leur nomme les principales cultures que nous pratiquons (Doc. 2).

? Je leur décris les difficultés que nous rencontrons (Doc. 2).

Doc. 3 : Une plantation d'oignons.

? Je décris aux touristes les parcelles que cultive mon père (Doc. 3).

? Je leur explique comment nous irriguons les parcelles (Doc. 3).

Ma mère et mes tantes passent beaucoup de temps à piler le mil qui est une céréale à petits grains (Doc. 4). Elles en font une farine qui est à la base de toute notre alimentation.

Je dis à quoi sert le pilon qu'elles tiennent dans leurs mains (Doc. 4).

Je choisis un mot pour qualifier cet outil : moderne, manuel, traditionnel. J'explique mon choix.

Doc. 4 : Le pilage du mil.

LE COIN DU GÉOGRAPHE

J'ai recherché le diagramme des précipitations et la courbe des températures de Bamako (Doc. 5). Dans mon pays, il y a deux saisons : une saison sèche et une saison pluvieuse. Il fait chaud tout au long de l'année.

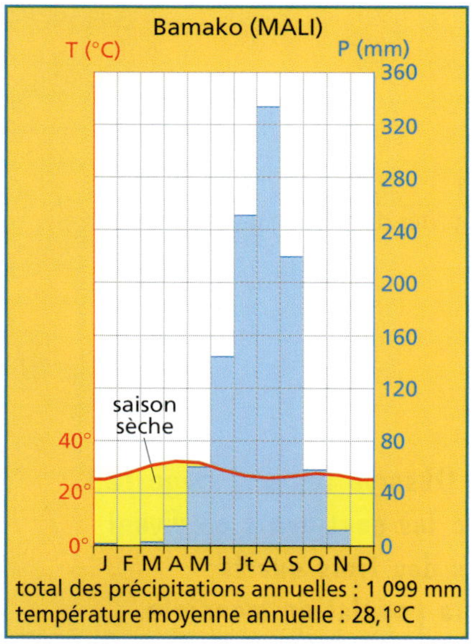

Doc. 5 : Diagramme des températures et des précipitations à Bamako (Mali).

Je regarde le diagramme et j'indique quelle est la température moyenne tout au long de l'année (Doc. 5).

Je repère à quelle saison mon père peut plus facilement cultiver ses parcelles.

Je réfléchis à ce que mon père doit faire pendant la saison sèche.

Je vis dans un pays pauvre

Ici, les gens vivent avec moins d'un euro par jour. Notre nourriture est souvent mal équilibrée. Aussi les maladies sont fréquentes et il y a peu de médecins.

Nous devons parcourir plusieurs kilomètres chaque jour pour aller à l'école. Un photographe nous a pris en photo pendant que mes amis et moi étions en classe (Doc. 6). J'ai montré la photo à mes parents.

Doc. 6 : Mon école.

Je leur décris ma classe (Doc. 6).

Je leur décris le matériel que nous utilisons pour travailler.

En ce moment, nous préparons la Fête des Masques. Elle a lieu tous les 5 ans. Venez m'y retrouver !

11 Les inégalités de richesse

Il n'existe qu'un petit nombre de pays riches, surtout situés au Nord de la planète. Les pays pauvres sont les plus nombreux et se situent au Sud.

Les inégalités de répartition de la richesse dans le monde

La richesse mondiale est très inégalement partagée : **7 personnes sur 10 vivent dans des pays pauvres**, principalement situés dans la zone intertropicale. Ils ne disposent que d'une petite part de la richesse mondiale. Les habitants meurent plus jeunes et, parfois, meurent encore de faim. **Les pays riches de l'hémisphère Nord** se partagent les 8/10e de la richesse mondiale (Doc. 1).

Le sais-tu ?

Dans les pays pauvres, la consommation d'eau ne dépasse pas 10 litres par jour et par personne contre 200 à 500 litres par jour dans les pays riches.

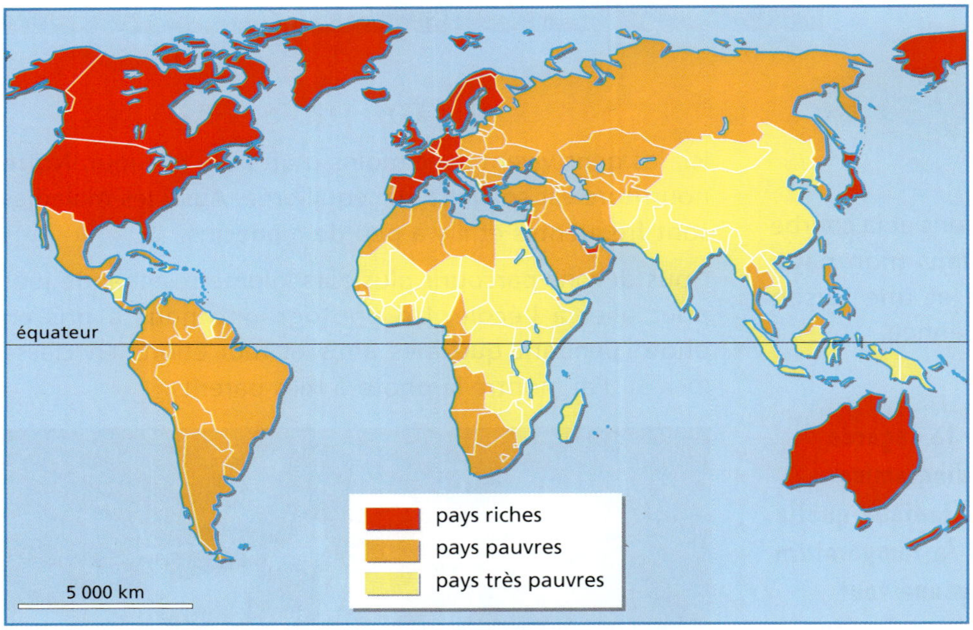

Doc. 1 : Les inégalités de richesse dans le monde.

? Où se situent les États les plus riches (Doc. 1) ? Cite quelques-uns d'entre eux.

? Sur quels continents n'y a-t-il pas de pays riches ?

Les différences de développement

L'écart entre les pays riches et les pays pauvres ne cesse de grandir (Doc. 2). Les habitants de l'Union européenne, des États-Unis et du Japon ont un **indice de développement* humain élevé**.

Certains pays d'Amérique latine (Mexique, Brésil, Venezuela) et d'Asie du Sud-Est (Corée du Sud, Taïwan) voient leurs conditions s'améliorer.

Dans les pays les plus pauvres (Afrique), la forte croissance de la population et les revenus très faibles entraînent des **conditions dramatiques** (misère, analphabétisme*, maladies).

? Observe le Doc. 2 page 123. Cite les continents où vivent plus des trois quarts de la population mondiale.

? Ces continents sont-ils les plus riches ?

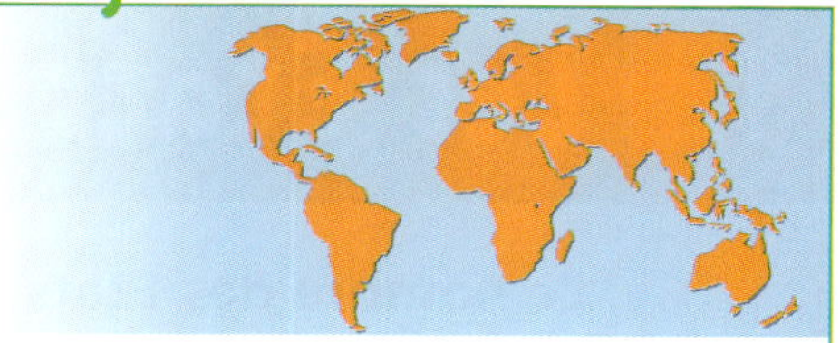

? Quels continents détiennent la plus grande partie de la richesse mondiale ?

Doc. 2 : Population mondiale et richesse nationale.

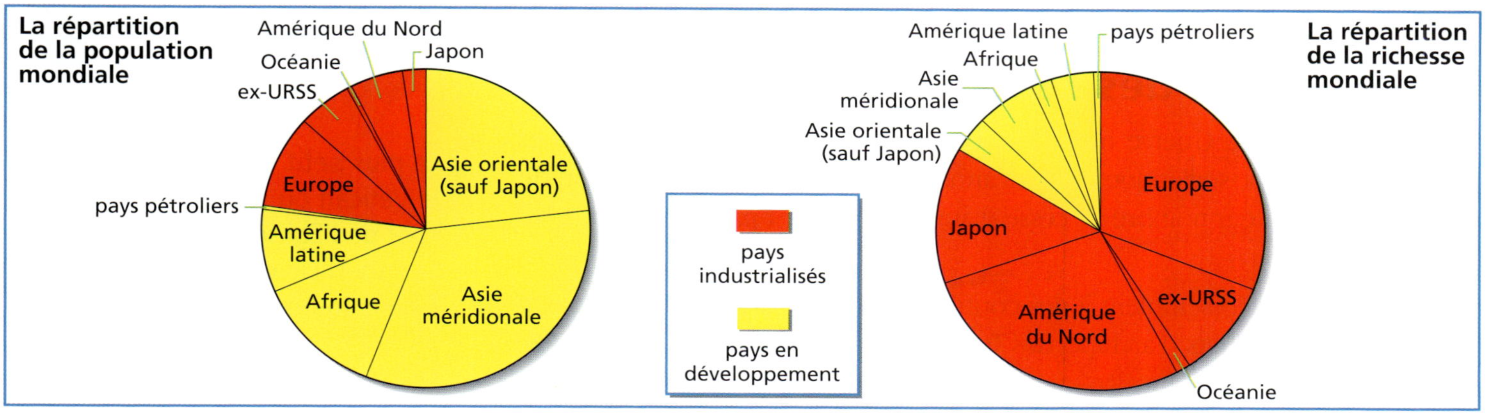

Les inégalités des conditions de vie

Les différences de richesse entre les parties du monde sont considérables (Doc. 3) : le Mozambique est 600 fois moins riche que la Suisse ! Dans les pays pauvres, le nombre de médecins est très insuffisant. Beaucoup d'enfants commencent à travailler très jeunes pour aider leur famille. Le nombre des adultes analphabètes est donc encore très élevé (4 adultes sur 10).

Aujourd'hui, plus d'un milliard de personnes dans le monde vivent dans une **pauvreté* absolue avec moins d'un euro par jour**. Les enfants sont les premières victimes de la **malnutrition*** et des **famines***.

	ÉTATS-UNIS	ÉTHIOPIE
ESPÉRANCE DE VIE	77 ans	44 ans
MORTALITÉ INFANTILE	7 enfants sur 1 000	115 enfants sur 1 000
REVENU PAR HABITANT	30 000 dollars par an	500 dollars par an
NOMBRE DE MÉDECINS	260 pour 100 000 habitants	3 pour 100 000 habitants
ANALPHABÈTES	2 adultes sur 100	65 adultes sur 100
NOMBRE DE TÉLÉVISEURS	820 pour 1 000 habitants	4 pour 1 000 habitants
ADRESSES INTERNET	117 000 pour 100 000 habitants	1 pour 100 000 habitants

Doc. 3 : Comparaison du niveau de développement des États-Unis et de l'Éthiopie en 2000.

? Compare l'espérance de vie aux États-Unis et en Éthiopie (Doc. 3).

? Par combien faut-il multiplier le revenu d'un Éthiopien pour avoir celui d'un Américain ?

? Que peux-tu dire de l'écart entre les deux pays pour les moyens modernes de communication ?

* Lexique

Analphabétisme : fait de ne savoir ni lire ni écrire.

Développement : amélioration des conditions de vie d'une population (espérance de vie, scolarité, revenus, santé).

Famine : manque de nourriture qui entraîne la mort des gens.

Malnutrition : nourriture insuffisante ou mal équilibrée.

Pauvreté absolue : se dit d'une personne disposant de moins d'un euro par jour pour vivre.

Résumé

Tous les pays ne connaissent pas le même niveau de développement. Les pays riches sont surtout situés dans l'hémisphère Nord et les pays pauvres dans l'hémisphère Sud. L'écart s'accroît entre les deux.

12 Les États du monde

Le nombre des États* a beaucoup augmenté au XXe siècle. Chaque État a son gouvernement, sa capitale, ses symboles et est limité par des frontières.

La diversité des États

La fin de la Seconde Guerre mondiale, la décolonisation des années 1960 et l'éclatement du bloc soviétique dans les années 1990 ont abouti à la **création de nombreux États**. Leur nombre ne cesse d'augmenter : il est passé de 78 en 1945 à 195 aujourd'hui.

D'**immenses États** ressemblent à des continents (Russie, Chine). À l'opposé, il existe de **très petits États** (l'archipel des Tuvalu dans l'océan Pacifique) (Doc. 1 et 2).

Le sais-tu ?

Le plus petit État du monde est le Vatican où réside le pape, chef de l'Église catholique : sa superficie est de 0,5 km² et il ne compte que 1 000 habitants.

	POPULATION (EN MILLIONS D'HABITANTS)
BANGLADESH	130
BRÉSIL	170
CHINE	1 280
FRANCE	62
ÉTATS-UNIS	280
INDE	1 014
INDONÉSIE	212
JAPON	126
NIGERIA	112
PAKISTAN	157
RUSSIE	147

▲ Doc. 1 : Les 10 pays les plus peuplés (plus la France).

	SUPERFICIE (EN MILLIONS DE KM²)
ARGENTINE	2,7
AUSTRALIE	7,6
BRÉSIL	8,5
CANADA	9,9
CHINE	9,6
ÉTATS-UNIS	9,3
FRANCE	0,55
INDE	3,2
KAZAKHSTAN	2,7
RUSSIE	17
SOUDAN	2,5

◀ Doc. 2 : Les 10 pays les plus vastes (plus la France).

? **Classe les États du plus peuplé au moins peuplé** (Doc. 1).

? **Sur quel continent se trouvent les deux États les plus peuplés** (Doc. 1) **?**

? **Classe les États selon leur superficie : du plus grand au plus petit** (Doc. 2).

Qu'est-ce qu'un État ?

Un État est un **territoire délimité par des frontières*** et **dirigé par un gouvernement**. Il a une **capitale politique** et il est représenté par des **symboles** (drapeau, hymne) (Doc. 3). Il peut avoir une langue nationale, parfois plusieurs comme en Suisse.

Souvent, les nouveaux États ne correspondent pas à un seul peuple*, mais à plusieurs (en Afrique, dans les Balkans). Il y a aussi des peuples sans

▲ Doc. 3 : Le défilé des délégations aux Jeux olympiques d'Athènes en 2004.

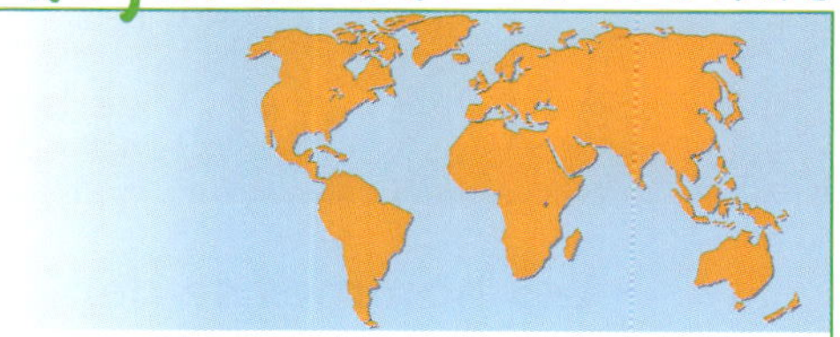

État (Palestiniens) et des peuples partagés sur plusieurs États (peuple kurde). Les frontières se sont affirmées avec la puissance des États.

Regarde le Doc. 3 page 124.

? De quel grand événement international est-ce l'ouverture (Doc. 3) ?

? Y a-t-il beaucoup de pays représentés ?

? Écris un texte pour dire ce que tu penses de cette manifestation qui rassemble tous les États du monde.

Les liens entre les États

Les États se regroupent au sein d'**associations internationales** (Union européenne) pour développer les échanges et éviter les tensions (Doc. 4 et 5).

Aujourd'hui, 191 États appartiennent à l'Organisation des nations unies (**ONU**) créée en 1945 pour maintenir la paix dans le monde. De nombreux organismes dépendent de l'ONU comme l'**UNICEF** (Fonds des Nations Unies pour l'enfance) ou l'**UNESCO** (Organisation pour l'éducation, la science et la culture).

▲ Doc. 4 : Une frontière « fermée » entre la Corée du Nord et la Corée du Sud.

? À ton avis, ces deux pays entretiennent-ils de bonnes relations (Doc. 4) ? Pourquoi ?

? Compare cette frontière (Doc. 4) avec celle du Doc. 5.

▲ Doc. 5 : Une frontière « ouverte » entre la Suisse et l'Italie.

? À quoi vois-tu que cette frontière est « ouverte » (Doc. 5) ?

* Lexique

État : territoire délimité par des frontières et dirigé par un gouvernement.

Frontière : limites d'un État.

Peuple : groupe humain ayant une origine commune, la même langue et la même culture.

Résumé

Il y a 195 États dans le monde, très divers par leur superficie, leur population et leur histoire. Presque tous sont regroupés au sein d'organisations internationales comme l'ONU.

13 Un monde interdépendant ?

**Les hommes se déplacent de plus en plus à la surface de la Terre.
Les échanges entre les pays sont de plus en plus importants.**

Une intense circulation des hommes

Les hommes sont **de plus en plus mobiles** sur la Terre. Les **migrations*** **du travail** se sont accélérées. Les pays riches attirent les populations des pays pauvres (Doc. 1 et 2) mais l'entrée des immigrants a été limitée et l'immigration clandestine combattue.

Les **mouvements de réfugiés***, qui fuient les guerres, sont en forte augmentation.

Les **déplacements touristiques** sont en forte croissance à partir des pays riches. Les principales destinations des touristes* sont la Méditerranée, les Caraïbes et l'Asie pacifique.

Le sais-tu ?

Une paire de chaussures de sport, produite pour 12 € en Asie est revendue 15 € à une grande marque américaine et se retrouve à 100 € en magasin.

? **Cite les pays qui reçoivent de nombreux migrants** (Doc. 1).

? **Ces pays sont-ils des pays riches ou des pays pauvres ? Tu peux t'aider de la carte page 122.**

? **Cite des pays qui sont des zones de départ.**

? **Sont-ils des pays riches ou des pays pauvres ?**

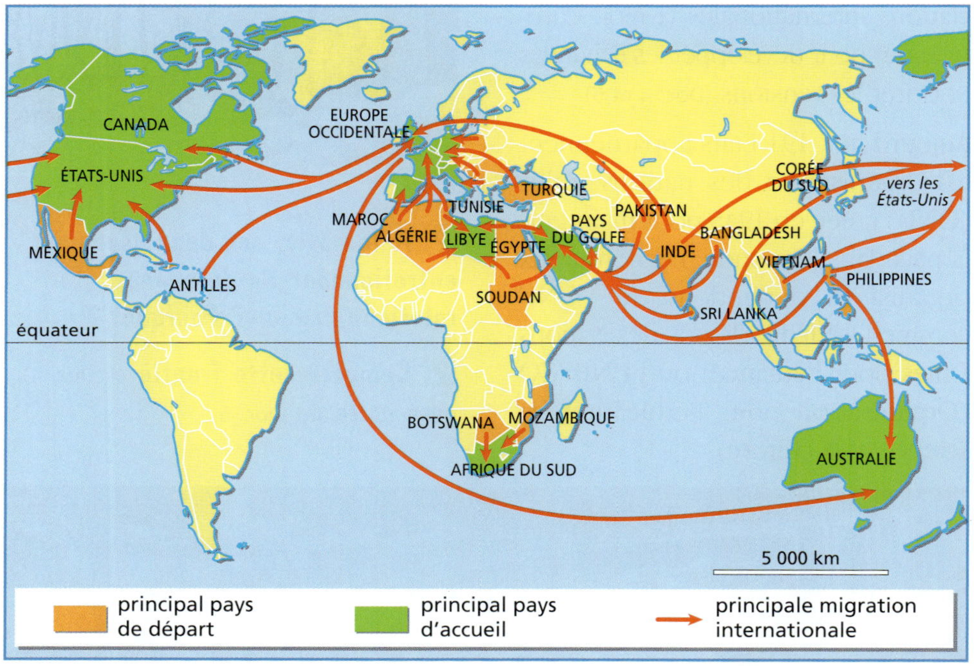

Doc. 1 : Les migrations du travail.

Les « Latinos » aux États-Unis

Le poids des Latinos (originaires d'Amérique latine) est très important aux États-Unis : 30 millions de personnes sur 260 millions d'habitants. Les restaurants mexicains se multiplient dans les rues. Aux États-Unis, il y a trois réseaux télévisés et 350 journaux et magazines en espagnol. Plus de 300 stations de radio émettent dans cette langue. Certaines sont les premières en taux d'écoute dans les grandes villes comme Los Angeles.

D'après *Le Monde diplomatique*, août 1996.

Doc. 2

? **Quel poids les « Latinos » représentent-ils dans la population américaine** (Doc. 2) **?**

? **À ton avis, pourquoi les « Latinos » sont-ils venus s'installer aux États-Unis ?**

? **Quelles conséquences a entraînées cet afflux de « Latinos » ? Relève les détails du texte qui le montrent.**

Un seul monde ?

Avant le XXe siècle, la distance constituait un obstacle majeur à l'échange et à la communication.

Le début du XXIe siècle est marqué par une multiplication des **possibilités de communiquer à distance** et par une baisse importante des coûts de communication. Avec le **développement de l'information**, des **réseaux de communication** (téléphone, Internet) et de **transports**, les hommes communiquent les uns avec les autres à travers le monde entier (Doc. 3).

Doc. 3 : Un cybercafé à Paris.

? Décris les installations de ce cybercafé (Doc. 3).

? Que font ces personnes ?

Un monde d'échanges commerciaux

L'ouverture des pays, le développement des entreprises* multinationales et le fractionnement de la fabrication des produits dans des lieux différents ont entraîné une véritable **explosion des échanges mondiaux**. Ils ont été favorisés par les progrès des moyens de transport.

Le monde est devenu un vaste espace de production et d'échanges dans lequel les grandes entreprises créent, déplacent (délocalisations) ou suppriment leurs établissements sans se soucier des frontières : c'est la **mondialisation***.

Chacun de nous vit cette mondialisation au quotidien : nous portons les mêmes vêtements, nous mangeons les mêmes aliments (Doc. 4), nous écoutons la même musique et regardons les mêmes films.

Doc. 4 : Dans un supermarché en Afrique.

? Sur quel continent a été prise cette photo (Doc. 4) ?

? Quel(s) élément(s) de ton mode de vie reconnais-tu ?

? Que peux-tu en conclure ?

* Lexique

Entreprise multinationale : entreprise qui a des établissements dans plusieurs pays.

Migration : déplacement de population.

Mondialisation : interdépendance et imbrication des différents marchés du monde.

Réfugié : personne qui fuit un pays pour des raisons politiques, ethniques ou religieuses.

Touriste : personne qui voyage ou séjourne en un lieu pour ses loisirs.

Résumé

Les mouvements de population reflètent les inégalités du monde (travailleurs, réfugiés, touristes). La distance n'est plus un obstacle à la communication. Les échanges commerciaux se sont considérablement développés à travers le monde.
La mondialisation envahit aussi notre vie quotidienne.

14 Les risques naturels et technologiques

Les sociétés humaines sont exposées à des risques majeurs d'origine naturelle (volcans, séismes, cyclones) ou d'origine technologique (pollutions, accidents nucléaires, marées noires).

Les risques naturels

Dans la nature, il se produit des **phénomènes brutaux** dont les conséquences peuvent être désastreuses pour les populations. Ils peuvent faire de nombreuses victimes et des destructions importantes.

Ce sont les **catastrophes naturelles** : tremblements de terre ou séismes, cyclones* tropicaux, inondations, grandes sécheresses, éruptions volcaniques, raz de marée ou tsunamis* (Doc. 1 et 2).

? Repère l'Indonésie sur le planisphère au début de ton livre.

Doc. 1 : La côte indonésienne vue par satellite le 10 janvier 2003.

Doc. 2 : La côte indonésienne vue par satellite le 29 décembre 2004 après le passage du tsunami.

? Quelle couleur domine sur la photo satellite (Doc. 1) **?**

? Décris ce que tu vois sur cette image.

? Que reste-t-il après le passage du tsunami (Doc. 2) **?**

? Décris le nouveau paysage.

? Écris un texte sur les conséquences de la catastrophe.

Grâce aux observations scientifiques, nous pouvons désormais prévoir certains caprices de la planète. Mais toutes les sociétés ne sont pas égales devant les risques* naturels : les pays pauvres n'ont pas d'argent pour faire de la prévention* et ont plus de victimes par manque de secours organisés et d'hôpitaux.

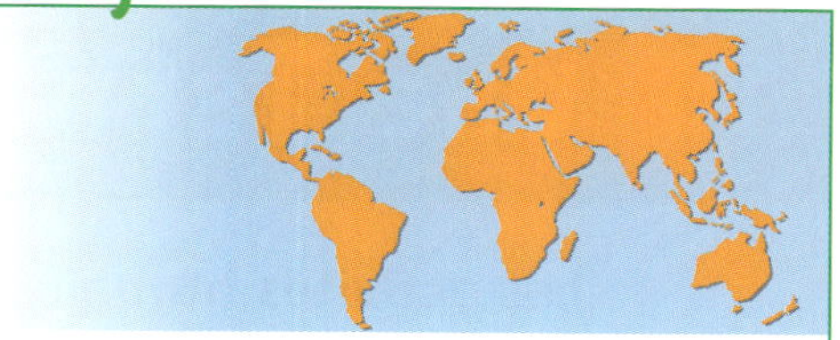

Les risques* technologiques

Toutes les **activités industrielles** présentent des **risques** : la chimie, les transports, le nucléaire ou encore la fabrication, le stockage et le transport de matières premières dangereuses toxiques ou explosives. En cas de fuite, d'incendie ou d'explosion, **les conséquences peuvent être graves pour les hommes et l'environnement** : pollutions atmosphériques, marines (marées noires) (Doc. 3), accidents nucléaires (Tchernobyl) ou chimiques (Doc. 4).

▲ Doc. 3 : Marée noire sur la côte atlantique (France).

? Par quoi est recouvert l'océan (Doc. 3) ?

? D'où provient cette pollution ?

? À ton avis, quelles sont les conséquences de cette pollution pour le milieu marin ? pour les activités humaines (Doc. 3) ?

L'explosion de l'usine AZF à Toulouse

Devant la tour, des carcasses de hangars et une vaste zone où il ne reste pratiquement plus rien, l'explosion a tout détruit. Celle-ci, d'une violence inouïe, est partie de là, le 21 septembre à 10 heures 27, dans un vaste hangar de stockage. […] À cet emplacement ne subsiste plus qu'un vaste cratère. […] L'onde de choc s'est propagée […] causant des dégâts considérables, tuant trente personnes et en blessant des milliers d'autres.

« Les risques majeurs et la ville », *Aléas et Enjeux, n° 4*, CNDP-CRDP, 1er janvier 2003.

▲ Doc. 4

? Que s'est-il passé sur le site de l'usine AZF à Toulouse (Doc. 4) ?

? Quelles ont été les conséquences de la catastrophe ?

* Lexique

Cyclone : gigantesque tourbillon d'air chaud qui provoque des vents très violents et dévastateurs et des pluies très abondantes.

Prévention : action pour éviter une catastrophe ou pour s'en protéger.

Risques naturels : dangers qui menacent les populations soumises à des phénomènes naturels catastrophiques.

Risques technologiques : dangers qui proviennent des activités humaines.

Tsunami : vague géante déclenchée par un séisme en mer.

Résumé

Lorsque les forces naturelles se déchaînent, on parle de catastrophes naturelles. Mais les hommes, par leurs activités, peuvent aussi provoquer des victimes et des destructions importantes.

15 Une Terre en héritage

**Les activités humaines perturbent les grands équilibres de la planète.
La protection de l'environnement est devenue une préoccupation de notre temps.**

Les dégradations de la planète

Les hommes prélèvent et parfois gaspillent les **ressources non renouvelables** (minerais, pétrole).

Les déserts progressent chaque année et les forêts tropicales subissent une **déforestation** intense, entraînant une **diminution de la vie animale et végétale**.

Nous rejetons dans l'air, l'eau et le sol des quantités de **déchets** (Doc. 1) et la **pollution atmosphérique** devient préoccupante (Doc. 2).

Le sais-tu ?

12 litres par minute, c'est le débit d'un robinet. Laisser couler l'eau, c'est gaspiller environ 10 000 litres d'eau par an. Laisser la télévision en veille toute la journée consomme autant d'électricité que de regarder deux films.

Les poubelles débordent

Dans les pays industrialisés, la quantité de déchets produite par famille a été multipliée par trois ces vingt dernières années. Pendant longtemps, on s'est contenté de jeter les ordures à la décharge ou de les brûler. Les décharges polluent l'air, le sol et les réserves d'eau souterraines. Les brûler dégage un polluant dangereux. Il a fallu imaginer d'autres solutions [...]. Chacun doit trier ses déchets, et les villes organisent la collecte et le recyclage.

Y. Arthus-Bertrand, *L'Avenir de la Terre*, La Martinière Jeunesse, 2003.

▲ Doc. 1

? Comment a évolué la quantité de déchets (Doc. 1) ?

? Quelles sont les conséquences de l'augmentation des déchets ?

? Quelles solutions ont trouvées les hommes pour limiter les déchets ?

▲ Doc. 2 : La pollution atmosphérique à Los Angeles (États-Unis).

? Pourquoi les gratte-ciel ne se détachent-ils pas nettement dans le ciel (Doc. 2) ?

? À quoi est due la brume que l'on voit ?

Vers un changement climatique ?

La Terre ressemble à une serre de jardinier : les rayons solaires passent à travers l'atmosphère*, réchauffent le sol, l'eau et les plantes. **La chaleur s'accumule**. Il fait chaud, la température moyenne est de + 15 °C. Sans l'atmosphère, elle serait de – 18 °C.

Depuis deux siècles, avec le développement et l'accélération des activités humaines, **notre planète se réchauffe. Nous rejetons d'énormes quantités de gaz qui renforcent l'effet* de serre** et accélèrent le **changement climatique**. Le cycle des saisons, les précipitations et les vents se modifient, le niveau des océans s'élève (Doc. 3).

Doc. 3 : Un atoll aux Maldives.

? Si le réchauffement de la Terre continue et que le niveau des océans s'élève, que va-t-il arriver à des petites îles comme celle-ci (Doc. 3) ?

? Imagine des solutions pour les populations qui vivent sur cet atoll.

Agir pour sauvegarder la planète

De grandes **conférences internationales** comme le Sommet de la Terre à Rio de Janeiro en 1992 et la Conférence de Johannesburg en 2002 amènent les États à prendre des décisions sur la préservation de la planète.

L'idée d'un **développement durable** est née : un développement social et économique qui ménage les ressources de la planète et vise le bien-être de tous les hommes sans mettre en danger l'avenir des générations futures (Doc. 4).

Nous pouvons tous **agir sur l'environnement au quotidien** : trier les déchets, ne pas gaspiller l'eau, l'électricité, le papier, prendre les transports en commun ou marcher, protéger les espaces verts…

Doc. 4 : Un champ d'éoliennes au Danemark.

? Décris le paysage (Doc. 4).

? Que produisent les éoliennes ?

? En quoi préservent-elles la planète ?

* Lexique

Atmosphère : masse d'air qui entoure la Terre.
Effet de serre : couche d'air qui entoure la Terre et retient la chaleur de la Terre.

Résumé

Les hommes, par leurs activités, mettent en danger l'avenir de la Terre et des générations futures. Les États commencent à en prendre conscience et prennent des mesures pour y remédier. Nous pouvons tous agir au quotidien pour préserver notre planète.

Je vis... AU JAPON

Je vis dans la baie de Tokyo-Yokohama. C'est la région de la première agglomération du monde, Tokyo, peuplée de 30 millions d'habitants, le plus grand centre industriel du Japon et le plus fort taux de pollution !

Je vis dans le Japon de l'Endroit

Je vis dans l'île d'Honshu, la plus grande des 3 000 îles qui composent mon pays.

J'habite la côte de l'océan Pacifique qui s'appelle « l'Endroit » : les villes se succèdent sur 1 000 km de long et constituent la mégalopole japonaise. Attention ! nous allons traverser la rue (Doc. 1).

? Je décris l'animation dans la rue (Doc. 1).

? Je décris les immeubles qui bordent la rue.

Doc. 1 : Une rue de Tokyo.

Doc. 2 : Le village de mes grands-parents.

Le Japon de l'Envers

Généralement pour les vacances, je vais chez mes grands-parents sur la côte de la mer du Japon appelée « l'Envers ». Elle est plus rurale et traditionnelle. J'ai pris une photo de leur village (Doc. 2). L'Envers est bien différent de l'Endroit !

? Je décris le paysage de rizières (Doc. 2).

? Je décris les maisons.

? Je décris ce que l'on voit derrière le village.

LE COIN DU GÉOGRAPHE

La densité moyenne de population du Japon est de 340 habitants au km², une des plus fortes du monde ! À l'intérieur du pays, les densités varient de moins de 50 habitants au km² dans les montagnes à plus de 500 (Doc. 3) !

? Je compare les densités entre le Japon de l'Endroit et le Japon de l'Envers (Doc. 3).

? Je compare les densités de population du Nord au Sud.

? J'indique l'espace où il y a la plus forte concentration de population.

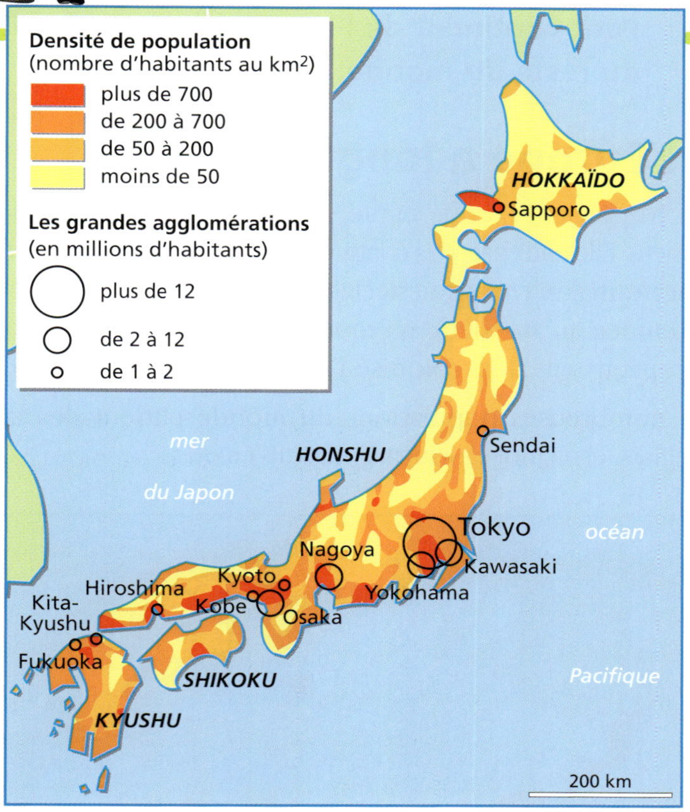

Doc. 3 : La répartition de la population du Japon.

Je vis dans un pays riche et actif

Vous pensez mal connaître mon pays… et pourtant nous sommes les rois de l'électronique et de la miniaturisation ! Nous avons inventé les baladeurs, les lecteurs mp3… Vous connaissez sûrement les marques japonaises : elles font le tour du monde, comme nos mangas (Doc. 4).

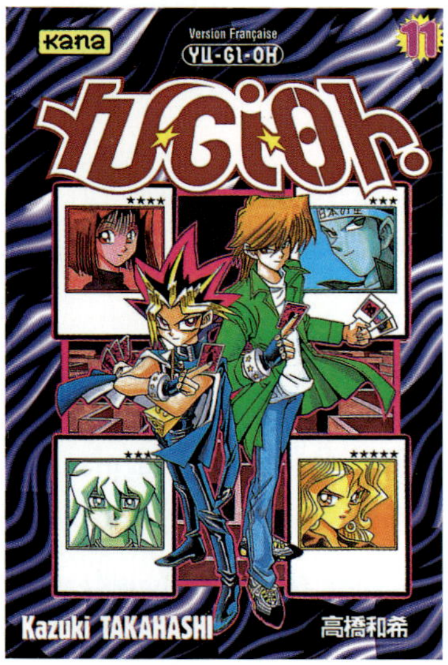

Doc. 4 : La couverture d'un manga japonais.

Je vis dans un espace hostile

Les séismes sont si nombreux qu'on dit que mon pays est sur le dos d'une baleine qui remue tout le temps ! Le symbole du Japon, le mont Fuji, est un volcan. Mais nous connaissons bien d'autres risques naturels (Doc. 5).

Les risques naturels

Les risques de calamités se concentrent dans les plaines littorales. Le danger vient à la fois des terres, avec les inondations, les glissements de terrain, […] et de la mer, d'où proviennent les tsunamis (raz de marée) et les typhons qui frappent les rivages de plein fouet. Les séismes y sont ravageurs. L'urbanisation contemporaine accroît les dangers.

P. Pelletier, *Géographie universelle (Chine, Japon, Corée)*, tome 5, p. 277, Belin-Reclus, 1994.

Doc. 5

? Je classe les calamités naturelles en deux catégories (Doc. 5) :
- **celles qui proviennent de la Terre ;**
- **celles qui proviennent du climat.**

? J'indique ce qui, aujourd'hui, renforce les risques naturels.

À l'école, nous apprenons ce qu'il faut faire en cas de cataclysme. Surtout, pas de panique ! Et que cela ne vous empêche pas de me rendre visite pour la Fête du Riz !

17 L'Europe, un des centres du monde

Petit continent de l'hémisphère Nord, qu'est-ce qui distingue l'Europe du reste du monde ?

L'Europe a longtemps dominé le monde

Au XVIe siècle, l'Europe est le centre économique, politique et culturel de la planète. Elle entreprend la conquête du « Nouveau Monde » et **colonise le continent américain** aux XVIe et XVIIe siècles. La domination de l'Europe dans le monde s'est accentuée au XIXe siècle au moment de la « Révolution industrielle ». Les pays européens ont alors **colonisé l'Afrique et une partie de l'Asie**.

De nombreuses populations du monde parlent des langues européennes (anglais, espagnol, portugais, français) (Doc. 1).

Le sais-tu ?

C'est au XIXe siècle que l'Europe a connu son explosion démographique : sa population a doublé et gagné 150 millions d'habitants.

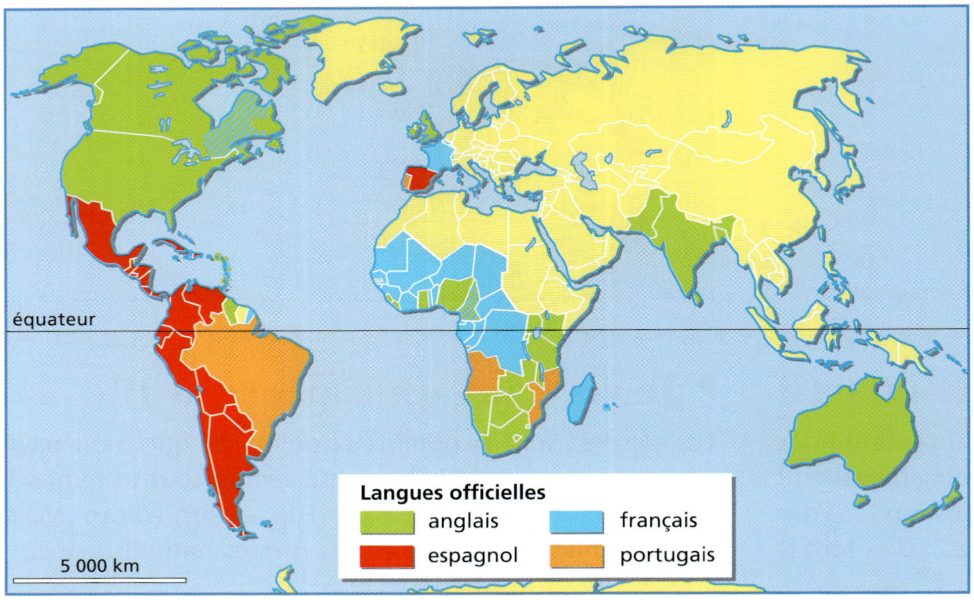

Doc. 1 : Les pays dont la langue officielle est une langue européenne.

? En t'aidant de la carte du monde au début de ton livre, cite les continents qui ont une langue européenne comme langue officielle (Doc. 1).

? Recherche dans une encyclopédie pourquoi on parle l'espagnol et le portugais en Amérique du Sud.

Le troisième foyer* de peuplement

Avec **près de 750 millions d'habitants**, l'Europe est aujourd'hui le **troisième foyer de peuplement de la planète**.

Sa population en fait un **continent densément peuplé**. Sa densité* moyenne (96 habitants au km^2) est plus de deux fois supérieure à la moyenne mondiale. Certains pays dépassent 400 habitants au km^2 (Pays-Bas).

Mais **la population de l'Europe augmente peu**. Face à l'explosion* démographique des pays en développement, **le poids de l'Europe dans la population mondiale diminue régulièrement**.

Regarde la carte des foyers de peuplement au début de ton livre.

? Reclasse dans l'ordre les trois principaux foyers de peuplement de la planète. Quelle est la place de l'Europe ?

? Quels grands foyers de peuplement se situent après elle ? Cite-les dans l'ordre.

Le continent le plus développé

L'Europe est le continent le plus développé : **le revenu par habitant est le plus élevé** de tous les continents. Elle produit le tiers des richesses du globe. Sa **puissance économique** rivalise avec celle des États-Unis et du Japon.

L'Europe est **la première puissance commerciale** du monde ainsi qu'une **grande puissance industrielle et agricole**. L'Allemagne, la France, le Royaume-Uni, l'Italie et la Russie font partie des 8 pays les plus industrialisés du monde (Doc. 2).

Elle est aussi le **premier espace touristique mondial**. En effet, son économie est traditionnellement tournée vers l'extérieur, comme le font apparaître les équipements portuaires et les réseaux de transports sans cesse améliorés. Grâce à l'ancienneté de leur développement économique et du fait de leur nombre, les populations de l'Union européenne forment le **marché au niveau de vie le plus élevé de la planète**.

L'Europe est **un des trois grands centres de décision du monde**. Mais elle n'est pas un État. Aucun pays européen ne peut se mesurer seul aux États-Unis ou au Japon.

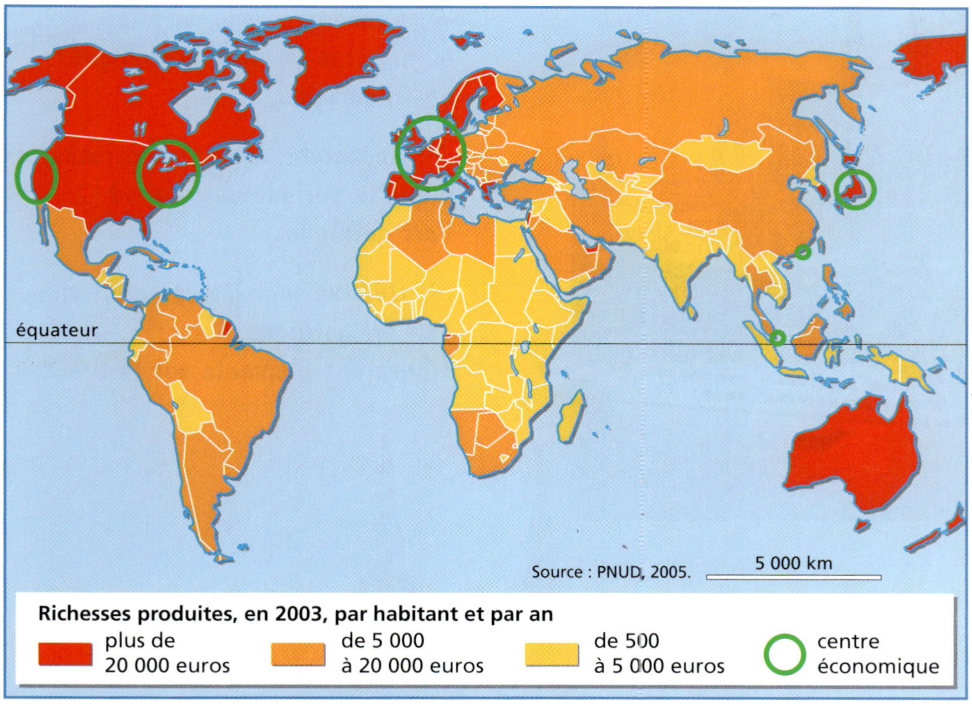

▲ Doc. 2 : Les pôles de richesse dans le monde.

? **À quel ensemble l'Europe appartient-elle par son niveau de richesse (Doc. 2) ?**

? **Dans quels pays se situent les centres de décision économique du monde ? Tu peux t'aider de la carte des États du monde au début de ton livre.**

? **Par combien faudrait-il multiplier la richesse produite par un habitant du Sénégal (500 euros) pour arriver à celle produite par un Européen ?**

* Lexique

Densité de population : nombre moyen d'habitants vivant dans un espace carré de 1 km de côté.

Explosion démographique : augmentation très forte de la population.

Foyer de peuplement : espace où se concentre la population.

Résumé

L'Europe a longtemps dominé le monde. Elle représente aujourd'hui une des plus importantes concentrations de population de la planète. C'est le continent le plus développé, un des trois grands centres de décisions du monde.

18 Une civilisation européenne ?

L'Europe est composée d'une diversité de peuples. Les pays européens présentent des points communs et partagent un certain nombre de valeurs.

Un fond culturel commun

Au cours de leur histoire, **les peuples européens se sont influencés les uns les autres**. **Les civilisations grecque et latine** ont fortement marqué l'Europe.

La **religion chrétienne a façonné les mentalités*** de presque tous les Européens. Des **courants artistiques** ont traversé l'Europe : l'art roman, l'art gothique (Doc. 1 et 2) et la musique baroque.

Le sais-tu ?

Les Jeux olympiques sont aujourd'hui un événement mondial d'origine européenne. Ce sont les Grecs qui les ont inventés pendant l'Antiquité. C'est un Français, le baron Pierre de Coubertin, qui les a « réinventés » en 1896.

Doc. 1 : La cathédrale gothique de Cologne (Allemagne).

- ? Recherche dans un atlas où se situe la ville de Cologne en Allemagne.
- ? Recherche dans un dictionnaire à quelle période correspond l'art gothique.
- ? Quelles sont les caractéristiques de l'art gothique ? Trouve des éléments sur le Doc. 1.

- ? Où se situe la ville de Chartres (Doc. 2) ?
- ? Compare la cathédrale de Chartres avec celle de Cologne (Doc. 1 et 2).
- ? Recherche leurs points communs.
- ? Que peux-tu en conclure ?

Doc. 2 : La cathédrale gothique de Chartres (France).

Des valeurs partagées

La naissance de la monarchie parlementaire anglaise au XVIIe siècle, le siècle des Lumières et la Révolution française de 1789 ont influencé et inspiré la pensée européenne. **Les valeurs de démocratie*, de droits de l'homme et de laïcité** se sont propagées et marquent aujourd'hui profondément les Européens.

La majorité des pays européens sont **des démocraties**. Ce sont **des républiques** (France, Italie) ou **des monarchies constitutionnelles** (Royaume-Uni, Belgique).

Les États européens ont signé à Rome en 1950 la *Convention européenne de sauvegarde des droits de l'homme et des libertés fondamentales* (Doc. 3).

? Cite les droits de l'homme qui sont garantis en Europe (Doc. 3).

? À quoi un homme ne peut-il être soumis ?

Un espace chargé d'histoire

Des siècles de civilisation s'inscrivent dans les paysages européens : le temple du Parthénon à Athènes (Grèce), les ruines de Pompéi (Italie) ou la tour Eiffel à Paris (France) sont connus dans le monde entier.

Tout au long de son histoire, **l'Europe a été le siège de multiples conflits** (Doc. 4). Depuis la fin de la Seconde Guerre mondiale, elle connaît une longue période de paix. La **construction de l'Union européenne** lui permet de **consolider les liens entre les pays**.

Extrait de la *Convention européenne* (1950)

ARTICLE 2 : Le droit de toute personne à la vie est protégé par la loi.
ARTICLE 3 : Nul ne peut être soumis à la torture ni à des peines ou traitements dégradants.
ARTICLE 4 : Nul ne peut être tenu en esclavage ni en servitude. Nul ne peut être astreint à accomplir un travail forcé ou obligatoire.
ARTICLE 5 : Toute personne a droit à la liberté et à la sûreté. […]
ARTICLE 9 : Toute personne a droit à la liberté de pensée, de conscience et de religion.

▲ Doc. 3

◀ Doc. 4 : L'histoire de l'Europe vue par Plantu en 1992.

? Que veut montrer le dessinateur sur le passé de l'Europe (les trois premiers dessins) (Doc. 4) ? et sur le présent de l'Europe (dernier dessin) ?

? Essaie de situer les trois premiers dessins dans le temps.

? Que font les personnages sur le dernier dessin ?

* Lexique

Démocratie : régime politique dans lequel le peuple élit ses représentants en vue d'exercer le pouvoir.
Mentalités : manières de penser des gens.

Résumé

La civilisation européenne a été marquée par une longue histoire et par des valeurs communes qui se sont diffusées dans le reste du monde, comme les droits de l'homme et la démocratie.

19 Un espace dominé par les villes

L'espace européen se caractérise par de fortes densités de population et par une importante urbanisation : 3 Européens sur 4 vivent dans une ville.

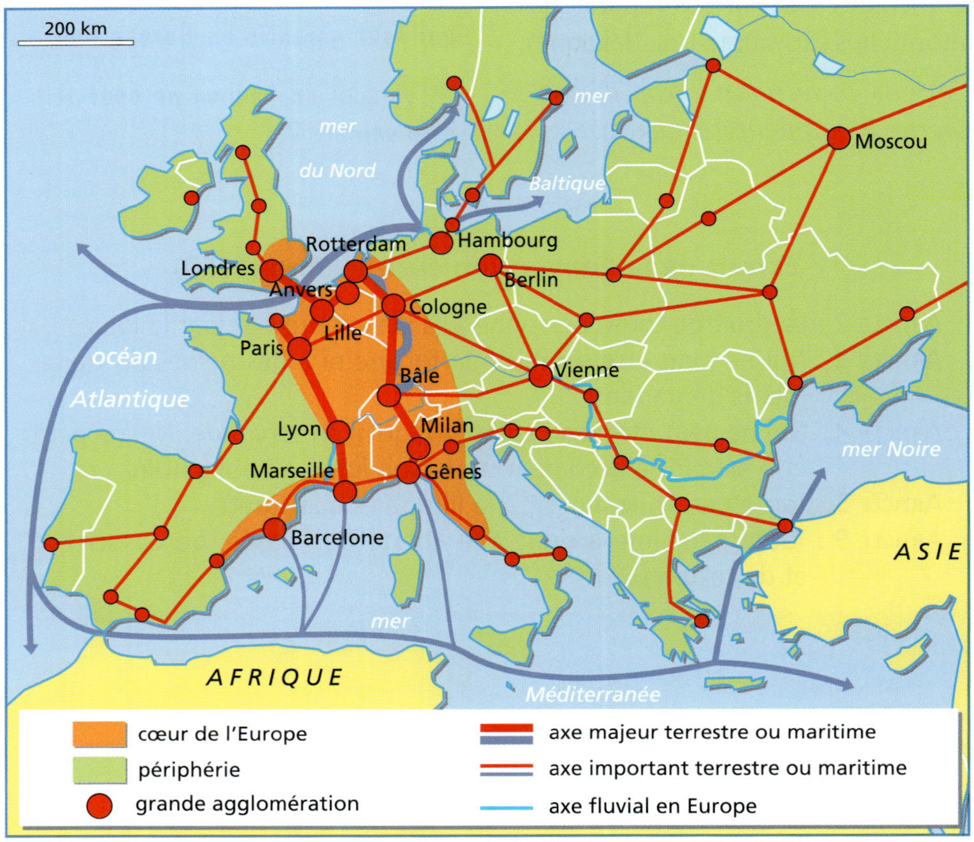

Doc. 1 : Le réseau urbain européen.

? Cite les principales régions urbaines (Doc. 1).

? Où se situent-elles par rapport aux axes de communication ?

? Quelle est la relation entre les villes et les axes de communication ?

Un réseau dense de villes

L'espace européen est recouvert d'un **réseau dense de villes**. Fondées pour la plupart pendant l'Antiquité et au Moyen Âge, elles ont prospéré grâce au **commerce**. Elles se sont agrandies à partir du XIXe siècle avec le développement de l'**industrie** et au XXe siècle grâce au développement des **services**.

Les **très grandes agglomérations* sont rares** (Moscou, Londres, Paris) mais les villes grandes et moyennes sont très nombreuses. Certaines se rejoignent et forment aujourd'hui une véritable **région* urbaine** (Pays-Bas, région Rhin-Ruhr) (Doc. 1).

Le sais-tu ?

Avec 90 % de citadins, le Royaume-Uni est l'un des pays les plus urbanisés du monde. Les maisons en briques rouges entourées de petits jardins et les immenses banlieues caractérisent les paysages urbains.

De grandes métropoles

Dans l'Europe de l'Ouest, les villes rassemblent plus de 8 habitants sur 10. Dans l'Europe de l'Est, l'urbanisation est plus faible.

Les **grandes métropoles*** concentrent la puissance financière : les Bourses de Londres (Doc. 2), Francfort et Paris font partie des cinq premières du monde, derrière celles de New York et Tokyo.

Doc. 2 :
Le quartier des affaires de la City à Londres (Royaume-Uni).

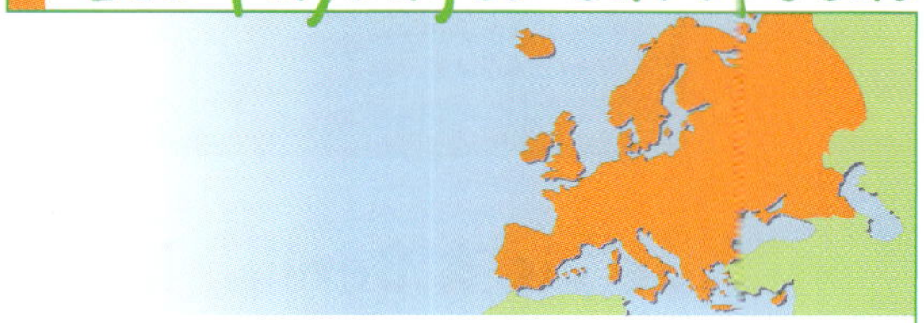

? **Décris le quartier de la City** (Doc. 2 page 138).

? **D'après toi, quels types d'activités abritent ces immeubles ?**

La mégalopole* européenne

L'ensemble urbain le plus dense s'étend sur 1 500 km du Sud de l'Angleterre au Nord de l'Italie en passant par la vallée du Rhin. C'est la **mégalopole européenne** (Doc. 3). Elle concentre à elle seule **plus de 80 millions d'habitants**. C'est **la plus forte concentration urbaine du monde** (Doc. 4).

La mégalopole européenne est un **centre industriel et tertiaire** d'importance mondiale. Les autres grandes métropoles (Paris, Madrid, Hambourg, Rome, Munich, Vienne, Berlin) lui sont reliées par des axes de communication majeurs.

? **Repère sur un atlas les villes et les régions citées par l'auteur** (Doc. 3).

? **Grâce à qui les villes rhénanes et bavaroises se sont-elles développées ?**

? **De quelle époque date ce développement ?**

? **Quelles activités économiques y ont été inventées ?**

Les origines de la mégalopole européenne

Depuis le xe siècle, des courants d'échanges se sont établis entre les rives de la Méditerranée et celles de la mer du Nord. Les marchands ont d'abord hésité entre plusieurs chemins. Longtemps, ils ont profité de la route naturelle du Rhône et de la Saône, puis ont choisi le contournement des Alpes. Lombards et marchands de Venise, de Bruges, d'Amsterdam et de Londres ont fait au passage, avec leur propre fortune, la fortune des villes rhénanes et bavaroises. Sur ces chemins, s'inventèrent la banque, puis l'industrie. Cet espace reste la plus riche et la plus dense partie de l'Europe.

D'après R. Brunet, « Europe médiane », *Géographie universelle*, Belin-Reclus, 1996.

▲ Doc. 3

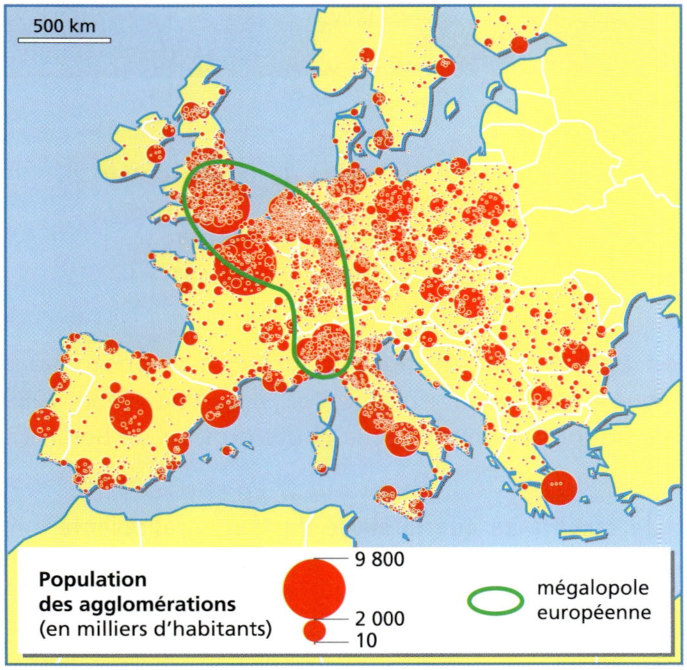

▲ Doc. 4 : La mégalopole européenne.

? **Cite les principales villes et régions urbaines de la mégalopole** (Doc. 4). **Tu peux t'aider du** Doc. 1.

? **Comment se situe Paris par rapport à la mégalopole européenne ?**

* Lexique

Agglomération : une ville et ses banlieues.

Mégalopole : région urbaine de très grande dimension qui regroupe plusieurs agglomérations.

Métropole : très grande agglomération.

Région urbaine : région qui s'organise en fonction d'une ou plusieurs villes.

Résumé

Les villes sont nombreuses et puissantes en Europe. Elles sont organisées en réseaux. La plus forte concentration de villes se trouve regroupée dans la mégalopole européenne.

20 Je vis... À BERLIN

Je vis à Berlin, la capitale de l'Allemagne. Mon pays et ma ville ont été divisés en deux de 1945 à 1990. Aujourd'hui, Berlin est réunifiée.

Je vis dans la partie ouest

Je suis un Wessis, un habitant de l'ouest de la ville, à ne pas confondre avec les Ossis qui vivent dans la partie est. Ma ville porte les traces de l'histoire récente : c'est presque une ville-mémoire. J'habite près des ruines de l'église du Mémorial (Doc. 1), détruite par les bombardements à la fin de la Seconde Guerre mondiale.

Le sais-tu ?

La Potsdamer Platz est longtemps restée un terrain vague interdit d'accès entre les deux Berlin.

De 1961 à 1989, un mur coupait ma ville en deux (Doc. 2). Ma famille a longtemps été séparée : ma grand-mère vivait du côté ouest. Elle n'a pas vu sa sœur qui vivait à l'est pendant 28 ans !

Doc. 1 : L'église du Mémorial.

? Je recherche à quelle période cette église a été détruite (Doc. 1).

? J'explique pourquoi les Berlinois ont voulu conserver ces ruines.

Doc. 2 : Le Mur de Berlin avant 1989.

? J'indique combien de murs coupaient ma ville (Doc. 2).

? Je décris l'espace au centre de la photo (Doc. 2).

? J'explique ce que ce Mur a représenté pour les Berlinois pendant près de 30 ans.

Mon père est fier de nous montrer cette photo où il attaque le Mur avec une pioche (Doc. 3). Le 9 novembre 1989 a été un jour mémorable : la chute du Mur de Berlin !

? Je raconte ce que la chute du Mur a représenté pour mes parents (Doc. 3).

Doc. 3 : La chute du Mur de Berlin le 9 novembre 1989.

Une ville en chantier

Après 1989, la destruction du Mur avait laissé la place à d'immenses terrains à construire. Il était impossible de se promener sans croiser des grues et des marteaux-piqueurs (Doc. 4) !

Doc. 4 : La construction de la Potsdamer Platz.

Une ville à reconstruire

Le gouvernement de la ville a édicté des consignes strictes : respect des rues, des places et des tracés anciens [...]. Rien que la terre déblayée du centre-ville pourrait remplir une file de camions de 15 tonnes tout autour de la Terre. Pour Berlin, il ne s'agit pas moins que de recoller deux moitiés de ville coupées pendant un demi-siècle, assumer le rôle de capitale de l'Allemagne réunifiée.

D'après L. Millot, *Libération*, 28 août 1997.

Doc. 5

? Je décris le paysage de la photo (Doc. 4).

Je lis un article de journal (Doc. 5) pour vous faire comprendre l'ampleur de ces constructions.

? J'indique ce que doit respecter le nouveau Berlin (Doc. 5).

? Je lis la phrase qui donne l'image de l'ampleur des chantiers.

LE COIN DU GÉOGRAPHE

Doc. 6 : La Potsdamer Platz après la reconstruction.

Aujourd'hui, je dois aller rejoindre mon père à son bureau sur la Potsdamer Platz (Doc. 6). Son entreprise s'est installée il y a seulement 4 ans dans le plus grand immeuble de la place, arrondi et tout en verre.

? Je compare les deux photos de la Potsdamer Platz (Doc. 4 et 6).

? Je recherche sur les Doc. 4 et 6 le grand immeuble où travaille mon père.

Je vis dans une ville pleine d'avenir avec toutes ces reconstructions !

21 L'Union européenne

**L'Union européenne est une construction politique originale.
Elle s'est élargie progressivement, passant de 6 à 10 États, puis à 12, à 15, à 25 et à 27 États membres en 2007.**

Les institutions de l'Union européenne

L'Union européenne s'est dotée d'**institutions spécialisées**. La **Commission européenne** présente des propositions aux chefs d'État et de gouvernement réunis dans le **Conseil européen**. Elle siège à Bruxelles. Le **Parlement européen** donne son avis sur les propositions de la Commission. Il siège à Strasbourg (Doc. 1 et 2). La **Cour européenne de justice** veille au respect de la législation européenne. Elle siège à Luxembourg. La **Banque centrale européenne** gère depuis 1999 la monnaie unique, l'euro. Son siège est à Francfort.

Aujourd'hui, **l'Union européenne cherche à se doter d'une Constitution** mais tous les États ne sont pas encore d'accord sur le texte final.

Le sais-tu ?

L'industrie automobile est un secteur clé de l'activité économique européenne : elle emploie 4,5 millions de personnes. Sa production est la première du monde et une part importante de celle-ci est exportée hors de l'Union.

Doc. 1 : Le Parlement européen à Strasbourg.

? Où se situe Strasbourg ? Recherche dans un atlas.

? À proximité de quelle frontière le Parlement européen (Doc. 1) a-t-il été construit ?

? De quels États symbolise-t-il le rapprochement ?

Doc. 2 : Les députés du Parlement européen de Strasbourg.

? Qui sont les personnes qui siègent à l'intérieur du Parlement européen (Doc. 2) ?

? Quel est leur rôle ?

? Fais une recherche pour comprendre comment fonctionne le Parlement européen.

Un grand pôle économique

Ensemble, les pays de l'Union ont une richesse équivalente à celle des États-Unis et deux fois plus importante que celle du Japon. Cette richesse provient surtout des services* : l'Union européenne est **le premier ensemble commercial** de la planète et **le premier pôle touristique mondial**.

L'Union européenne possède **la première agriculture mondiale** protégée par la politique agricole commune (PAC) (Doc. 3). L'Union attire les capitaux étrangers. Elle est l'**un des trois pôles économiques du monde**.

? **Cite les trois objectifs de la politique agricole commune** (Doc. 3).

? **Comment faut-il faire pour protéger l'environnement ?**

? **De quelle manière la PAC protège-t-elle les agriculteurs européens ?**

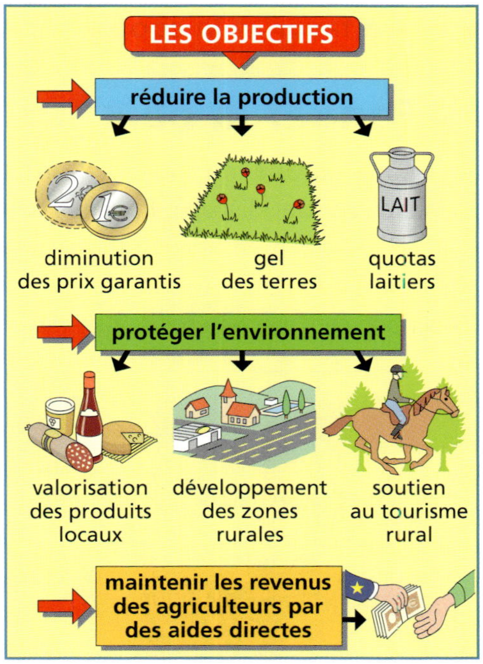

Doc. 3 : Les objectifs de la politique agricole commune (PAC).

Des réalisations concrètes

L'Union européenne se construit à plusieurs niveaux. Il y a **des initiatives locales** comme le jumelage de villes ou de régions, les échanges d'étudiants entre deux universités. Mais il y a aussi **l'aide de l'Union aux régions en difficulté** et **la politique agricole commune**. Des États coopèrent parfois pour des **productions industrielles communes** comme le lanceur spatial européen (Ariane) ou l'avion Airbus (Doc. 4).

Cependant, la croissance économique européenne est inférieure à celle des États-Unis et le chômage reste élevé.

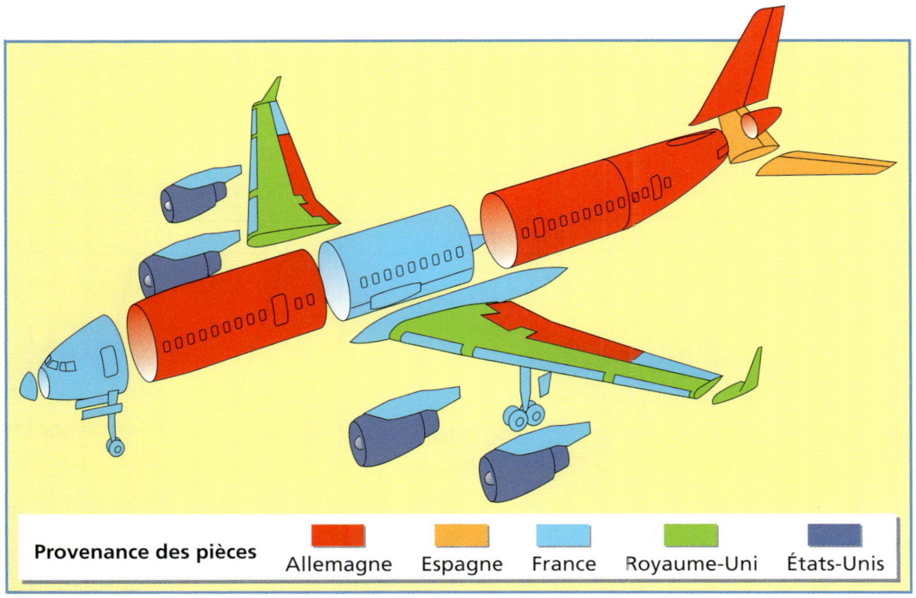

Doc. 4 : L'Airbus, une réalisation européenne.

? **Combien de pays européens participent-ils à la fabrication des avions Airbus** (Doc. 4) **?**

* Lexique

Services : activités administratives, financières, commerciales et culturelles.

Résumé

L'Union européenne est une association d'États qui s'élargit et se renforce. C'est avant tout une construction économique. De nombreuses réalisations concrètes en témoignent (jumelages, échanges, PAC, Airbus, Ariane).

22 Un espace d'échanges et de coopération

L'Union européenne est la première puissance commerciale et le premier marché de consommation du monde. La construction européenne a favorisé la coopération de part et d'autre des frontières.

Fonder la paix sur les échanges

L'Union européenne est d'abord un **marché*** **commun** où les barrières douanières ont disparu. Près des deux tiers des échanges économiques se font entre les pays membres. Cette part augmente chaque fois que de nouveaux pays sont intégrés dans l'Union européenne. Avec la **monnaie unique** (**l'euro**), tous les obstacles monétaires ont disparu.

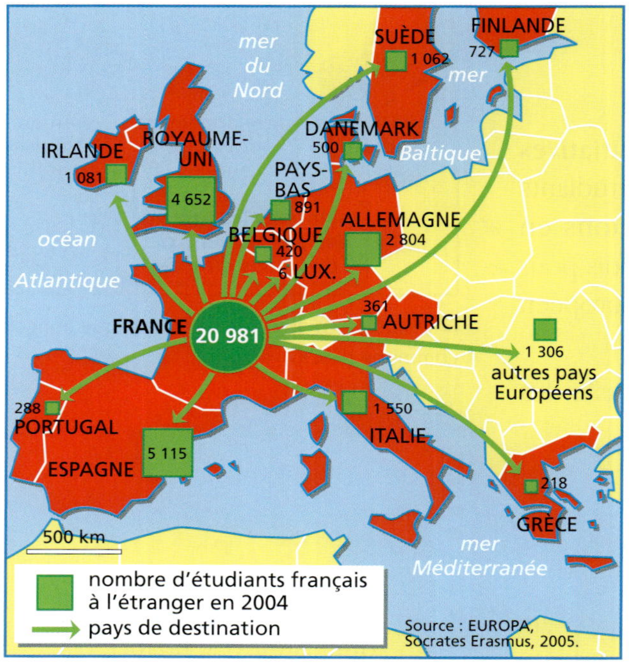

Doc. 1 : Les étudiants français du programme *Erasmus*.

Les échanges à l'intérieur de l'Union se font désormais dans tous les domaines. L'Union permet aux Européens de **circuler**, d'**étudier** (Doc. 1), de **travailler** et de **résider** au sein d'un même espace. Les **déplacements touristiques** sont en hausse constante.

Le sais-tu ?

Depuis la signature du traité d'Amsterdam en 1997, en cas de conflit entre nations, l'Union européenne doit essayer de définir une stratégie commune. Les pays de l'Union organisent des opérations de maintien de la paix et des actions humanitaires ou sanitaires dans le monde entier.

? Combien d'étudiants français sont-ils partis à l'étranger (Doc. 1) ?

? Cite les pays européens vers lesquels ils sont allés.

? Quelles sont les trois premières destinations de ces étudiants ?

Doc. 2 : Croquis du port de Rotterdam.

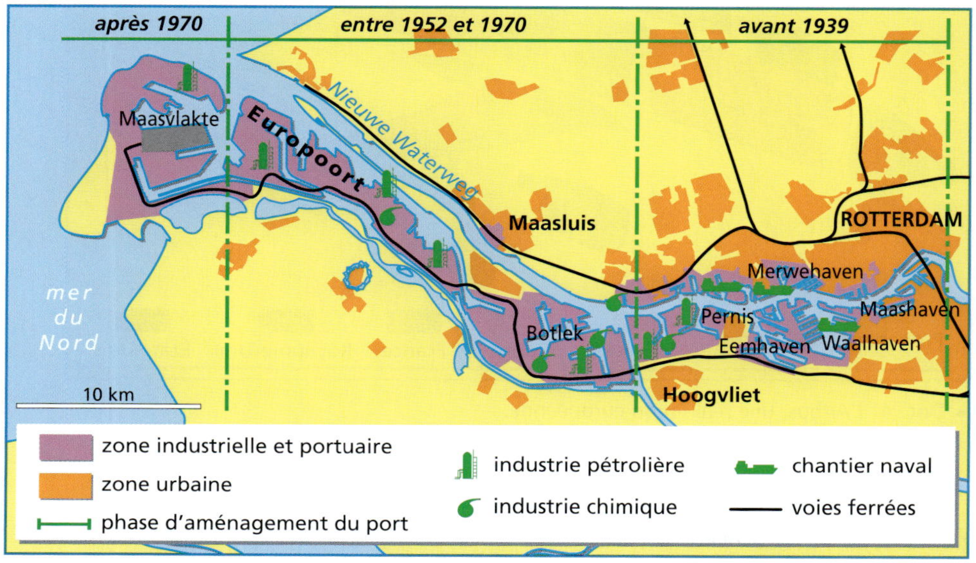

L'Union européenne au cœur des échanges mondiaux

L'Union européenne est **la première puissance commerciale de la planète** (Doc. 2 et 3). Elle assure près de la moitié du commerce mondial. Ses principaux partenaires sont les États-Unis, le Japon et la Suisse.

Elle vend dans le monde des machines-outils, du matériel de transport et des produits agroalimentaires. Elle importe des matières premières, des sources d'énergie (pétrole et gaz) et des produits tropicaux.

? Regarde le Doc. 2 page 144. Situe Rotterdam sur la carte de l'Europe au début de ton livre. Dans quel pays se trouve Rotterdam ? sur quelle mer ? au débouché de quel fleuve ?

? Nomme les différentes étapes de développement du port de Rotterdam (Doc. 2). Décris chaque étape.

? D'après toi, en quoi la situation géographique du port de Rotterdam explique-t-elle sa position de deuxième port de commerce du monde ?

Un espace de coopération

L'Union européenne a mis en place une **politique de solidarité entre les pays en aidant les régions les plus défavorisées**, en particulier le Sud et l'Est de l'Europe. Un organisme, le FEDER*, ainsi que des fonds spéciaux ont été créés pour **lutter contre les inégalités régionales**. Ils servent à financer des voies de communication, des équipements d'éducation et à aider les entreprises (Doc. 4).

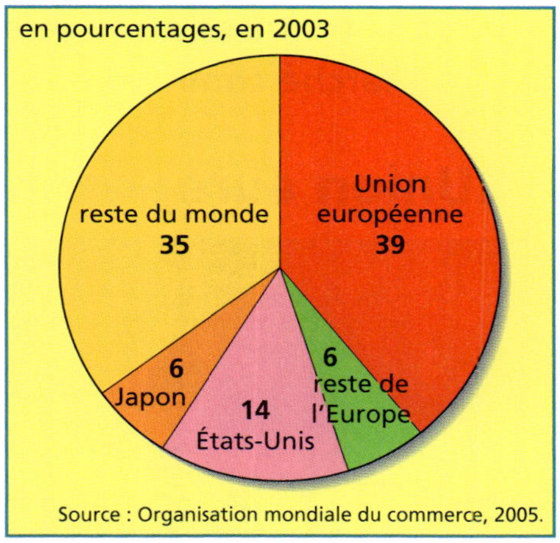

▲ Doc. 3 : L'Union européenne dans le commerce mondial.

? Compare la part de l'Union européenne et celle des autres pays dans le commerce mondial (Doc. 3).

◀ Doc. 4 : Un exemple de l'aide de l'Union européenne aux régions en difficulté.

? Par qui est financé ce projet dans une région défavorisée de la France (Doc. 4) ?

? À quel type de région s'adresse-t-il ?

? Quels aménagements sont-ils prévus ?

* Lexique

FEDER : Fonds européen de développement régional.

Marché commun : marché où les droits de douane ont été abolis.

Résumé

L'Union européenne est un espace d'échanges économiques et monétaires au sein duquel les hommes, les marchandises et les capitaux circulent librement. Elle est aussi un espace de coopération entre les États membres pour réduire les inégalités entre les régions.

23 Un espace attractif

L'Union européenne attire de nombreuses personnes : des touristes mais aussi des immigrés. Grand foyer de consommation, elle attire aussi les entreprises étrangères et des États qui souhaitent intégrer le Marché commun.

L'Union européenne attire les touristes…

▲ **Doc. 1 :** Venise, un haut lieu du tourisme (Italie).

Grâce à la richesse de son patrimoine historique et à la diversité de ses paysages, l'Union européenne est **la première destination touristique du monde**. La France, l'Italie (Doc. 1) et l'Espagne sont les trois premiers pôles touristiques mondiaux. Le nombre de touristes y dépasse celui des habitants à certains moments de l'année.

… les immigrés…

Parce qu'elle a un niveau de vie élevé, un rayonnement mondial et qu'elle jouit de libertés démocratiques, l'Union européenne constitue un **important foyer d'immigration***
(Doc. 2). Très importante dans les années 1950, l'immigration s'est ralentie depuis les années 1970 avec la montée du chômage qui a conduit les États à limiter les entrées.

Le sais-tu ?

Les jeunes nés en France de parents étrangers acquièrent la nationalité française à leur majorité : c'est le droit du sol. En Allemagne, où règne le droit du sang, les jeunes nés de parents étrangers ne peuvent pas acquérir la nationalité allemande.

? Décris le paysage (premier plan, second plan, arrière-plan) (Doc. 1).

? Cherche ce qui fait de cette ville un haut lieu du tourisme mondial.

▲ **Doc. 2 :** Les arrivées d'immigrés en Europe.

L'immigration en provenance des pays pauvres diminue, mais des **immigrés clandestins** à la recherche de travail, de sécurité et d'avantages sociaux entrent encore en Europe (Doc. 3).

? Regarde le Doc. 2 page 146. Quels sont les trois pays de l'Union européenne qui reçoivent le plus d'immigrés ?

? De quelles parties de l'Europe proviennent les immigrés européens ?

? D'où proviennent les immigrés qui arrivent de l'extérieur de l'Europe ?

Doc. 3 : Arrivée d'immigrants albanais en Italie.

? Comment arrivent ces immigrants (Doc. 3) ?

? À ton avis, que viennent-ils chercher dans l'Union européenne ?

... les entreprises et les États

L'Union européenne attire les capitaux étrangers et les entreprises car elle présente de nombreux avantages : une population nombreuse à haut niveau de vie qui représente un important marché, une main-d'œuvre très qualifiée, un bon réseau de transports et de télécommunications*.

De nombreux États ont récemment adhéré à l'Union européenne (10 nouveaux membres en 2005 et la Roumanie et la Bulgarie en 2007) et d'autres ont vu leur candidature refusée ou repoussée (Maroc, Turquie).

L'Union européenne a signé avec 12 États du Sud de la Méditerranée des **accords de coopération** pour édifier une zone de paix et de prospérité (Doc. 4).

L'espace économique européen

L'espace économique européen, créé en 1994, associe les États membres de l'Union européenne à trois pays : l'Islande, le Liechtenstein et la Norvège. L'UE a signé des accords avec la Suisse, des petits pays (Andorre, Monaco, Saint-Marin, le Vatican) et aussi des territoires (Île de Man, Jersey, Guernesey, les Îles Féroé).

D'après Wikipedia.

Doc. 4

? Cite les États, les pays et les territoires avec lesquels l'Union européenne a signé des accords économiques (Doc. 4).

? Situe-les sur un atlas.

* Lexique

Immigration : arrivée dans un pays de personnes nées à l'étranger.

Télécommunications : communications par satellite.

Résumé

L'Union européenne est un espace attractif pour les hommes : première destination touristique du monde, elle est aussi un important foyer d'immigration. Première puissance commerciale, elle attire les entreprises et les capitaux étrangers. De nombreux États souhaitent intégrer l'Union pour profiter de son marché et de sa prospérité.

24 Le rayonnement mondial de l'Union européenne

Les pays de l'Union européenne exercent une influence dans le monde dans les domaines scientifique et culturel. Ils font entendre leur voix dans les instances internationales.

Un rayonnement* scientifique mondial

L'Union européenne consacre une partie de ses revenus à la **recherche scientifique**. Elle réalise de grands projets, en particulier dans la **recherche spatiale**. Avec la fusée Ariane (Doc. 1), elle a acquis la première place mondiale des lancements de satellites commerciaux.

? Quels sont les États de l'Union européenne qui contribuent à la construction d'Ariane V (Doc. 1) ? Tu peux t'aider de la carte de l'Union européenne au début de ton livre.

? La participation de la France dans la construction de la fusée est-elle importante ? Pourquoi ?

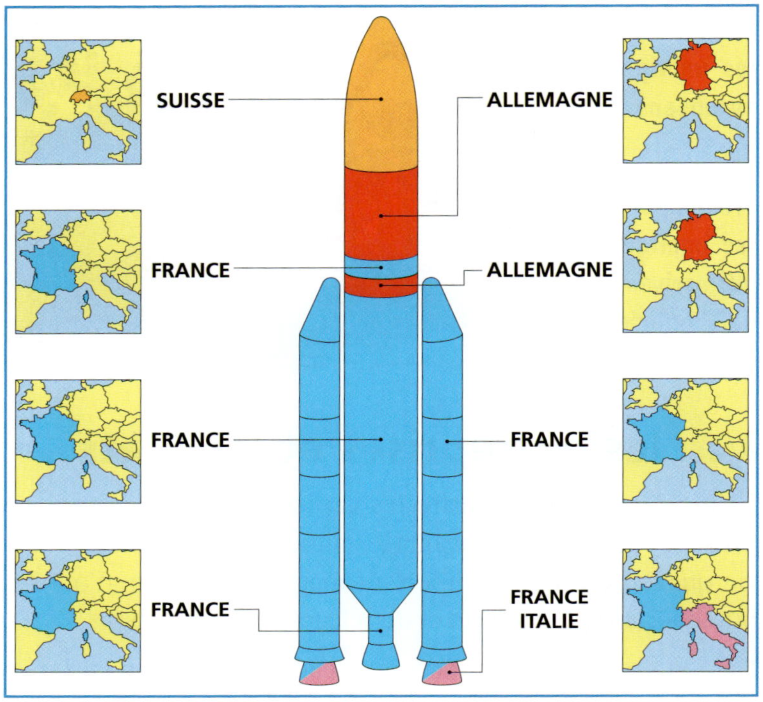

Doc. 1 : Ariane V et ses principaux constructeurs.

Doc. 2 : L'Année de la France en Chine en 2005.

Un rayonnement culturel mondial

Du XVe au XIXe siècle, l'Europe a dominé et peuplé une grande partie du monde. **L'anglais, l'espagnol et le français sont des langues internationales**. Aujourd'hui, la presse, les livres, la radio et la télévision permettent aux États de l'Union européenne d'être **présents sur tous les continents** (Doc. 2). TV5, première chaîne mondiale de télévision en français, est relayée dans plus de 203 pays et territoires dans le monde.

Avec ses universités et ses chercheurs, ses musées et ses artistes, ses bibliothèques et ses écrivains, l'Union européenne constitue **le plus important centre culturel des pays industrialisés**.

? À quoi vois-tu que cette photo a été prise en Chine (Doc. 2) ?

? Qui est le personnage représenté sur l'affiche ?

? Que signifie cet événement pour l'Europe ?

Un rayonnement politique mondial

L'Union européenne est en partie composée d'États qui ont longtemps dominé le monde. Il reste des liens de ce passé : le Royaume-Uni est présent dans le Commonwealth* et la France en Afrique.

Aujourd'hui, **le G8** (le Groupe des 8 pays les plus industrialisés du monde) **compte quatre États de l'Union européenne**. Le Royaume-Uni et la France sont des **membres permanents du Conseil de sécurité de l'ONU** et **possèdent la bombe atomique**. Mais l'Union européenne n'a pas de politique étrangère commune.

L'Union européenne mène des **actions humanitaires** partout dans le monde grâce à ses ONG*. Elle participe régulièrement à l'envoi de secours d'urgence lors de catastrophes naturelles ou de conflits militaires (Doc. 3).

Doc. 3 : L'aide alimentaire en Somalie en 1992.

? À quoi vois-tu que les colis proviennent de l'Union européenne (Doc. 3) ?

? Quelles personnes attendent l'aide ?

? D'après toi, quels types de produits ont été envoyés ?

Le sais-tu ?

Depuis le début du XXe siècle, les pays de l'Union européenne se partagent les Prix Nobel de chimie, de littérature, de médecine et de physique avec les États-Unis.

* Lexique

Commonwealth : ensemble des pays qui faisaient partie de l'Empire colonial britannique et qui sont restés en lien politique et économique avec le Royaume-Uni (Canada, Australie, etc.).

ONG : organisation non gouvernementale.

Rayonnement : influence que peut exercer un pays ou un groupe de pays dans le monde.

Résumé

Le rayonnement scientifique et culturel de l'Union européenne dans le monde est très important. L'Union européenne, dont certains membres sont présents sur la scène internationale (G8, Conseil de sécurité de l'ONU), privilégie également l'aide humanitaire et alimentaire aux pays en voie de développement.

Je vis... EN SUÈDE

Je vis en Suède, l'ancien pays des Vikings, qui se trouve à la périphérie de l'Europe. Viens avec moi, je te fais visiter ma région.

Je vis dans le cœur de la Suède

Je vis en Délécarlie, au centre du pays. La Suède s'étend du Nord au Sud sur 1 574 km. En suédois, *Délécarlie* signifie « les Vallées ». C'est ici que commence la chaîne des fjälls (« montagnes ») qui s'étend jusqu'en Laponie.

Dans ma région, c'est la nature qui domine, avec des cascades, des forêts, des lacs et des rivières. La population est peu nombreuse et la nature sauvage, ensorcelante. Je regarde une photographie que j'ai prise de ma région (Doc. 1).

Le sais-tu ?

Avec 3,5 millions d'hectares, la Suède conserve le plus grand massif forestier d'Europe qui recouvre plus de la moitié du pays.

Doc. 1 : Paysage de Délécarlie.

? **Je décris le paysage** (Doc. 1).

? **J'explique en quoi sont faites les maisons.**

? **J'écris une phrase sur l'occupation humaine en choisissant dans les adjectifs suivants : dense, clairsemé, regroupé, dispersé, serré, lâche.**

Mon père travaille dans une scierie

En Suède, la forêt est une ressource majeure. D'ailleurs, mon père travaille à la scierie, dont voici une photo (Doc. 2). Mon père m'explique ce qu'on fait avec le bois (Doc. 3).

Doc. 2 : La scierie où travaille mon père.

L'or vert de la Suède

Inestimable trésor écologique, la forêt suédoise est aussi une importante source de profit pour l'économie du pays. Plus de 50 millions de m^3 de bois sont produits chaque année. [...] Le bois coupé est transformé en cellulose et en pâte qui entre dans la composition des papiers et cartons, dont la Suède est le premier producteur européen.

« Guide Bleu Évasion », *La Suède*, Hachette, 2004.

▲ Doc. 3

Je décris la scierie où travaille mon père (Doc. 2).

J'explique en quoi va être transformé le bois que mon père a coupé à la scierie (Doc. 3).

LE COIN DU GÉOGRAPHE

Mon pays s'étend sur 450 000 km². Il est presque aussi grand que le tien (550 000 km²). Mais le tien compte 62 millions d'habitants alors que le mien n'en compte que 9, comme la population de l'Île-de-France ! Et Stockholm, la capitale, rassemble à elle seule 2 millions d'habitants. Il en reste peu pour le reste du pays !

Je calcule le nombre d'habitants par km² en Suède.

Je compare avec la densité de la France qui est de 106 habitants par km².

Si je retire la population de la capitale de la population de la Suède, quelle est la densité moyenne du pays en dehors de la capitale ?

Je vis dans un environnement protégé

Pendant les vacances, j'aime faire de grandes balades en forêt. Nous allons ramasser des baies et des champignons sauvages. On peut voir des ours, des élans et des lynx car la faune et la flore sont bien protégées. Voici une photo que j'ai prise lors d'une de mes promenades (Doc. 4).

▲ Doc. 4 : Dans la forêt.

Je décris le paysage (Doc. 4).

Je nomme l'animal que l'on voit sur la photo.

J'indique dans quel climat on le trouve.

Je vis de longs hivers

Ici, il est facile de définir les saisons : quand la température moyenne est inférieure à 0 °C, c'est l'hiver et il fait nuit très tôt dans l'après-midi. Dans le Nord du pays, où je vais passer Noël, la nuit dure environ 8 semaines en hiver ! Lorsque la température est supérieure à 10 °C, c'est l'été et le jour est très long. Au mois de juin, on peut lire dehors à 3 heures du matin… C'est ce qu'on appelle « le soleil de minuit ». Nos nuits sont vraiment magiques.

Venez me voir en juin à la fête de la Saint-Jean, qui marque le triomphe de la lumière. On dansera toute la nuit autour des mâts décorés de fleurs !

26 La société française

La société française est en pleine mutation du point de vue des modes de vie, de la famille et de l'emploi.

Une société de pays riche

La France est classée par l'ONU **parmi les pays les plus développés** du monde. Ses niveaux de santé, d'instruction et de revenus sont très élevés. **Le niveau de vie des Français est un des plus élevés de la planète** (Doc. 1). La protection sociale est très importante et la scolarité de plus en plus longue.

La société française

La France, dans toutes les parties de son territoire, est devenue accessible à tous les Français [...]. Par la force des médias, par le raccourcissement des distances, les uns et les autres adoptent les mêmes modes, portent les mêmes vêtements, s'alignent sur les mêmes habitudes alimentaires, consomment les mêmes produits standardisés, produisent la même culture.

A. Frémont, *France, Géographie d'une société*, © Éditions Flammarion, 1988.

▲ Doc. 1

Le sais-tu ?

En 20 ans, le nombre de mariages a diminué de moitié, le nombre de divorces a été multiplié par 3 et le nombre de couples non mariés a doublé.

? De quelle manière évoluent les modes de vie des Français (Doc. 1) ?

? Quels sont les facteurs qui ont amené les Français à adopter le même mode de vie ?

Une société en mutation

Depuis la fin des années 1980, on voit apparaître un fort accroissement du temps libre des Français, qui s'explique par la réduction du temps de travail (RTT).

Le nombre des actifs* augmente régulièrement (27,1 millions). Les femmes représentent près de la moitié des actifs. Les deux tiers de la population sont employés dans les services. L'agriculture occupe moins de 5 % de la population et l'industrie a perdu de nombreux emplois (Doc. 2).

La famille évolue avec l'augmentation des familles monoparentales* et recomposées*. L'espérance de vie ne cesse d'augmenter : **un Français sur cinq a plus de 60 ans**, ce qui pose le problème des dépenses de santé et des retraites.

? Comment a évolué la population active totale depuis 1975 (Doc. 2) ?

? Quelles activités ont perdu des emplois ?

? Quel est le secteur d'activités dominant ?

? À partir de quelle date y a-t-il eu les plus grands changements ?

	1975	1985	2003
POPULATION ACTIVE TOTALE (EN MILLIONS)	22,3	24,1	27,1
NOMBRE D'AGRICULTEURS (POUR 100 HABITANTS)	10,5	8,2	4,4
NOMBRE D'ACTIFS TRAVAILLANT DANS L'INDUSTRIE (POUR 100 HABITANTS)	37,6	32,3	23,4
NOMBRE D'ACTIFS TRAVAILLANT DANS LES SERVICES (POUR 100 HABITANTS)	51,9	59,4	72,2
TAUX D'ACTIVITÉ DES HOMMES (EN %)	72,4	67,7	62,3
TAUX D'ACTIVITÉ DES FEMMES (EN %)	42,1	45,4	48,9

▲ Doc. 2 : L'évolution de la population active.

L'immigration*

Après la Seconde Guerre mondiale, la France a accueilli de nombreux travailleurs étrangers qui ont aussi contribué à maintenir la natalité française (Doc. 3 et 4). Près de **4 millions d'étrangers** vivent en France contre 2 millions de Français à l'étranger. Mais depuis 1974, la France **interdit l'immigration** et rejette les demandes* d'asile politique.

FRANÇAIS ORIGINAIRES DE LA MÉTROPOLE	FRANÇAIS ORIGINAIRES DES DOM-TOM	FRANÇAIS ISSUS DE L'IMMIGRATION
10	5	7

▲ Doc. 3 : Les 22 joueurs français champions du monde de football en 1998.

▲ Doc. 4

? En quoi l'équipe de France de football de 1998 montre-t-elle l'ouverture de la France au monde (Doc. 3 et 4) ?

? En quoi illustre-t-elle la tradition d'accueil de la France ?

Une société fragilisée

Depuis le milieu des années 1970, la société française s'est fragilisée avec **le développement du chômage**. La **pauvreté** s'est développée. Il se produit parfois des explosions de violence dans les quartiers les plus déshérités.

Les différents gouvernements ont pris des mesures pour **lutter contre l'exclusion** : création du RMI*, développement des associations humanitaires (Restos du cœur (Doc. 5), Secours catholique, Secours populaire, Chiffonniers d'Emmaüs…).

? À qui les Restos du cœur viennent-ils en aide (Doc. 5) ?

? Connais-tu d'autres exemples d'aide aux plus démunis ?

▲ Doc. 5 : Les Restos du cœur créés en 1985 par Coluche.

* Lexique

Actif : personne qui a un emploi ou qui recherche un emploi.

Demande d'asile politique : demande d'asile faite par une personne persécutée pour ses idées dans son pays d'origine.

Famille monoparentale : famille avec un seul parent.

Famille recomposée : famille formée d'enfants qui ne sont pas du même père ou de la même mère.

Immigration : arrivée dans un pays de personnes nées à l'étranger.

RMI : revenu minimum d'insertion.

Résumé

La population française n'a cessé d'évoluer et de se transformer. Mais une partie de la population est exclue de cette richesse.

27 Le réseau urbain français

Le réseau urbain français est dominé par Paris. Dans aucun autre pays européen il n'existe une telle différence entre la capitale et les autres grandes agglomérations*.

Un réseau urbain déséquilibré

Un **réseau* urbain** est constitué de deux éléments : **les villes et les liens qui les relient**. Entre les villes circulent des personnes, des marchandises, des capitaux et de l'information. Un réseau urbain se présente comme une pyramide, depuis la capitale jusqu'aux toutes petites villes.

Le réseau urbain français se caractérise par son **déséquilibre** et la **suprématie de Paris** (près de 10 millions d'habitants). L'agglomération parisienne est à l'origine de tous les grands axes de circulation. Elle concentre la moitié des emplois qualifiés et tous les pouvoirs (Doc. 1). **Son influence couvre tout le territoire français.**

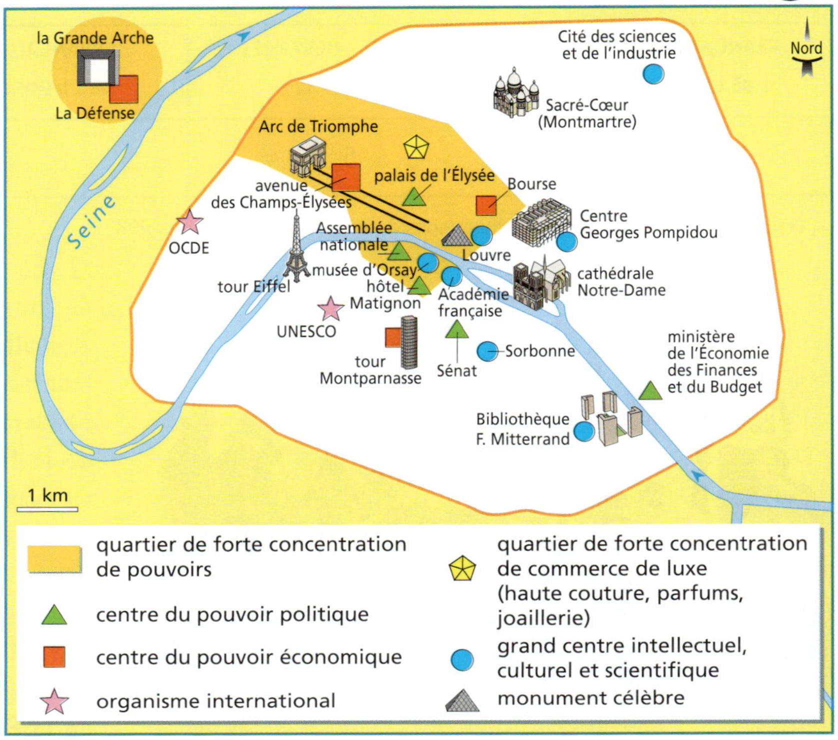

Doc. 1 : Paris, centre de tous les pouvoirs.

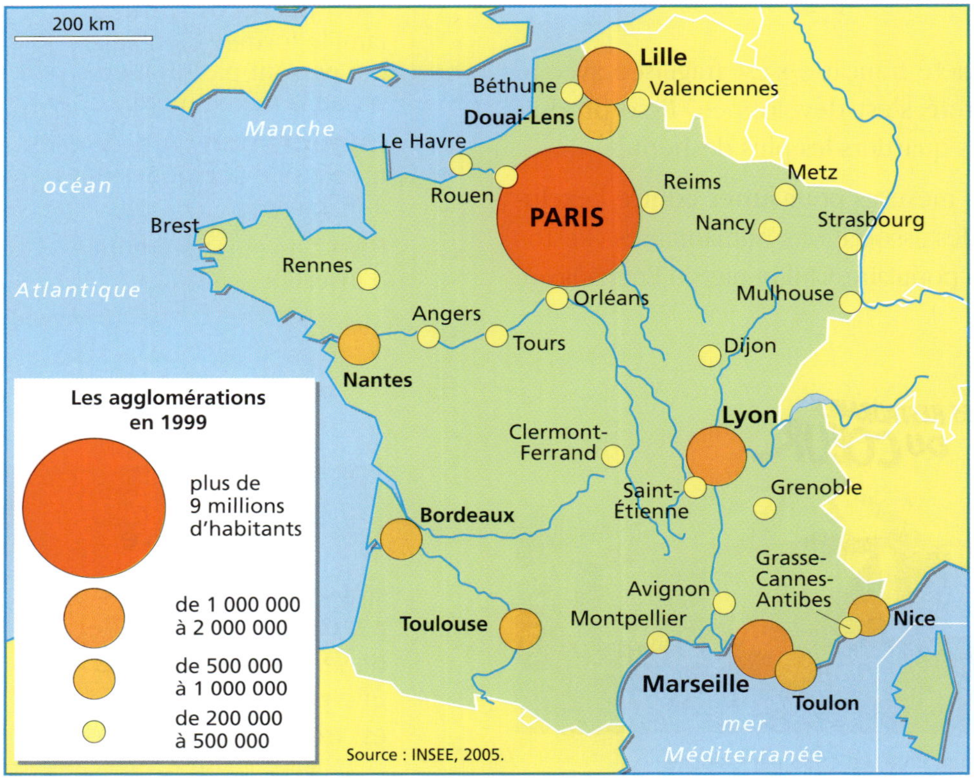

? **Quels pouvoirs sont concentrés dans Paris (Doc. 1) ?**

? **Recherche un élément qui montre que l'influence de Paris s'étend au monde entier.**

Un réseau urbain hiérarchisé

Paris est la seule métropole française qui compte presque 10 millions d'habitants. Seules 3 agglomérations comptent plus de 1 million d'habitants (Lyon, Marseille et Lille) mais restent sous les 2 millions.

Doc. 2 : Les grandes agglomérations françaises.

L'influence écrasante de Paris n'a permis aux grandes métropoles* de se développer qu'à la périphérie du territoire (Lille, Strasbourg, Lyon, Grenoble, Marseille, Nice, Toulouse, Bordeaux, Nantes) (Doc. 2). Les petites villes et les villes moyennes sont nombreuses.

? **Regarde le Doc. 2 page 154.**
Où l'écart de population est-il le plus grand : entre Paris et Lyon ou entre Lyon et Avignon ?

? **Combien de villes de la taille de Lyon, Lille ou Marseille pourrait-on faire entrer dans Paris ?**

Des réseaux urbains régionaux

Plus une ville est importante, plus elle offre des services spécialisés. C'est le cas pour l'enseignement (université, lycée, collège, école élémentaire), l'administration, la santé, la banque.

Certaines villes ont des **zones* d'influence** très vastes : Paris dans le Bassin parisien, Bordeaux en Aquitaine et Toulouse en Midi-Pyrénées. Dans le Nord et l'Ouest, de grandes villes comme Lille ou Nantes ont des zones d'influence de faible étendue car elles sont proches d'autres villes (Doc. 3). De vastes zones (Massif central) restent sous-équipées.

? **Repère ta région, ta ville ou la ville la plus proche** (Doc. 3).

Doc. 3 : Le rayonnement régional des villes françaises.

? **Regarde jusqu'où s'étend la zone d'influence de ta capitale régionale.**

? **Indique dans quel réseau urbain tu te trouves.**

Le sais-tu ?

Paris est la première agglomération de l'Europe de l'Ouest devant Londres par sa population.
Lyon, la deuxième ville française, n'est que vingtième en Europe.

* Lexique

Agglomération : une ville et ses banlieues.

Métropole : très grande agglomération.

Réseau urbain : ensemble de villes et de voies de communication.

Zone d'influence d'une ville : partie du territoire dépendant de la ville pour les services et les achats.

Résumé

Les villes françaises s'organisent en réseau : d'abord les petites villes, les villes moyennes, puis les grandes villes ou métropoles régionales, et enfin Paris.
En France, le réseau urbain est déséquilibré au profit de Paris qui concentre tous les pouvoirs.

28 Je vis… À DÉMOUVILLE

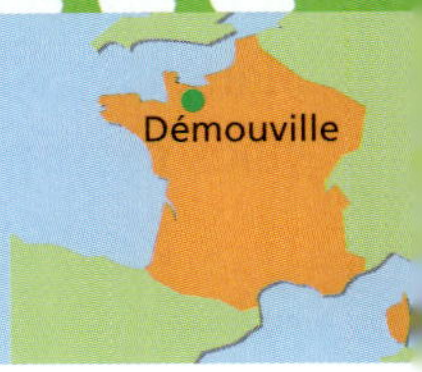

Je vis à Démouville, un village de la grande banlieue de Caen. Il paraît que c'était en pleine campagne il y a quelques années. Aujourd'hui, c'est presque une ville !

J'habite dans un lotissement

J'habite dans un lotissement en bordure du village. Tous les lotissements se ressemblent : les maisons et leur petit jardin sont bien alignés le long des voies d'accès. Mon oncle fait de l'ULM. Il a pris une photo de mon lotissement vu du ciel (Doc. 1) !

▲ Doc. 1 : Mon lotissement.

Le sais-tu ?

Depuis 1980, les distances entre le domicile et le lieu de travail ont augmenté de moitié.
Un Français sur deux travaille dans une commune et vit dans une autre.

Toujours en mouvement

Tous les jours, mes parents vont travailler à Caen en voiture et ne rentrent que le soir. Ils sont souvent coincés dans les embouteillages.

Une voisine nous emmène à l'école, ma sœur et moi. L'an prochain, je prendrai le bus pour aller le matin au collège et pour revenir le soir. C'est ce qu'on appelle « des mouvements pendulaires ». Nous effectuons des trajets régulièrement (Doc. 2).

- **Je décris mon lotissement** (Doc. 1).
- **Je fais un croquis de mon lotissement** (Doc. 1).
- **J'indique le trajet et les routes que doivent prendre mes parents pour aller de Démouville à Caen** (Doc. 2).
- **J'indique le trajet que nous empruntons pour aller au supermarché à Mondeville.**

▼ Doc. 2 : Un extrait de la carte IGN de Caen en 1997 (échelle : 1/50 000 = 1 cm pour 500 m).

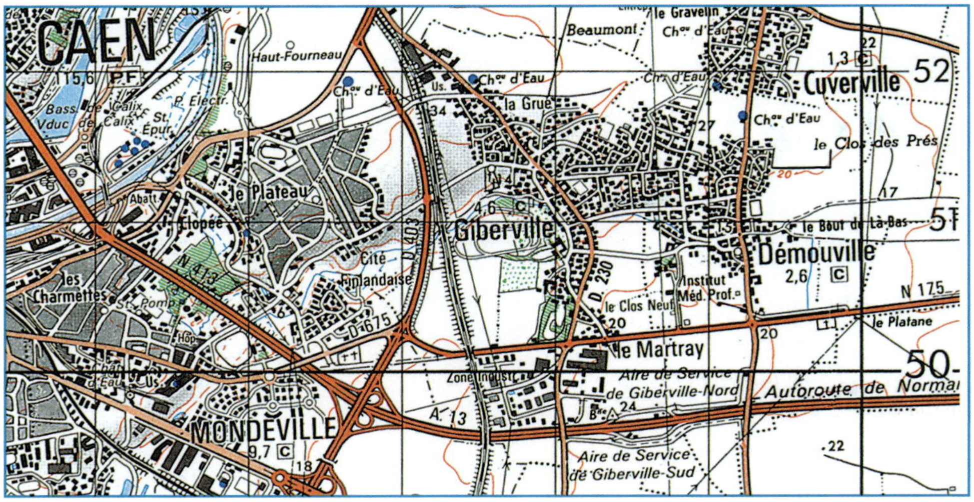

LE COIN DU GÉOGRAPHE

La maîtresse nous a montré une carte de Démouville d'il y a 30 ans (Doc. 3). Tout a changé. Notre village était tout petit. Il n'y avait que 1 000 habitants et maintenant nous sommes plus de 3 000 ! Et puis les gens avaient des fermes. Un vieux paysan est venu nous l'expliquer à l'école. Maintenant, il n'y a plus que 3 agriculteurs. Le reste de la population va travailler à Caen.

? Je compare cette carte (Doc. 3) avec celle d'aujourd'hui (Doc. 2).

? Je décris tout ce qui a changé.

? Je dessine sur un papier calque les nouvelles voies de communication, l'agrandissement des villages et de la ville de Caen.

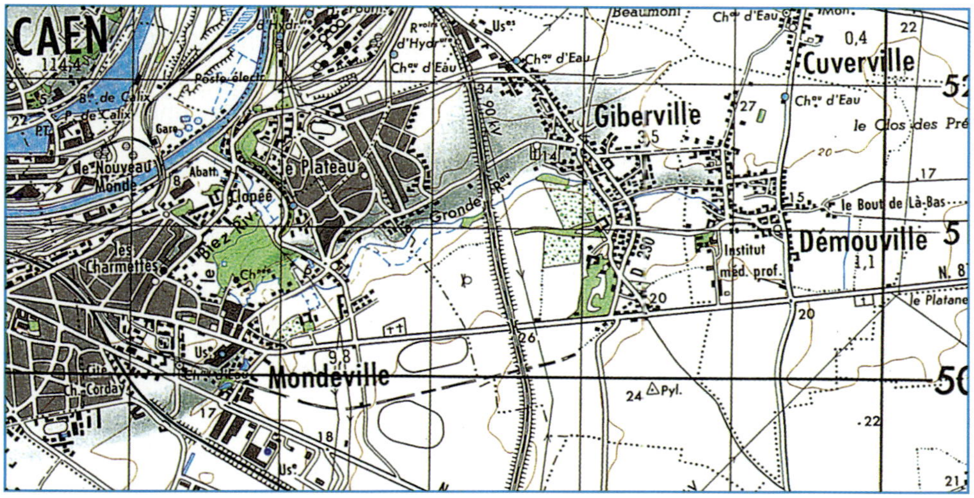

◀ Doc. 3 : Extrait de la carte IGN de Caen de 1969 (échelle : 1/50 000 = 1 cm pour 500 m).

La commune s'agrandit toujours

La population de ma commune est jeune. Je suis né en 1995. J'ai recherché comment la population de Démouville a évolué depuis 1968 (Doc. 4).

? J'indique jusqu'à quelle date la population de Démouville a augmenté en raison de l'arrivée de nouvelles personnes (Doc. 4).

? Je précise à quoi est due aujourd'hui l'augmentation de la population.

ANNÉES	POPULATION TOTALE	AUGMENTATION TOTALE	AUGMENTATION DUE AUX NAISSANCES	AUGMENTATION DUE À L'ARRIVÉE DE NOUVEAUX HABITANTS
1968	1 045			
1975	1 373	328	79	249
1982	2 165	792	99	693
1990	2 495	330	169	161
1999	3 056	557	115	442

▲ Doc. 4 : L'évolution de la population de ma commune.

Selon toi, le paysage est-il rural ou urbain ? Pour moi, ni l'un ni l'autre ou un peu des deux. Aussi j'ai fabriqué un mot bizarre : « rurbain » ! c'est-à-dire rural et urbain !

29 Les espaces agricoles

Les agriculteurs sont de moins en moins nombreux dans les campagnes. Des citadins s'y installent plus fréquemment pour y vivre.

Des campagnes spécialisées

La diversité du climat et du relief explique la **variété des productions** (Doc. 1).

- Le Bassin parisien et les plaines du Nord de la France sont des régions de grandes cultures céréalières (blé, maïs) et de betterave à sucre.
- L'Ouest de la France est une région d'élevage de bovins pour la production de lait et de viande, d'élevage de volailles hors-sol* et de porcs dans des bâtiments spécialisés.
- Les vallées irriguées du Rhône, de la Garonne, du Val de Loire et le Roussillon sont spécialisés dans la culture des fruits et légumes.
- Les régions où l'on cultive la vigne sont très diverses (Champagne, Bordeaux, Bourgogne, Val de Loire, Midi méditerranéen).

Le sais-tu ?

Chaque année, l'agriculture française utilise 3 000 000 de tonnes d'engrais, 45 000 tonnes de fongicides contre les champignons, 30 000 tonnes d'herbicides contre les mauvaises herbes et 10 000 tonnes d'insecticides.

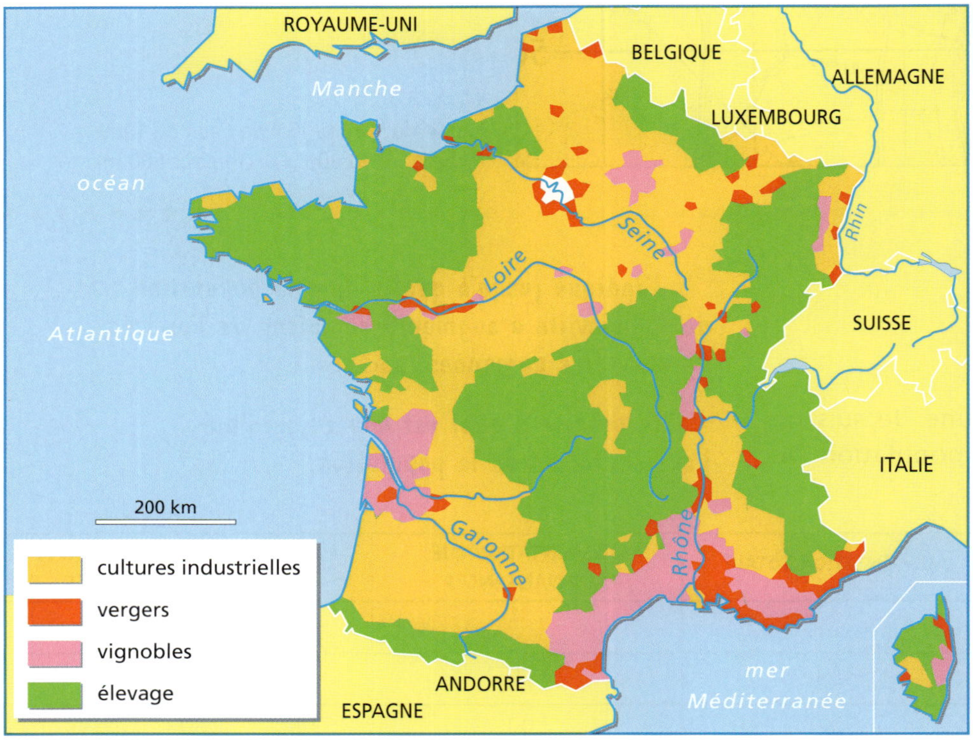

Doc. 1 : Les principales cultures en France.

? **Localise les principales cultures sur la carte** (Doc. 1).

? **Où trouve-t-on de l'élevage ?**

? **Quelles sont les principales cultures de la région méditerranéenne ? Pourquoi ?**

? **Où se situent les grandes cultures industrielles ?**

Une France agricole prospère

La France est le **premier pays agricole d'Europe** et le **deuxième exportateur mondial de produits agricoles**, derrière les États-Unis. Elle cumule les premières places européennes pour les productions de blé, de maïs, de betterave à sucre, de vin, de viande bovine et la production avicole.

Les rendements* sont élevés, la mécanisation généralisée, l'utilisation d'engrais et de pesticides massive (Doc. 2).

Les agriculteurs ont souvent choisi de produire toujours plus, ce qui a amené trop de produits sur le marché et a fait baisser les prix agricoles. Aujourd'hui, les agriculteurs cherchent à développer la qualité et se tournent vers de nouvelles activités comme le tourisme vert (Doc. 3).

Doc. 2 : Une très grande exploitation céréalière en Beauce.

Doc. 3 : Une ferme-auberge.

? **De quelle culture s'agit-il** (Doc. 2) **?**

? **Comment peux-tu caractériser cette agriculture ?**

? **D'après toi, pourquoi cet agriculteur a-t-il ouvert une ferme-auberge** (Doc. 3) **?**

Une France agricole en difficulté

Les **exploitations agricoles traditionnelles**, surtout dans le Sud et l'Est de la France, sont **en difficulté**. Certaines régions, comme celles de moyenne montagne (Auvergne, Alpes du Sud, Corse), sont abandonnées (Doc. 4). Elles deviennent des **friches***. La disparition de l'agriculture contribue à la **progression de la forêt** qui couvre un quart du territoire français et qui est la plus étendue d'Europe après celle de la Scandinavie.

Doc. 4 : Une ferme abandonnée.

? **Compare cette photo** (Doc. 4) **avec les** Doc. 2 et 3.

? **Peux-tu imaginer pourquoi cette ferme a été abandonnée** (Doc. 4) **?**

* Lexique

Élevage hors-sol : les animaux sont élevés dans des espaces fermés et nourris avec des aliments industriels.

Friche : espace autrefois cultivé et abandonné.

Rendement : quantité de céréales ou d'autres cultures produite sur un hectare de terre.

Résumé

L'agriculture française est très prospère : elle est la première d'Europe. Mais face à des régions de plus en plus spécialisées et aux rendements élevés, une France agricole en difficulté voit disparaître ses exploitations traditionnelles.

30 Les espaces industriels

La France est une puissance industrielle ancienne. Les activités industrielles ont profondément marqué son territoire.

Les régions industrielles

Les régions industrielles sont de plusieurs types (Doc. 1).

- L'Île-de-France est la première région industrielle regroupée autour de Paris. Elle présente une grande variété d'industries : métallurgie, automobile, industrie de luxe, aérospatiale, technologie* de pointe.
- La région Rhône-Alpes est au deuxième rang, le long du Rhône (le couloir de la chimie) et autour de Lyon et des grandes villes (nucléaire, chimie, métallurgie, technologie de pointe).
- Le Nord et l'Est se désindustrialisent*. Leur activité industrielle, autrefois fondée sur le charbon et l'acier, doit se reconvertir vers d'autres activités. L'Alsace, qui bénéficie de sa situation de frontière, est active.
- L'Ouest et le Sud, moins marqués par l'industrie ancienne, connaissent un développement industriel : l'Ouest a bénéficié de la décentralisation*, les régions du Sud sont récemment devenues dynamiques avec le développement des technopôles*.

Le sais-tu ?

Édouard Michelin inventa en 1891, à Clermont-Ferrand, le pneumatique démontable pour les bicyclettes, adapté en 1894 aux automobiles. Cette entreprise familiale est devenue dans les années 1970 une multinationale avec des usines et des centres de recherche en Amérique du Nord et en Asie.

? Cite les deux plus grandes villes industrielles (Doc. 1).

? Nomme trois fleuves qui ont favorisé le développement de l'industrie.

? Où se situent les technopôles en France ?

Doc. 1 : Les régions et les villes industrielles en France.

Les localisations industrielles

Depuis le XIXe siècle, **l'industrie est liée à la ville**, marché de main-d'œuvre et de consommation. Les grandes villes sont aujourd'hui les plus attractives.

Les sites industriels ont souvent été choisis en fonction des conditions de transport : **les grands axes de communication** (vallée du Rhône, basse Seine) et **les carrefours** (Lyon, Paris) sont les sites les plus recherchés par l'industrie (Doc. 2).

Doc. 2 : La zone industrialo-portuaire de Fos-sur-Mer.

? À quoi servent les cuves (Doc. 2) ?

? Quel grand axe de communication relie Fos-sur-Mer à l'Europe ?

Une grande puissance industrielle

La France est la **deuxième puissance industrielle de l'Europe** après l'Allemagne et **la quatrième mondiale**. Ses points forts sont le matériel de transport (automobile, TGV, aérospatiale), les industries de luxe, l'armement et le nucléaire. Ces activités sont largement **exportatrices** et **liées à la recherche** (Doc. 3). Elles favorisent la **création de technopôles**.

En revanche, les vieilles industries (sidérurgie, textile, construction navale) sont en déclin et la **reconversion*** vers de nouvelles activités tente de maintenir les emplois.

Doc. 3 : Une industrie de pointe.

? Quel type d'industrie observes-tu sur le Doc. 3 ?

? Écris une ou deux phrases pour caractériser le travail dans une industrie de pointe. Emploie les mots suivants : recherche, laboratoire, scientifique, haute technologie.

* Lexique

Décentralisation : politique favorisant l'implantation d'entreprises dans des zones qui jusque-là n'en avaient pas.

Désindustrialisation : baisse du nombre d'emplois dans les entreprises industrielles d'un pays.

Reconversion industrielle : activités industrielles qui remplacent d'anciennes productions.

Technologie de pointe : ensemble de savoirs et de pratiques scientifiques de haut niveau.

Technopôle : espace aménagé pour accueillir des entreprises de haute technologie.

Résumé

L'Île-de-France et la région Rhône-Alpes sont les deux premières régions industrielles françaises. Le Nord et l'Est sont en déclin mais l'Ouest et le Sud se développent. La France est la deuxième puissance industrielle européenne. Ses points forts sont le matériel de transport, le nucléaire et les industries de pointe.

Je vis... DANS LA VALLÉE

J'habite dans un grand ensemble de la banlieue de Rouen, en Normandie, sur la rive sud de la Seine, à proximité des usines de pétrochimie. C'est une région très active.

Je vis dans une vallée industrielle

Mon père travaille à l'usine ELF Atochem à Grand Quevilly, dans la pétrochimie. Tout le long de la Seine se succèdent des usines de construction électrique et de construction automobile. Le plus impressionnant, ce sont les usines de raffinage du pétrole (Doc. 1).

Doc. 1 : Raffinerie de pétrole en bordure de Seine.

Le sais-tu ?

À son embouchure, la Seine doit évacuer les rejets de 40 % de l'industrie nationale et de 20 millions d'habitants. C'est l'estuaire le plus pollué de France.

? Je situe la basse Seine sur le Doc. 2.

? Je décris ce paysage industriel (Doc. 1).

? Je pose un papier calque sur le Doc. 1 et je fais un croquis : je place la Seine, les autres voies de communication, la raffinerie et les cuves de stockage du pétrole.

Je vis sur un axe majeur

La basse vallée de la Seine a toujours été un axe de circulation : même les Vikings l'ont empruntée ! Actuellement, elle voit passer le trafic fluvial le plus important de France. J'ai réalisé une carte de ma vallée pour vous expliquer son rôle industriel (Doc. 2).

? J'indique sur quelle mer débouche la Seine (Doc. 2).

? J'explique à proximité de quelle grande concentration urbaine et de quel grand marché de consommation se situe la basse Seine.

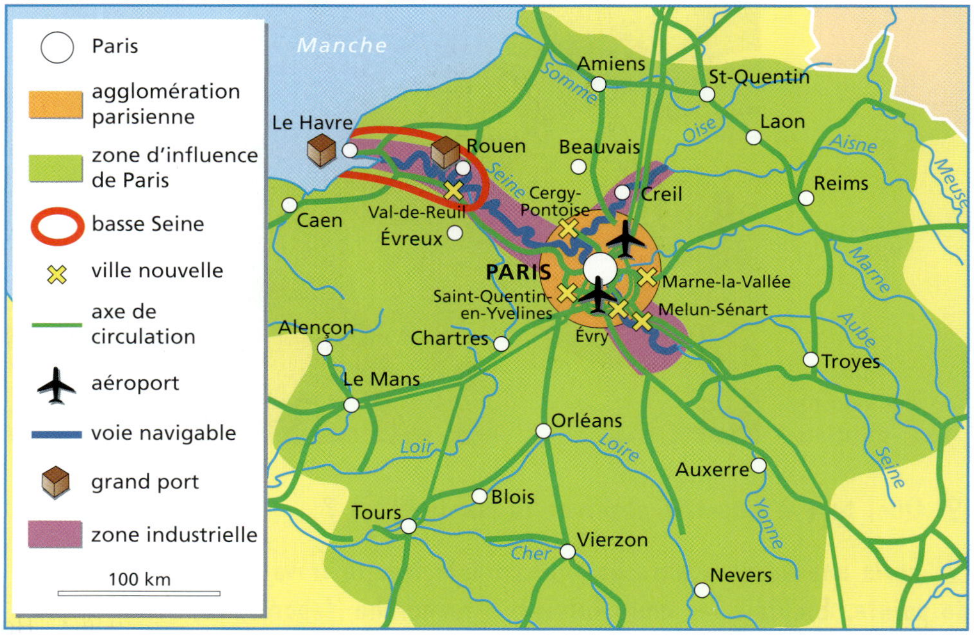

Doc. 2 : La basse vallée de la Seine.

DE LA SEINE

LE COIN DU GÉOGRAPHE

La Seine est parcourue de barges. Ce sont de grosses péniches qui transportent des produits et des marchandises. J'ai recherché ce qu'elles transportent (Doc. 3).

Tableau 1

PORT DU HAVRE	ENTRÉES	SORTIES
Pétrole brut	34 000 000 tonnes	
Pétrole raffiné		3 500 000 tonnes
Charbon	4 500 000 tonnes	

Tableau 2

PORT DE ROUEN	ENTRÉES	SORTIES
Produits pétroliers	3 500 000 tonnes	
Charbon	700 000 tonnes	
Phosphates	700 000 tonnes	
Céréales		9 000 000 tonnes

▲ Doc. 3 : Les entrées et les sorties des ports du Havre et de Rouen.

? **Je regarde le Tableau 1 et je dis si le port du Havre fait plutôt entrer ou sortir des marchandises.**

? **J'essaie de trouver l'activité dominante du port du Havre (Tableau 1).**

? **Je fais le même travail pour le port de Rouen (Tableau 2).**

? **Je dis quelle est la grande exportation du port de Rouen (Tableau 2).**

Je vis dans un estuaire

Plus d'un million de personnes vivent entre Rouen et Le Havre, un port à deux têtes ! Rouen est le port fluvial et Le Havre est tourné vers le grand large. Nous sommes allés visiter le port du Havre avec la classe. Voici une carte postale aérienne du port (Doc. 4).

▲ Doc. 4 : Le port du Havre.

? **Je décris le paysage (Doc. 4).**

? **J'indique la fonction des bassins portuaires situés au premier plan.**

? **Je précise la fonction de la partie du port située en haut à droite de la photo.**

Il n'y a pas que l'industrie dans ma vallée ! Il y a aussi une petite merveille : Honfleur, le port des peintres…

32 Les réseaux de transports

Depuis 50 ans, les déplacements de personnes et la circulation des marchandises n'ont fait qu'augmenter. Les transports jouent aujourd'hui un rôle fondamental dans l'économie et l'organisation du territoire.

Un réseau en étoile

Les réseaux de transports dessinent **une étoile à partir de Paris** (nœud* de communications majeur) en direction des principales villes et des ports maritimes (Doc. 1). Ils suivent plusieurs axes : Paris-Le Havre, Paris-Lille, Paris-Lyon-Marseille et Paris-Bordeaux. La capitale concentre tous les types de trafics : local, régional et international.

Le **grand axe Lille-Paris-Lyon-Marseille** supporte toute l'année un énorme trafic de marchandises et de touristes. Les liaisons transversales, récentes, sont moins fréquentées.

Le sais-tu ?

Le réseau de transports actuel emprunte les anciennes routes de poste des XVIIIe et XIXe siècles.

Doc. 1 : Le réseau de transports et de communications.

? Pourquoi dit-on que Paris est un nœud de communications (Doc. 1) ?

? Repère le grand axe Nord-Sud. Par quelles grandes villes françaises passe-t-il ?

? Quels sont les ports au débouché des grands axes de circulation ?

? Cite les aéroports internationaux.

Un réseau intégré à l'Europe

Les liaisons avec les réseaux étrangers s'effectuent par les grands axes de communication. **Paris, Lyon et la région du Nord sont les carrefours les plus importants. Ils combinent différents moyens de transport** (TGV, autoroutes, aéroports) (Doc. 2) et bénéficient d'**aménagements récents** (Eurotunnel, aéroport de Roissy-Charles-de-Gaulle, aéroport de Lyon-Saint-Exupéry).

Le TGV Méditerranée

À l'échelon européen, il constitue d'abord un pas essentiel dans l'édification de l'Europe à grande vitesse et un maillon indispensable à la création de l'arc méditerranéen reliant l'Italie à l'Espagne par le Sud de la France. [...] Le TGV Méditerranée est aussi un immense domaine d'innovations où sont testées les techniques les plus avancées, afin de réussir l'insertion de la ligne dans un environnement exceptionnel, la vallée du Rhône, la Provence, le Languedoc.

Discours de G. Cartie, directeur délégué de la SNCF, 1995.

▲ Doc. 2

? **Quels sont les pays européens que la construction du TGV Méditerranée a permis de relier** (Doc. 2) **?**

? **Est-ce que la construction du TGV Méditerranée a tenu compte de l'environnement ?**

Les transports et l'aménagement* du territoire

La compétition entre les différents moyens de transport a profité à la **route** et au **transport aérien**, au détriment des autres transports.

Les transports jouent un **rôle fondamental dans l'organisation du territoire**. Ils sont à l'origine de l'implantation de nouvelles activités (industrie, tourisme). L'équipement autoroutier vise à mieux **quadriller le territoire** (Doc. 3).

Les pouvoirs publics cherchent à **desservir les régions isolées** (autoroute à travers le Massif central) et à **raccorder le réseau français à celui des États voisins** (tunnel du Somport dans les Pyrénées, tunnel du mont Blanc dans les Alpes).

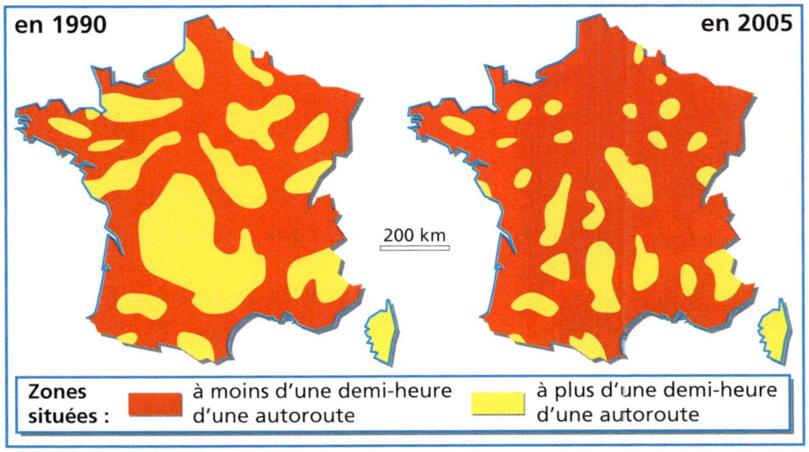

◀ Doc. 3 : L'évolution du réseau autoroutier.

? **Utilise une carte de France pour indiquer les zones qui étaient à plus d'une demi-heure d'une autoroute en 1990** (Doc. 3).

? **Quelles transformations du réseau autoroutier se sont produites entre 1990 et 2005 ? Écris un texte pour montrer les changements.**

? **Quelles parties du territoire français sont toujours éloignées d'une autoroute ?**

* Lexique

Aménagement du territoire : action volontaire d'une collectivité sur le territoire (par exemple, construction d'une autoroute).

Nœud de communications : important carrefour de voies de communication.

Résumé

Les réseaux de transports forment une étoile autour de Paris en suivant trois axes. La route et l'avion sont aujourd'hui les moyens de transport les plus utilisés. Les transports jouent un rôle important dans l'aménagement du territoire car ils permettent l'installation d'autres activités.

33 Les espaces des services

Le secteur des services* comprend des activités très diverses et regroupe l'essentiel de la population active. Il est le plus dynamique de l'économie française.

Des activités de services multiples

Les activités de services ne produisent pas de biens matériels. Les services se divisent en deux groupes : les **services marchands** (transport, banque, communication, commerce, tourisme) et les **services non marchands** (enseignement, police, santé publique, défense).

Les activités de services sont très diverses. Certaines sont indispensables à la population et se trouvent à proximité des lieux d'habitation (poste, mairie, école…) (Doc. 1), d'autres sont très spécialisées et se concentrent dans des lieux importants (musée du Louvre, Bibliothèque nationale…) (Doc. 2).

Le sais-tu ?

Environ 7 000 petites communes rurales sont dépourvues de tout commerce et de services. Leurs habitants doivent parcourir 7 à 8 km pour faire leurs courses.

▲ Doc. 1 : Un service de proximité en milieu rural.

? Quels services cette boutique rend-elle à la population locale (Doc. 1) ?

? As-tu l'habitude de voir ensemble les différents services proposés ?

? Comment l'expliques-tu ?

▶ Doc. 2 : Un service prestigieux : la Bibliothèque nationale de France, à Paris.

? Combien de bâtiments comporte la Bibliothèque nationale (Doc. 2) ?

? À quoi vois-tu que c'est un service prestigieux ?

L'explosion des services

Le nombre des emplois dans les activités de services a doublé dans les 50 dernières années. Aujourd'hui, **le secteur des services regroupe 2 emplois sur 3** (Doc. 3).

Le tourisme, les loisirs et la grande distribution (supermarchés, hypermarchés) sont en plein essor et créent des emplois.

? Comment a évolué le nombre d'emplois dans les services (Doc. 3) **?**

? Comment les grandes branches des services ont-elles évolué ?

LES SERVICES	1980 (EN MILLIERS)	1999 (EN MILLIERS)
Commerce	2 665	2 992
Transports et télécommunications	1 182	1 272
Autres services marchands	3 854	5 986
Services non marchands	4 788	6 831
Total des emplois dans les services	12 489	17 081
Total des emplois en France	21 487	26 100

▲ Doc. 3 : Les emplois dans les services.

Des services localisés dans les villes

Les services sont **présents sur tout le territoire**, mais ils se concentrent **essentiellement dans les villes**. Les services les plus rares et les plus spécialisés se localisent dans les métropoles (grands hôpitaux, universités, centres de recherche) (Doc. 4).

Les services sont traditionnellement **dans le centre des villes** (mairie, opéra, théâtre, banques…). Mais les centres commerciaux, les technopôles et les aéroports, qui ont besoin d'espace, s'installent **à la périphérie des agglomérations**.

Dans le monde rural, on ne trouve que des services essentiels à la vie de tous les jours (commerce de détail, poste, école). Ils cohabitent avec des services nés du tourisme (camping, station de ski).

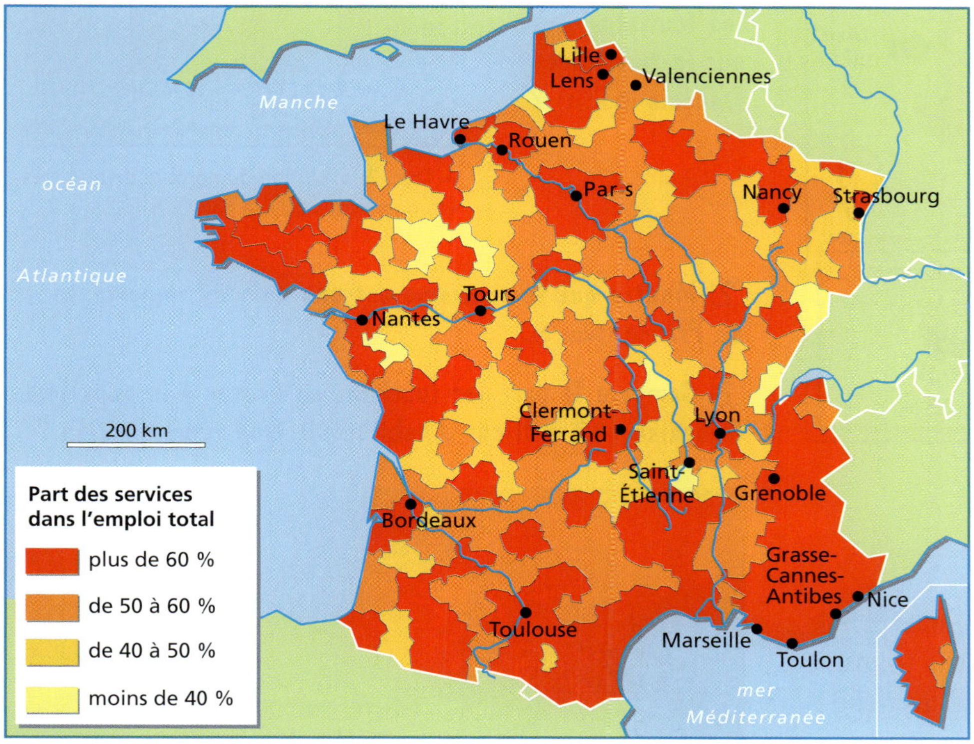

▲ Doc. 4 : La répartition des emplois dans le secteur des services.

? Quelles sont les régions de France où les services sont les plus développés (Doc. 4) **?**

? Compare avec la carte des grandes agglomérations. Qu'observes-tu ?

* Lexique

Services : activités administratives, financières, commerciales et culturelles.

Résumé

Le secteur des services connaît une véritable explosion.
Il regroupe deux emplois sur trois. Les services, présents sur tout le territoire, sont concentrés dans les agglomérations. Ils jouent un rôle fondamental dans la société et dans l'économie.

34 Les espaces du tourisme

La France occupe le premier rang mondial pour l'accueil des touristes.

Le tourisme* : une activité économique majeure

La France est **le pays le plus visité du monde** : en 2003, elle a accueilli 75 millions de touristes étrangers (Doc. 1) et 35 millions de touristes français. Ce dynamisme s'explique par la hausse du niveau de vie, la baisse des coûts de transport, la diversité des paysages et par la richesse du patrimoine culturel français.

Le tourisme procure **un million d'emplois permanents** auquel on doit ajouter **les emplois* saisonniers** (hôtellerie, restauration) (Doc. 2).

Le sais-tu ?

Notre-Dame de Paris est le monument gratuit le plus visité de France avec 12 millions de visiteurs par an.

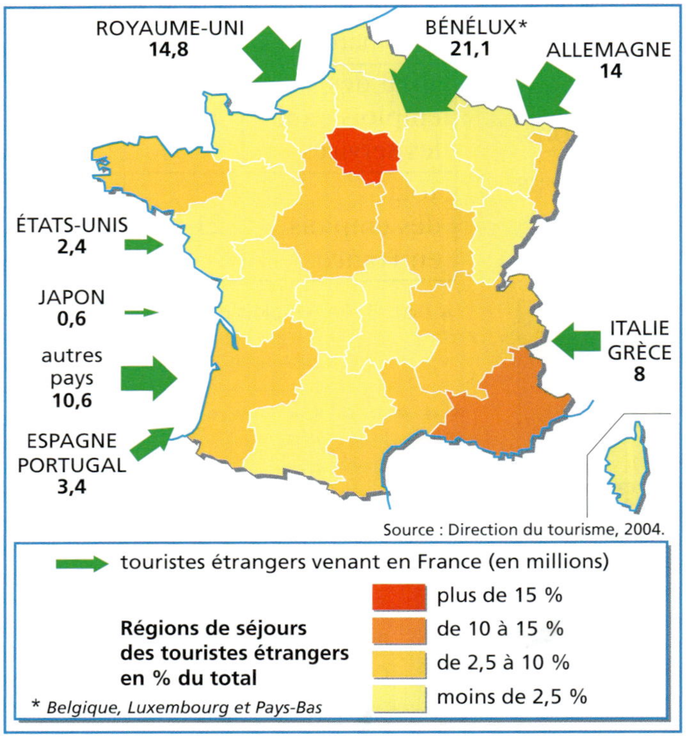

Doc. 1 : Les séjours d'étrangers en France.

? De quels pays sont originaires les touristes qui séjournent en France (Doc. 1) ?

? Comment se répartissent les touristes sur le territoire français (Doc. 1) ?

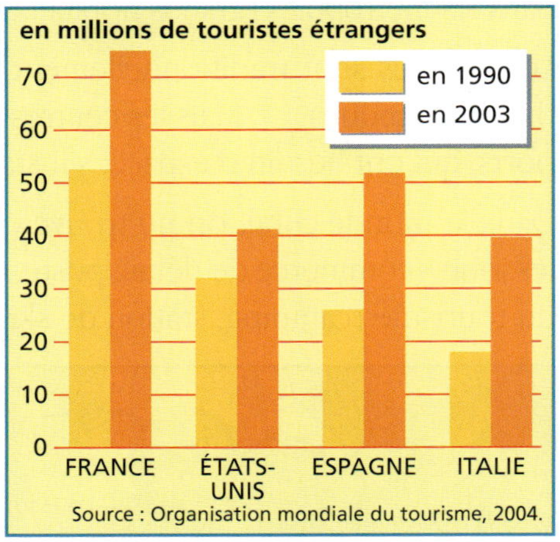

Doc. 2 : Évolution du nombre de touristes étrangers dans quatre pays.

? Montre que le tourisme est une activité importante en France (Doc. 2).

? Compare la part des touristes en France à la population française (62 millions d'habitants). Que remarques-tu ?

De nombreux atouts

Les **atouts naturels** de la France sont nombreux. Elle possède plusieurs **façades maritimes** pour le tourisme balnéaire, des **montagnes** pour les sports d'hiver et des **campagnes variées** pour le tourisme vert.

Le **patrimoine culturel et architectural** est très important (monuments, musées).

Doc. 3 : La baie des Anges à l'ouest de Nice.

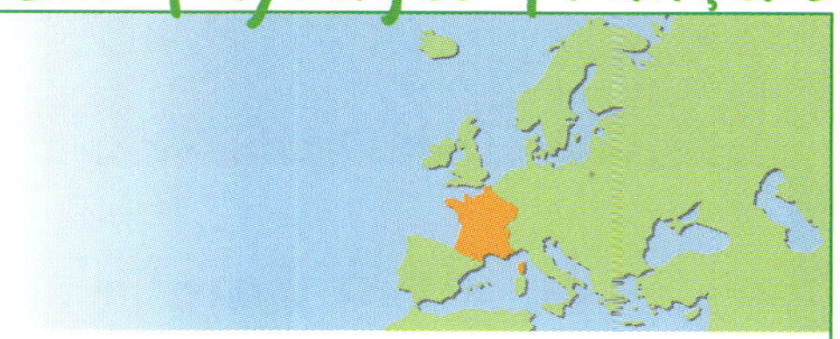

Depuis les années 1960, les pouvoirs publics ont **aménagé le littoral** (Languedoc, Landes) pour l'accueil des touristes (Doc. 3) et créé des **parcs*** **naturels** en montagne (Vanoise, Cévennes, Pyrénées…) et en milieu marin (Port-Cros).

? Regarde le Doc. 3 page 168. Sur quelle façade maritime se situe ce complexe touristique ?

? À ton avis, pourquoi a-t-on multiplié les immeubles en hauteur ?

? Quels sont les atouts de ce littoral ?

Les espaces touristiques

Les espaces visités par les touristes français et étrangers sont variés (Doc. 4).

Paris et l'Île-de-France accueillent la moitié des touristes étrangers grâce aux monuments (la tour Eiffel, l'Arc de Triomphe, Notre-Dame de Paris) et aux musées (Louvre, Orsay). C'est **le tourisme culturel**.

Les **stations* balnéaires** l'été (Côte d'Azur) et les **stations de haute montagne** l'hiver (Val-d'Isère, La Plagne, Les Arcs dans les Alpes du Nord) sont les séjours les plus recherchés. Le **tourisme* de masse** qui s'y est développé a nécessité des aménagements qui ont souvent dégradé l'environnement.

Le **tourisme* vert** s'explique par le charme des campagnes.

▲ Doc. 4 : Les espaces touristiques en France.

? Quelles sont les différentes formes de tourisme (Doc. 4) ?

? Cite deux régions de tourisme d'été et deux régions de tourisme d'hiver.

? Cite les trois principales régions de tourisme culturel.

? Donne des exemples de parcs d'attractions.

* Lexique

Emploi saisonnier : emploi lié à la fréquentation d'un lieu par les touristes à une saison donnée.

Parc naturel : espace naturel protégé.

Station balnéaire : station en bord de mer aménagée pour les vacances.

Tourisme : ensemble des activités liées aux déplacements des personnes pour leurs loisirs.

Tourisme de masse : tourisme pratiqué par une très grande partie de la population.

Tourisme vert : tourisme à la campagne.

Résumé

La France est la première destination touristique mondiale. Elle présente de nombreux atouts naturels, culturels et architecturaux. Chaque année, des millions de touristes vont sur les littoraux, à la montagne, à la campagne, dans les parcs naturels et sur les sites historiques.

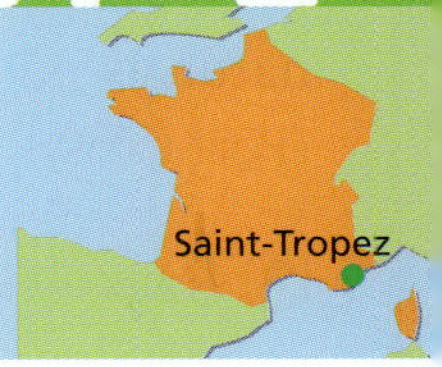

Je vis à Saint-Tropez, une station balnéaire qui abrite un des plus beaux sites de la Côte d'Azur.

Je vis sur la Côte d'Azur

Ma grand-mère m'a raconté que, quand elle était jeune, Saint-Tropez était un petit village de pêcheurs : difficile à croire !

C'est le cinéma qui nous a rendus célèbres dans les années 1960. Les vedettes de cinéma, les milliardaires du monde entier et les princesses s'y côtoient l'été. Les touristes viennent voir leurs vedettes préférées. Voici une photo du port (Doc. 1).

Le sais-tu ?

Le nombre d'heures de soleil par an est en moyenne de 2 500 sur la Côte d'Azur, 1 900 à Paris et 1 700 dans le Nord, en Normandie et en Bretagne.

▲ Doc. 1 : Le port de Saint-Tropez en été.

? Je décris les maisons en bordure du port (Doc. 1).

? Je décris le genre de bateaux que l'on trouve dans le port.

? J'indique en quoi ces bateaux nous renseignent sur le type de touristes qui fréquentent Saint-Tropez.

Je vis sur un littoral touristique

Toute la côte est tournée vers le tourisme. J'aime bien aller voir les amis de mes parents. Ils habitent dans une marina, Les Marines de Cogolin, tout près de Saint-Tropez. C'est très drôle,

▶ Doc. 2 : Le golfe de Saint-Tropez.

STATION BALNÉAIRE

une marina ! Nous arrivons en voiture d'un côté de la maison et nous partons en bateau sur la mer de l'autre côté ! Montons sur la colline pour surplomber la marina (Doc. 2).

? Je décris Port-Grimaud et les Marines de Cogolin (Doc. 2).

? Je fais une liste de toutes les installations touristiques que j'aperçois.

? J'écris un texte sur l'impact du tourisme dans le golfe de Saint-Tropez.

LE COIN DU GÉOGRAPHE

L'hiver, je vis dans un petit village tranquille. Mais l'été, les touristes arrivent par milliers. Saint-Tropez devient alors une véritable ville (Doc. 3).

J'ai recherché sur Internet ce que représente la population des touristes par rapport à la population normale de Saint-Tropez.

? Je calcule par combien est multipliée la population de mon village en été (Doc. 3).

? Je liste les problèmes que cela pose pour l'approvisionnement, les installations sanitaires, les logements, etc.

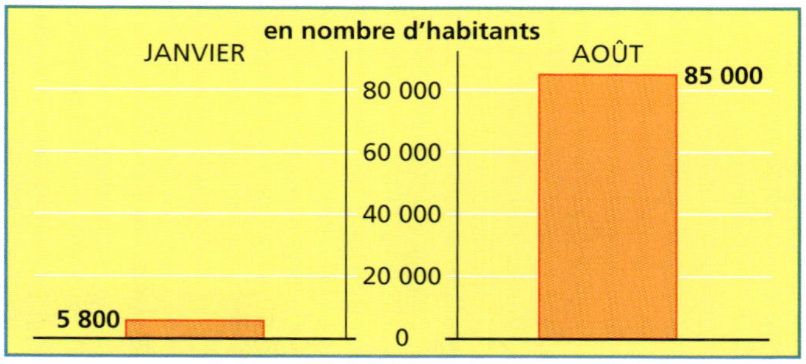

▲ Doc. 3 : L'évolution de la population de Saint-Tropez sur une année.

▲ Doc. 4 : La protection du littoral dans la région de Saint-Tropez.

Je vis dans un environnement qu'il faut protéger

Certaines installations touristiques ont dégradé l'environnement. Aussi, le Conservatoire du littoral a essayé de protéger la côte (Doc. 4).

? J'indique où les constructions sont interdites (Doc. 4).

? Je précise les mesures qui ont été prises pour protéger le littoral.

Venez me voir en hiver comme le faisaient les Anglais autrefois lorsqu'ils ont lancé la mode des séjours sur la Côte d'Azur. Le temps est doux et ensoleillé et il y a moins d'embouteillages sur la route…

36 Un territoire à préserver

**La France est riche de la diversité de ses paysages naturels.
Certains aménagements aggravent parfois les risques naturels.
Il faut agir pour préserver la nature.**

Un patrimoine « naturel » fragile

La longue occupation du territoire par les hommes a profondément modifié les milieux et façonné les paysages. Ceux-ci constituent une richesse patrimoniale. Les changements économiques et sociaux déstabilisent les milieux : la **forêt** n'est pas assez entretenue, les **fleuves** et les **rivières** sont dégradés, les paysages ruraux sont modifiés par la modernisation agricole.

L'urbanisation croissante, le développement des voies de communication et les activités touristiques bouleversent les paysages (Doc. 1 et 2).

Le sais-tu ?

L'avalanche est le risque naturel le plus meurtrier en France. Chaque année, près de 200 personnes sont emportées par la neige et une trentaine y perdent la vie.

? **Décris le paysage** (Doc. 1).

? **Que s'est-il passé ?**

Doc. 1 : Une dune sur la côte atlantique.

Doc. 2 : Plantation d'oyats pour fixer les dunes.

Des risques « naturels » ?

La France est soumise à un certain nombre de **risques naturels*** : les **inondations** représentent près de la moitié des catastrophes. Le phénomène n'est pas nouveau mais est aggravé par l'urbanisation croissante, le recul de l'agriculture et les constructions dans des zones inondables (Doc. 3).

Aux risques naturels (tempêtes, sécheresse, volcanisme et séismes dans les DOM-TOM) s'ajoutent les **risques dus à l'homme** : les **incendies** mais aussi les **risques technologiques*** liés aux activités industrielles (explosion de l'usine AZF de Toulouse en 2001).

La **pollution de l'air et de l'eau** s'aggrave.

? **Décris les aménagements et les plantations qui ont été faits pour protéger la dune** (Doc. 2).

? **À partir des Doc. 1 et 2, indique pourquoi les dunes ont été réhabilitées.**

L'Aude noyée

Il est tombé en certains endroits jusqu'à 500 litres d'eau par mètre carré, soit l'équivalent d'une année entière de pluie ! [...] Une déferlante boueuse a submergé routes et villages, défonçant les maisons, emportant les véhicules, tuant aveuglément. [...] L'eau est venue de partout, tombant du ciel, déboulant des terres et refluant de la mer. Les villages, en particulier sur le littoral, se sont retrouvés pris entre deux vagues. D'autant plus que l'urbanisation, ces dernières années, en multipliant les surfaces bétonnées, a empêché que le sol joue son rôle d'éponge naturelle. [...] Tourisme aidant, on a beaucoup construit près de la mer en zones inondables. [...] On a aussi beaucoup construit près des villes.

Le Monde, 16 novembre 1999.

◀ Doc. 3

? Pourquoi l'Aude est-elle « noyée » (Doc. 3) ?

? Quelles destructions cette catastrophe a-t-elle entraînées ?

? Quelles raisons expliquent de telles inondations ?

? D'après toi, peut-on encore parler de « catastrophe naturelle » ?

Gérer et protéger l'environnement

Pour préserver l'environnement, les pouvoirs publics ont pris **diverses mesures** : la loi Montagne (1985) associe la protection de la nature et l'aménagement. Le Conservatoire du littoral (1975) rachète des terrains pour limiter les constructions sur les côtes. L'ADEME (Agence de l'environnement et de la maîtrise de l'énergie) a entrepris des recherches sur les énergies renouvelables (soleil, vent). Des parcs ont été aménagés afin de sauvegarder des espaces naturels (Doc. 4).

Dans le même temps, une éducation à l'environnement pour un développement durable a été organisée dans toutes les écoles et le public a été sensibilisé par les médias. La plupart des communes ont mis en place un tri sélectif des déchets.

◀ Doc. 4 : Les parcs naturels.

? Quelle est la région de France qui comporte le plus de parcs naturels (Doc. 4) ?

? Quels sont les parcs nationaux ? Combien y en a-t-il ?

? Quels types de milieux protègent-ils ?

* Lexique

Risques naturels : dangers qui menacent les populations soumises à des phénomènes naturels catastrophiques.

Risques technologiques : dangers qui proviennent des activités humaines.

Résumé

La France a un patrimoine naturel à protéger. Elle est soumise à un certain nombre de risques aggravés par les actions humaines. Pour préserver l'environnement, diverses mesures de protection ont été mises en place par les pouvoirs publics.

37 L'aménagement du territoire

L'aménagement* du territoire est une préoccupation ancienne de la France. Aujourd'hui, la société française doit relever le défi des inégalités entre les régions.

Pourquoi aménager ?

Dans les années 1960, l'État a cherché à **réduire les déséquilibres entre Paris et la province et entre l'Ouest agricole et l'Est industriel** (Doc. 1, 2 et 3).

La concentration excessive des habitants dans les grandes agglomérations favorise certaines zones du territoire français : la région parisienne et les grandes villes périphériques (Bordeaux, Toulouse, Montpellier, Nice, Strasbourg, Lille).

Aujourd'hui, l'aménagement du territoire doit être pensé dans le cadre de l'Union européenne, notamment au niveau des transports vers l'Europe centrale et l'Europe du Sud.

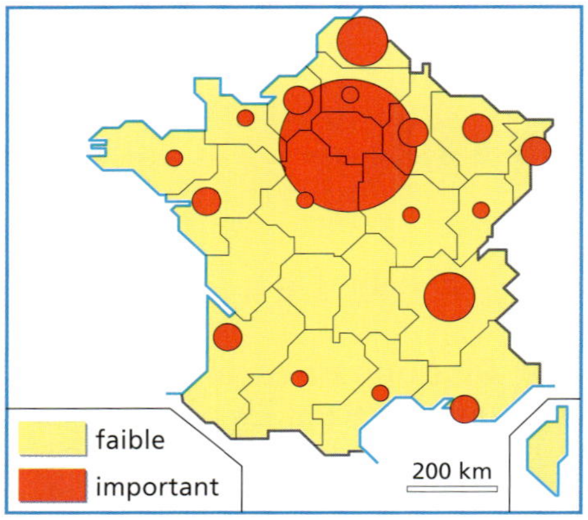

▲ Doc. 1 : Le pouvoir de décision en France.

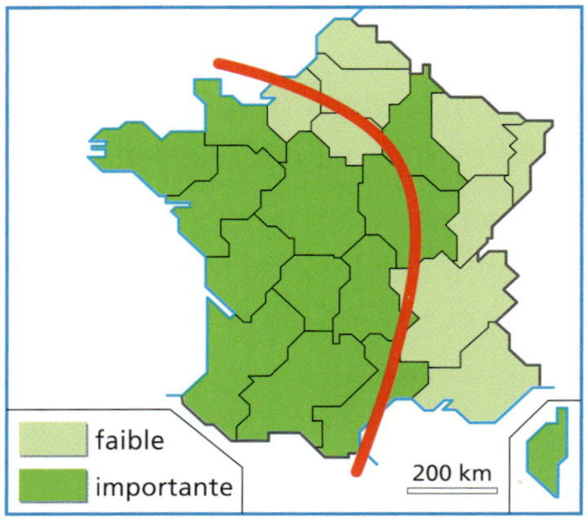

▲ Doc. 2 : La part des agriculteurs dans la population active.

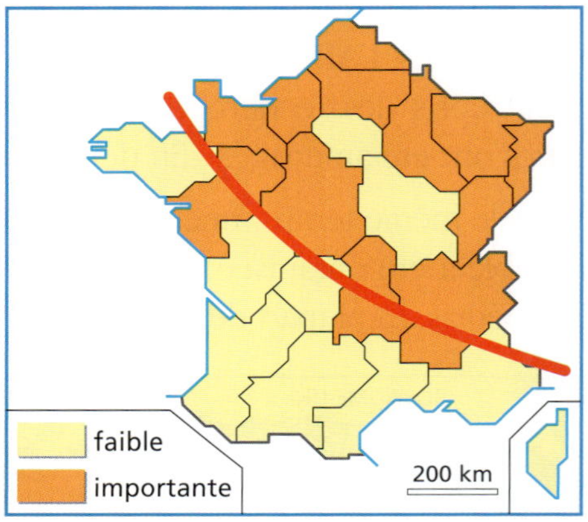

▲ Doc. 3 : La part des emplois industriels dans la population active.

? **Où se prennent majoritairement les décisions en France** (Doc. 1) **?**

? **Compare les** Doc. 2 et 3**. Quel déséquilibre ces cartes font-elles apparaître ?**

Qui aménage ?

Pendant longtemps, l'État a été le seul à décider des actions d'aménagement. Il a mené une **politique de grands travaux** dans les années 1960 (aménagement touristique en montagne, modernisation des transports). Depuis 1982, avec la **décentralisation**, les **collectivités territoriales** (communes, départements, régions) **sont le principal partenaire de l'État** (Doc. 4).

L'Union européenne joue un rôle de plus en plus important en apportant son **aide aux régions en difficulté**. De grands équipements, comme le tunnel sous la Manche, ont été réalisés avec des **partenaires étrangers**.

Le sais-tu ?

L'aménagement de la côte du Languedoc-Roussillon s'est étalé sur 180 km de la Camargue à la frontière espagnole. Il a duré 15 ans et permet aujourd'hui d'accueillir plus de 5 millions de touristes chaque année.

Les réalisations

Les autoroutes ont permis de mieux **relier les régions isolées** (Massif central) au reste du territoire. Des zones industrielles et portuaires ont été aménagées (Dunkerque, Fos-sur-Mer).

L'État a favorisé le développement de **8 métropoles* d'équilibre** pour renforcer le rôle des régions face à Paris. Pour tenter de limiter le développement des banlieues, des **villes* nouvelles** ont été créées autour de Paris, puis de Lyon, de Marseille et de Lille (Doc. 5). L'État a mené une politique de **grands travaux** : aménagement de la côte du Languedoc-Roussillon, création de parcs naturels et de voies de communication (TGV, viaduc de Millau).

Actuellement, des aménagements visent plutôt à **améliorer les conditions de vie dans les quartiers de banlieues.**

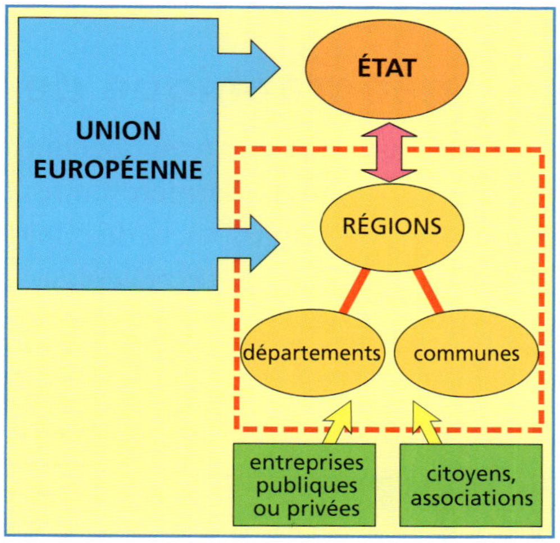

Doc. 4 : Les acteurs de l'aménagement du territoire.

❓ **Qui sont les acteurs de l'aménagement du territoire** (Doc. 4) **?**

❓ **Lesquels sont les plus importants ?**

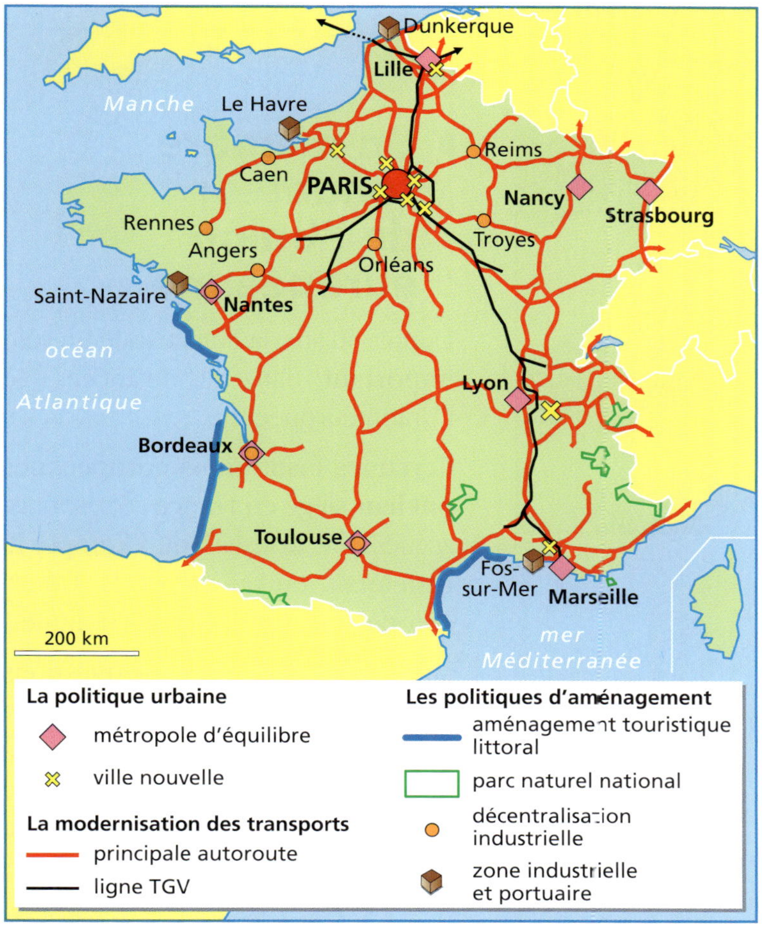

Doc. 5 : L'aménagement du territoire.

❓ **Cite les huit métropoles d'équilibre** (Doc. 5).

❓ **Recherche deux zones industrielles et portuaires.**

❓ **Quelles infrastructures de transports ont été développées ?**

* Lexique

Aménagement du territoire : action volontaire d'une collectivité sur le territoire (par exemple, construction d'une autoroute).

Métropole d'équilibre : grande ville choisie pour réduire le déséquilibre entre Paris et la province.

Ville nouvelle : ville créée de toutes pièces pour désengorger une grande agglomération.

Résumé

L'aménagement du territoire vise à réduire les déséquilibres, notamment entre Paris et la province. L'État, les collectivités territoriales, l'Union européenne et les citoyens sont les acteurs de l'aménagement.

38 La France dans l'Union européenne

Dans le continent européen et au sein de l'Union européenne, la France est une puissance économique et culturelle.

La situation géographique de la France

La France est le pays le plus vaste de l'Union européenne et le troisième par sa population. Elle occupe une **position charnière** entre le Nord et le Sud de l'Europe (Doc. 1). Cependant, avec l'élargissement de l'Union européenne à l'Est, la France n'occupe plus une position aussi centrale.

L'axe majeur Manche-Méditerranée, très bien aménagé, qui passe par Paris et Lyon, constitue un des grands couloirs de circulation en Europe.

Le sais-tu ?

Depuis 1992, les citoyens de l'Union européenne qui résident en France ont le droit de voter aux élections locales.

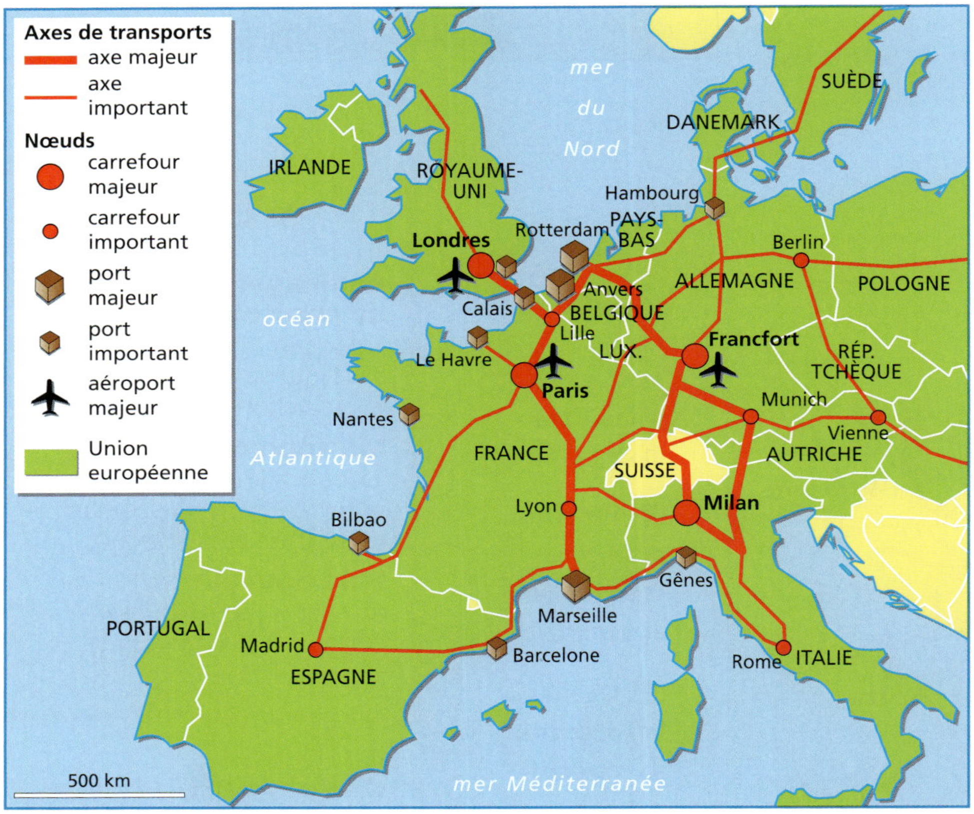

Doc. 1 : La France au cœur des échanges internationaux européens.

Observe la carte (Doc. 1).
Indique le trajet que devra parcourir :
- un camion partant du port de Rotterdam et se dirigeant vers Madrid ;
- un camion partant de Londres pour se rendre à Rome ;
- un camion allant de Gênes (en Italie) à Barcelone (en Espagne).

Les axes de transports français servent-ils uniquement au commerce français ?

Un membre fondateur de l'Union européenne

Depuis 50 ans, la France joue un **rôle important** dans les avancées de l'Union européenne.

Certaines institutions européennes ont leur siège en France : Strasbourg accueille le Conseil* de l'Europe, le Parlement européen et la Cour* européenne des droits de l'homme.

Mais les méfiances et les questions restent nombreuses, notamment en ce qui concerne l'édification d'une Europe sociale : les Français ont voté « Non » lors du référendum sur la Constitution européenne en 2005 (Doc. 2 et 3).

▲ Doc. 2 : Affiche des socialistes partisans de la Constitution européenne (mai 2005).

▲ Doc. 3 : Affiche des socialistes opposés à la Constitution européenne (mai 2005).

? Quelle idée défend chacune des affiches (Doc. 2 et 3) ?

? Quel message fait passer le Doc. 2 ? le Doc. 3 ?

? Que peux-tu en conclure ?

La deuxième puissance économique de l'Union européenne

La France est la **deuxième puissance économique de l'Union européenne** après l'Allemagne et avant le Royaume-Uni. Elle est la **première puissance agricole** et la **deuxième puissance industrielle de l'Union**.

Les **échanges avec les partenaires de l'Union sont prédominants** (Doc. 4) : ils représentent plus de la moitié des exportations françaises.

La France, premier pays touristique du monde, reçoit chaque année des millions d'Européens attirés par les paysages, le soleil ou les monuments français.

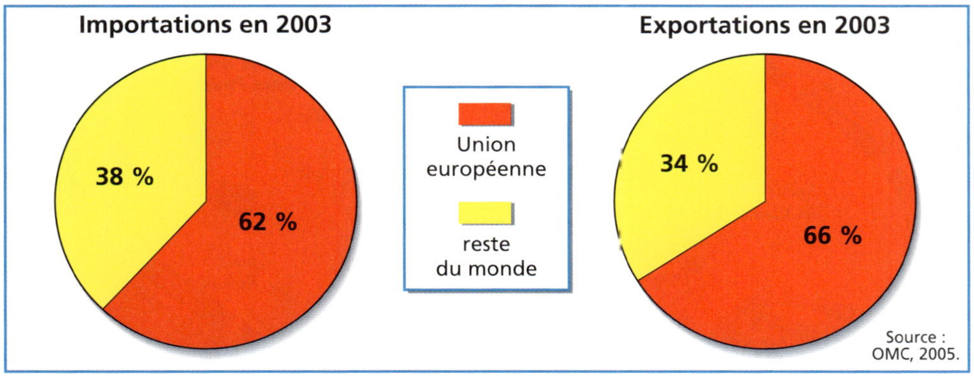

▲ Doc. 4 : Les échanges commerciaux de la France.

? Quelle est la part de l'Union européenne dans les importations françaises (Doc. 4) ? dans les exportations ?

? Que peux-tu en conclure sur la part de l'Union européenne dans le commerce extérieur français ?

* Lexique

Conseil de l'Europe : créé en 1949, il regroupe aujourd'hui 46 pays. Il fait des recommandations aux gouvernements et établit des conventions.

Cour européenne des droits de l'homme : tribunal auquel peuvent s'adresser les citoyens européens et qui peut condamner un État.

Résumé

La France occupe une position charnière en Europe. Elle est un des membres fondateurs de l'Union européenne.
Elle est la deuxième puissance économique de l'Union et la première puissance agricole.

Je vis… À STRASBOURG

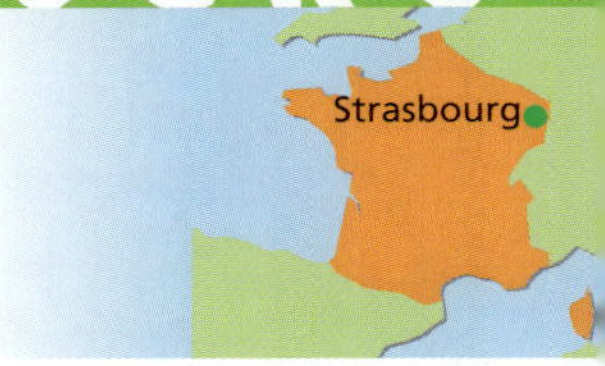

Je vis à Strasbourg, l'une des deux capitales européennes avec Bruxelles. C'est une ville au passé prestigieux et tournée vers l'avenir.

◀ Doc. 1 : Vue de la Petite France.

Le sais-tu ?

La Marseillaise a été composée à Strasbourg pendant la Révolution Française. C'était le *Chant de guerre pour l'armée du Rhin*.

J'habite la Petite France

Je vis sur l'île entre les deux bras de la rivière Ill tout près des ponts couverts, dans le quartier de la Petite France (Doc. 1) qui était autrefois le coin des pêcheurs, des tanneurs et des meuniers. Il fait partie de la cité ancienne, groupée autour de la cathédrale (Doc. 2).

? Je décris les maisons (Doc. 1).

? Je dis si elles sont anciennes ou récentes.

? J'indique où se situe la cité ancienne (Doc. 2).

? Je cite les monuments anciens.

? Je précise dans quelle partie de l'île se situe le quartier de la Petite France.

▲ Doc. 2 : Plan de la cité ancienne de Strasbourg.

LE COIN DU GÉOGRAPHE

En classe, nous avons travaillé sur les institutions de l'Union européenne. La maîtresse nous a emmenés voir celles qui sont dans notre ville : nous avons pris le tramway pour nous y rendre. Mais avant cela, nous avons observé une carte de l'agglomération de Strasbourg pour voir où ces institutions se situent (Doc. 3).

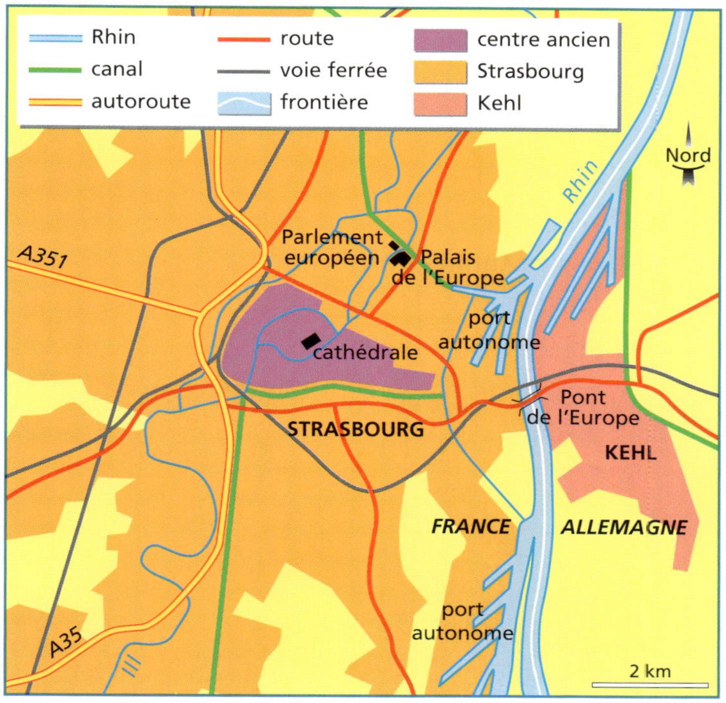

▲ Doc. 3 : Plan de l'agglomération de Strasbourg.

? **J'indique où se trouvent les bâtiments de la « ville européenne » par rapport au centre ancien où se situe notre école** (Doc. 3).

? **J'indique le nom du fleuve qui coule à l'est du palais de l'Europe et qui sert de frontière.**

? **Je donne le nom du pont qui permet de passer en Allemagne et le nom de la ville qu'il relie à Strasbourg.**

? **Je donne la direction des grands axes de circulation : le Rhin, les autoroutes.**

Je vis dans une capitale de l'Europe

▲ Doc. 4 : Le palais des Droits de l'homme.

La maîtresse nous a dit que Strasbourg était le symbole de la paix en Europe. Ici, nous trouvons plusieurs institutions européennes. Nous sommes allés visiter le palais de l'Europe (siège du Conseil de l'Europe), le palais des Droits de l'homme (Doc. 4) qui abrite la Cour européenne des droits de l'homme et le Parlement européen, inauguré en 1999.

? **Je décris le bâtiment** (Doc. 4).

? **J'explique pourquoi les architectes ont choisi un style moderne et parfois futuriste pour ce bâtiment.**

Strasbourg est aussi la capitale de Noël ! En décembre, la vieille ville s'illumine, le marché de Noël et le sapin géant envahissent la place de la cathédrale… Il faut venir goûter notre fameux pain d'épices !

40 La France des trois océans

La France est présente dans tous les océans du monde : elle comprend, en plus de l'Hexagone, un ensemble de départements, de territoires et de collectivités* d'Outre-mer peuplés d'un peu plus de 2 millions d'habitants.

L'héritage d'un passé colonial

Les DOM*-TOM* et les collectivités d'Outre-mer sont ce qu'il reste de **l'Empire colonial français**. Ces territoires ont été peuplés en partie par la contrainte, par la **traite des Noirs**, comme dans les Antilles où l'esclavage n'a été aboli qu'en 1848.

Depuis 1946, **les Antilles** (Martinique et Guadeloupe), **la Guyane** et **la Réunion** sont des départements. De leur côté, les TOM et les collectivités d'Outre-mer disposent de plus d'autonomie (Doc. 1).

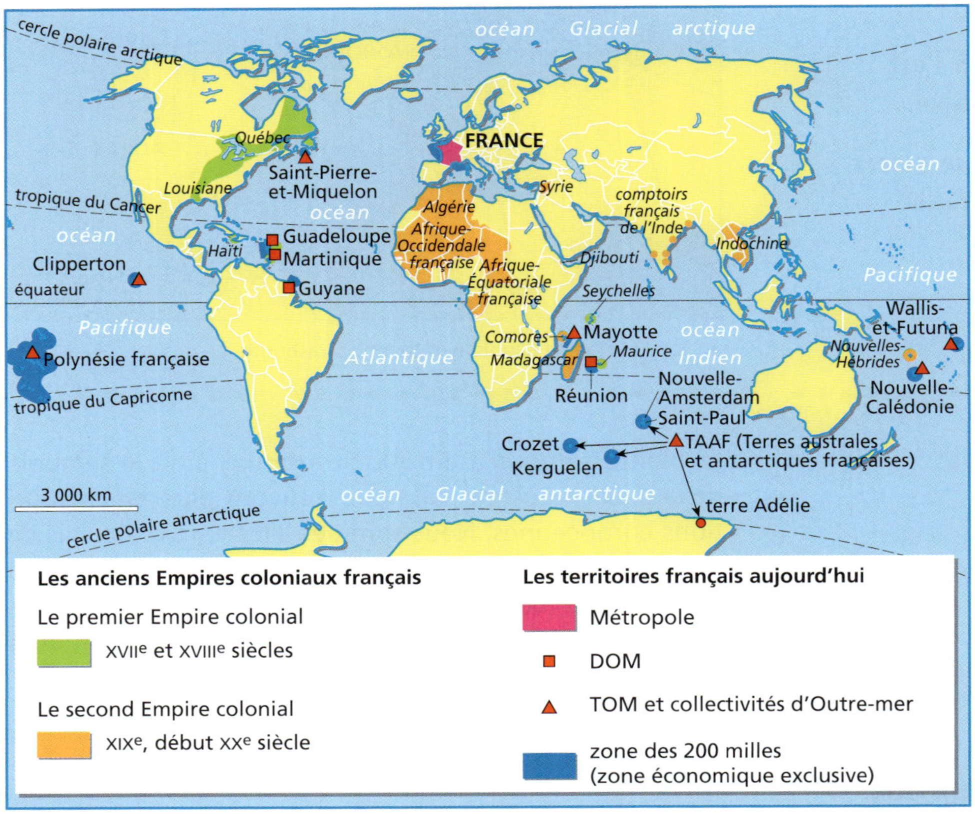

▲ Doc. 1 : Les territoires français dans le monde.

Le sais-tu ?

Pourquoi les habitants des DOM-TOM appellent-ils les métropolitains « les Z'oreilles » ? Parce qu'ils ne comprennent pas bien la langue créole et sont obligés de tendre l'oreille !

Des relais de la puissance de la France

À part la terre Adélie et la forêt guyanaise, les territoires français d'Outre-mer sont **surtout des îles ou des archipels** dispersés dans le monde.

Ils ont un **intérêt stratégique considérable** (la Guyane accueille la fusée Ariane). La France possède ainsi le **troisième domaine maritime du monde** grâce à l'application du principe qui autorise les pays à exploiter les ressources maritimes sur une zone de 370 km à partir des côtes.

? **Cite les possessions françaises des XVIIe et XVIIIe siècles et ce qu'il en reste aujourd'hui** (Doc. 1).

? **Cite les possessions françaises du XIXe siècle et ce qu'il en reste aujourd'hui.**

? **Cite les quatre départements d'Outre-mer actuels.**

? **Dans quels océans la France est-elle présente ? Qu'est-ce que tu en conclus ?**

? **Repère la Réunion sur la carte du monde au début de ton livre. Indique dans quel océan elle se trouve.**

Des ressources venues de l'extérieur

Les productions locales des DOM-TOM (Doc. 2 et 3) sont insuffisantes pour satisfaire les besoins. **Leurs importations sont donc très largement supérieures à leurs exportations.**

La canne à sucre à la Réunion

De nombreuses exploitations ont été abandonnées, mais celles qui restent sont plus étendues et plus rentables. De plus de deux cents usines de traitement de la canne, leur nombre est descendu à onze en 1960 et deux en 1996. Les nombreux vestiges des cheminées des anciennes usines sont encore témoin de cet âge d'or de la canne à la Réunion. Cependant, bien qu'en fort déclin, la culture de la canne à sucre occupe encore près de 5 000 exploitants et reste la principale activité agricole de l'île.

Collège de La Saline, La Réunion.

▲ Doc. 2

▲ Doc. 3 : La récolte de la canne à sucre à la Réunion.

? Quelle place occupe la canne à sucre dans l'agriculture de la Réunion (Doc. 2) ?

? Les exploitations qui cultivent la canne à sucre sont-elles plus petites ou plus étendues qu'autrefois ? Pourquoi ?

? Comment se pratique la récolte de la canne à sucre (Doc. 3) ?

Leurs ressources proviennent essentiellement du **tourisme** (Doc. 4), et des prestations sociales versées par la Métropole*. La **dépendance vis-à-vis de la Métropole** est très forte (Doc. 2).

Les **taux de chômage sont très élevés**, ce qui entraîne le départ des jeunes vers la Métropole. Les difficultés renforcent les revendications identitaires et s'accompagnent parfois de violences.

? Qu'est-ce qui attire les touristes à Bora Bora (Doc. 4) ?

◀ Doc. 4 : Un ensemble hôtelier à Bora Bora (Polynésie).

? D'après toi, d'où sont originaires les touristes ?

? D'après les Doc. 3 et 4, que peux-tu dire de l'économie des DOM-TOM ?

* Lexique

Collectivités d'Outre-mer : créées en 2003, elles correspondent à d'anciens TOM et présentent toutes des statuts différents pour tenir compte de leurs intérêts propres.

DOM : départements d'Outre-mer.

Métropole : la France de l'Hexagone par opposition aux DOM-TOM.

TOM : territoires d'Outre-mer.

Résumé

Les DOM-TOM et les collectivités d'Outre-mer sont l'héritage d'un passé colonial et font de la France le troisième domaine maritime du monde. Leur dépendance vis-à-vis de la Métropole est très forte. Leur agriculture est fragile. Ils vivent essentiellement du tourisme et des prestations sociales de la Métropole.

41 Le rayonnement culturel de la France

La puissance d'un État se mesure à sa population, à sa superficie, à sa capacité à se faire entendre des autres États et à organiser des événements de portée mondiale.

Le pays des droits de l'homme

Pays de la *Déclaration des droits de l'homme et du citoyen* de 1789, la France fait figure de **modèle en matière de démocratie**. Elle fait entendre sa voix pour critiquer les régimes autoritaires, ses ONG agissent dans le monde entier pour secourir les populations dans le besoin (Doc. 1).

La France a longtemps été un **pays d'accueil**. Mais la réduction du flux d'immigrés et la lutte contre l'immigration clandestine ont un peu terni son image.

Le sais-tu ?

Internet à l'assaut du français ? Aujourd'hui, 90 % des informations qui transitent par Internet sont émises en langue anglaise.

Doc. 1 : Le timbre de Médecins sans frontières dessiné par Plantu, 1998.

? **Comment le dessinateur rend-il compte de l'action de cette ONG dans le monde entier (Doc. 1) ?**

La francophonie*

La France est **au cœur de la francophonie** : plus de 120 millions de personnes parlent le français hors de France (Doc. 2). Le réseau des lycées français à l'étranger et les établissements de l'Alliance française tentent de **maintenir l'influence de la France**.

Communauté de langue entre de nombreux pays, la francophonie est aussi un ensemble d'organisations dont le but est de **promouvoir l'usage du français dans le monde**. Depuis 1986, un **Conseil de la francophonie** réunit régulièrement une cinquantaine d'États où est parlée la langue française (Doc. 3).

? **Quelle place le français occupe-t-il parmi les langues les plus utilisées dans le monde (Doc. 2) ?**

Langues	Nombre de personnes (en millions)
Chinois	975
Anglais	500
Hindi	440
Espagnol	400
Russe	280
Arabe	225

Langues	Nombre de personnes (en millions)
Bengali	200
Portugais	190
Malais	160
Japonais	126
Français	125
Allemand	120

Doc. 2 : Les principales langues utilisées dans le monde.

La francophonie en marche

La francophonie est plus que jamais en marche. Œuvre humaine, espace vivant, elle se renouvelle et intensifie son action en faveur d'une société plurielle mais solidaire. Elle affirme ses valeurs, sur la base d'une langue partagée [...]. La francophonie en 2005, c'est : un espace physique et culturel toujours plus ouvert et décloisonné, un espace de concertation et d'action politiques dynamique et original [...]. Médiation, droits, paix, dialogue sont les axes de mobilisation.

Extraits du discours d'Abdou Diouf, secrétaire général de l'Organisation internationale de la francophonie, 20 mars 2005.

▲ Doc. 3

? En faveur de quelle société agit la francophonie (Doc. 3) ?

? Comment l'auteur définit-il la francophonie ?

? Quels sont les quatre points forts de la francophonie ?

Le rayonnement culturel et scientifique

L'influence culturelle française est ancienne. Il en reste des héritages : **le français est une langue officielle à l'ONU et aux Jeux olympiques**.

La culture française a une grande réputation (littérature, peinture, cinéma). Chaque année, la France accueille des cinéastes du monde entier au **Festival de Cannes**. Il existe des **festivals du film français à l'étranger** (à Yokohama au Japon, à Sacramento aux États-Unis).

L'influence scientifique se maintient dans plusieurs domaines (physique, mathématiques, médecine).

La France est aussi célèbre par son « **art de vivre** », ses **grands couturiers** et sa **gastronomie** (Doc. 4).

? Décris le document (Doc. 4).

? Quel aspect de la réputation de la France à l'étranger illustre-t-il ?

▲ Doc. 4 : Une boulangerie française à Hong Kong.

* Lexique

Francophonie : ensemble des pays qui parlent le français.

Résumé

La France est une puissance culturelle. Patrie des droits de l'homme, la France jouit d'une image positive.
Au cœur de la francophonie, elle défend sa langue et sa culture à travers le monde.

42 Le rôle international de la France

La France est une grande puissance* de la planète. Petit pays (1 % de la population mondiale), elle est une puissance économique, politique et militaire.

Un rôle politique international

La France est l'**un des cinq membres permanents du Conseil de sécurité de l'ONU**. Elle participe à toutes les décisions internationales. Elle joue un rôle actif dans la **diplomatie* mondiale**. Elle fait partie du G8 (Groupe des 8 pays les plus industrialisés). Paris accueille le siège de l'UNESCO*.

La France est une **puissance militaire**. Elle appartient au petit groupe des pays qui disposent de la **bombe atomique**. Elle a de nombreux soldats déployés dans le monde et participe aux missions des Casques bleus de l'ONU (Doc. 1).

Le sais-tu ?

La société L'Oréal a été fondée en 1907 par un Français. C'est la première entreprise mondiale de produits de beauté. Elle est présente dans tous les pays du monde. C'est le groupe français le plus international.

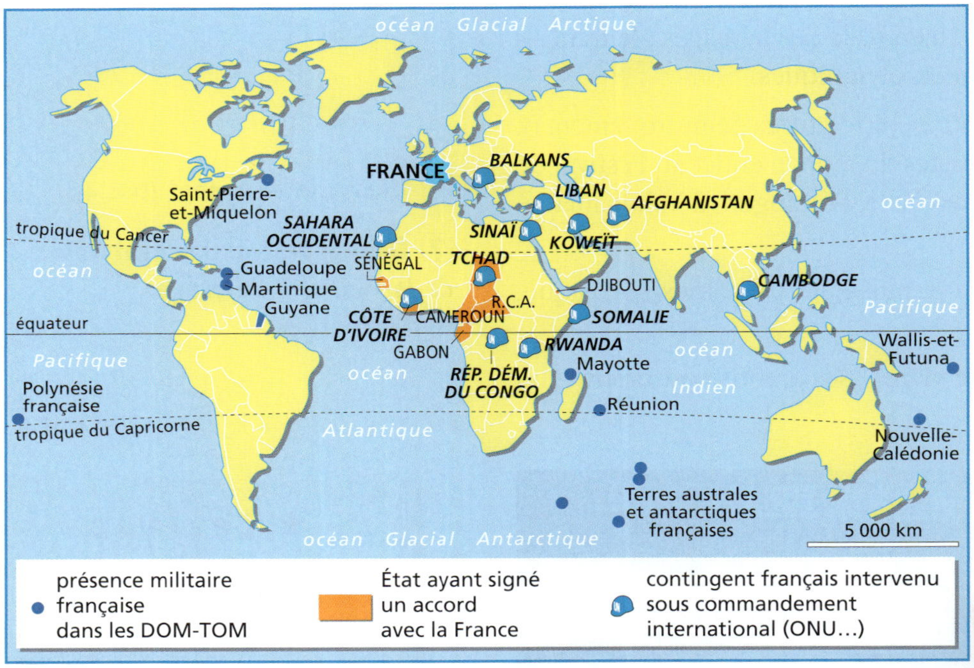

Doc. 1 : La présence militaire française dans le monde.

? Recherche les pays où des militaires français sont intervenus sous mandat de l'ONU (Doc. 1).

? Avec des pays de quel continent la France a-t-elle signé des accords militaires ?

Une économie ouverte sur le monde

La France est la **quatrième puissance économique mondiale**. Cette performance est en partie due à la mondialisation qui a amené les entreprises

Doc. 2 : L'Oréal, une entreprise française à l'étranger.

françaises à se moderniser et à s'ouvrir sur le marché* mondial. La France est devenue le troisième pays qui investit à l'étranger dans plus de 16 000 entreprises. Elle est aussi le troisième pays à recevoir des investissements étrangers.

Les **succès de l'économie française à l'exportation** (Doc. 2) reposent sur le secteur* agroalimentaire, les industries de haute technologie (aérospatiale, nucléaire, TGV, Airbus) et l'industrie de luxe. Elle doit importer presque toute son énergie (pétrole, gaz) et ses matières premières.

? Regarde le Doc. 2 page 184. Repère dans quelle ville et dans quel pays a été prise cette photo. Tu peux t'aider de la page 140 de ton livre.

? L'Oréal choisit souvent des vedettes internationales pour ses publicités. D'après toi, pourquoi ?

Une aide au développement

L'audience internationale de la France repose en partie sur son influence en Afrique. Des **liens privilégiés** se sont maintenus entre les États africains issus de l'Empire colonial français et leur ancienne Métropole. C'est pourquoi la **politique d'aide et de coopération** de la France concerne essentiellement l'Afrique (Doc. 3). Cela se traduit par le succès croissant des sommets France-Afrique. L'Afrique est la principale bénéficiaire de l'aide publique française aux pays en développement. La France occupe un rang élevé parmi les donateurs.

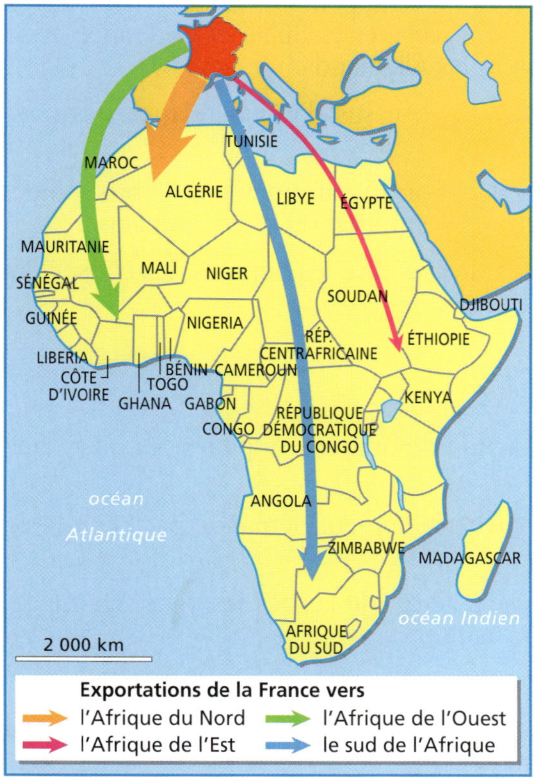

Doc. 3 : Les exportations françaises en Afrique.

? Vers quels pays vont les exportations françaises les plus importantes (Doc. 3) ?

? Est-ce que l'histoire te permet de l'expliquer ?

? Avec quels pays qui ne sont pas ses anciennes colonies la France a-t-elle des relations commerciales ? Aide-toi de la carte des empires coloniaux en 1914 à la fin de ton livre.

* Lexique

Diplomatie : ensemble des relations et des négociations entre les États.

Grande puissance : État qui fait partie des États les plus puissants de la planète.

Marché : ensemble des consommateurs.

Secteur agroalimentaire : ensemble des industries qui transforment les productions agricoles avant leur mise sur le marché.

UNESCO : Organisation des Nations Unies pour l'éducation, la science et la culture.

Résumé

La France joue un rôle politique international sur le plan diplomatique et militaire. Elle est la quatrième puissance économique mondiale et son économie est très ouverte sur le marché mondial. Elle a conservé des liens privilégiés avec l'Afrique qu'elle aide dans son développement.

A

Action : part du capital d'une entreprise.

ADN : molécule qui contient toutes les caractéristiques génétiques du corps humain.

Affectés spéciaux : militaires ayant un métier qui leur permet de travailler dans les usines au lieu d'être sur le front.

Alphabétisation : apprentissage de la lecture et de l'écriture.

Antibiotique : médicament qui permet de soigner des maladies infectieuses.

Armistice : arrêt des combats.

Arrière : territoire ou population situés en dehors de la zone des combats.

B

BCG : vaccin contre la tuberculose.

Bombe atomique : bombe très puissante utilisant des matériaux radioactifs.

Bonnet phrygien : la Phrygie est une région antique d'Asie Mineure où les esclaves affranchis portaient un bonnet. Ce bonnet est devenu un symbole de liberté sous la Révolution.

Bourrage de crâne : propagande de tous les instants.

Bourse : marché où les actions sont achetées et vendues.

Boycottage : refus d'acheter certains produits.

C

Café-concert : salle où l'on boit en regardant un spectacle.

Camp de concentration : camp de travail pour déportés. La mortalité y était très importante.

Camp d'extermination : camp où les juifs et les tziganes sont systématiquement exterminés par l'Allemagne nazie.

Capital : somme d'argent nécessaire à la création et au fonctionnement d'une entreprise.

Capitalisme : organisation de l'économie dans laquelle le capital des entreprises provient des banques, des industriels et des actions vendues aux particuliers.

Censure : interdiction de publier certaines nouvelles.

Chambre à gaz : local où l'on faisait mourir les déportés en envoyant des gaz asphyxiants.

Chimie : connaissance des matériaux, des gaz et de leur transformation.

Chômage : période pendant laquelle une personne ne trouve pas d'emploi.

Citoyen : personne qui appartient à une nation, qui en suit les règles communes et agit suivant la loi.

Collaboration : ensemble de personnes et d'organisations favorables aux occupants allemands.

Colonie : territoire dépendant d'un pays occupant.

Colonisateur : État ou personne qui colonise un pays.

Commune : gouvernement révolutionnaire installé à Paris entre mars et mai 1871.

Communisme : doctrine politique qui veut mettre en commun les terres et les moyens de production (usines, mines…).

Corvée : travail physique imposé dans les colonies pour aménager le pays.

D

Débarquement : période pendant laquelle les troupes alliées ont débarqué par mer en Italie et en France et se sont battues contre les Allemands.

Décolonisation : processus d'indépendance des pays colonisés.

Déportation : transport et enfermement de prisonniers dans un camp de concentration ou d'extermination.

Droit de vote : droit d'élire les députés, les conseillers municipaux.

E

Émigration : action de quitter son pays pour aller dans un autre.

Emprunt de guerre : argent demandé par l'État pour financer la guerre.

Exclusion : mise à l'écart de la société (par le chômage, le manque de formation…).

Exode rural : départ massif des ruraux vers la ville.

Explorateur : personne qui voyage dans un pays peu connu pour l'étudier.

F

Fabriquer en série : fabriquer en grand nombre des produits industriels.

Fascisme : régime politique totalitaire et nationaliste instauré par Mussolini en Italie, en 1922.

Front : zone des combats.

G

Génétique : branche de la biologie qui étudie l'hérédité.

Grand magasin : magasin où sont regroupés dans un grand immeuble toutes les marchandises possibles (habillement, chaussures, mobilier, parfumerie, etc).

Guerre civile : guerre qui oppose les habitants d'un même pays entre eux.

Guerre de Corée : de 1950 à 1953, elle oppose les Coréens du Nord soutenus par la Chine communiste aux Coréens du Sud soutenus par les États-Unis.

Guerre froide : période (1947-1989) pendant laquelle les États-Unis et l'URSS s'opposent indirectement.

Guerre mondiale : guerre qui concerne tous les continents.

Guinguette : café où l'on boit et où l'on danse en plein air.

I

Immigration : arrivée dans un pays de personnes nées à l'étranger.

Impressionnisme : mouvement artistique de la seconde partie du XIXe siècle qui s'intéresse à la représentation de la lumière et de la vie.

Indigène : personne née dans un pays. Les Européens ont appelé « indigènes » les peuples qu'ils colonisaient.

Industrialisation : façon dont un pays devient progressivement industriel.

Inspection du travail : administration chargée de vérifier l'application des lois du travail.

L

Laïque : qui est indépendant de toute religion.

Libération : période allant du débarquement des Alliés à la libération totale du territoire français.

M

Marché noir : achat de produits échappant au contrôle du ravitaillement et coûtant très chers.

Marraine de guerre : jeune femme, en général, qui correspond par écrit avec un soldat.

Métallurgie : industrie des métaux.

Métro (ou métropolitain) : chemin de fer urbain, souvent souterrain.

Métropole : État dont dépend une colonie.

Milice : organisation policière au service de la Collaboration.

Missionnaire : personne qui cherche à répandre sa foi.

Monarchie constitutionnelle : monarchie qui a une Constitution. Les pouvoirs exécutif, législatif et judiciaire sont indépendants les uns des autres.

Monoparentalité : famille avec un seul parent, le plus souvent la mère.

Music-hall : théâtre présentant des spectacles de variétés.

N

Nation : peuple qui a conscience de son unité et désire vivre en commun.

Nationalisme : doctrine politique donnant la priorité absolue aux intérêts nationaux.

Nazisme : régime politique totalitaire, nationaliste, raciste et antisémite instauré par Hitler en Allemagne, en 1933.

O

Omnibus : voiture à cheval transportant des voyageurs dans une ville.

ONU : Organisation des nations unies.

P

Parti politique : groupe de personnes ayant la même opinion politique.

Passeur : personne qui fait entrer clandestinement des migrants dans un pays.

Patriote : personne qui aime sa patrie et veut la défendre.

Pénicilline : médicament antibiotique à base de champignons microscopiques.

Pénurie : manque de produits nécessaires à la vie.

Précarité : situation économique, professionnelle et personnelle fragile.

Propagande : actions en direction de l'opinion pour qu'elle adhère à certaines idées.

Prusse : un des États allemands.

R

Radium : métal qui émet de la radioactivité.

Référendum : vote des citoyens pour accepter ou refuser une proposition faite par le pouvoir.

République : État dans lequel les pouvoirs sont partagés entre des personnes élues.

Réseau : groupe de personnes qui agissent dans un mouvement de résistance.

Résistance : ensemble des personnes et des organisations agissant pour la libération de la France.

RMI : revenu minimum d'insertion. Revenu donné aux chômeurs.

Rural : qui concerne la vie et les activités dans les campagnes (agriculture, artisanat, commerce, transports).

S

Scanner : appareil moderne de radiologie.

Sidérurgie : industrie du fer et de l'acier.

SMIC : salaire minimum interprofessionnel de croissance. Salaire en dessous duquel il est interdit de payer un employé.

Socialisme : mouvement politique en faveur d'une société plus juste.

Société de consommation : société où l'on peut acheter de nombreux objets.

Solde migratoire : différence entre le nombre de personnes qui entrent dans un pays et le nombre de celles qui en sortent.

Sources écrites : ensemble des traces du passé comportant un écrit (archives papier, notes manuscrites, inscriptions sur la pierre, livres…).

Sources orales : ensemble des témoignages recueillis par un historien pour construire un récit.

STO : service du travail obligatoire. Une partie de la main d'œuvre française doit partir en Allemagne.

Suffrage universel masculin : mode de suffrage dans lequel tous les citoyens mâles votent.

Suffragisme : mouvement qui cherche à obtenir le droit de vote pour les femmes.

Syndicat : organisation qui défend les intérêts des ouvriers.

T

Télégraphe : appareil permettant de transmettre à distance des informations par une ligne électrique.

Terrorisme : action violente contre des biens et des personnes.

Titre : action achetée en Bourse.

Totalitarisme : régime politique dans lequel l'État contrôle la vie politique, économique et sociale ainsi que la vie des individus.

Tramway : voiture qui circule sur des rails en ville et transporte des voyageurs.

Tranchée : fossé très allongé où les soldats vivaient pendant la guerre.

TSF : télégraphie sans fil.

U

UNESCO : Organisation des nations unies pour l'éducation, la science et la culture.

UNICEF : Fonds d'urgence des nations unies pour l'enfance.

V

Violences conjugales : violences exercées généralement contre les femmes à l'intérieur de la famille ou du couple.

A

Actif : personne qui a un emploi ou qui recherche un emploi.

Agglomération : une ville et ses banlieues.

Aménagement du territoire : action volontaire d'une collectivité sur le territoire (par exemple, construction d'une autoroute).

Analphabétisme : fait de ne savoir ni lire ni écrire.

Atmosphère : masse d'air qui entoure la Terre.

B

Banlieue : communes autour d'une ville qui forment avec elle un ensemble.

Bidonville : habitat précaire dans les pays pauvres fait de matériaux de récupération.

C

Collectivités d'Outre-mer : créées en 2003, elles correspondent à d'anciens TOM et présentent toutes des statuts différents pour tenir compte de leurs intérêts propres.

Commonwealth : ensemble des pays qui faisaient partie de l'Empire colonial britannique et qui sont restés en lien politique et économique avec le Royaume-Uni (Canada, Australie, etc.).

Conseil de l'Europe : créé en 1949, il regroupe aujourd'hui 46 pays. Il fait des recommandations aux gouvernements et établit des conventions.

Cour européenne des droits de l'homme : tribunal auquel peuvent s'adresser les citoyens européens et qui peut condamner un État.

Culture itinérante sur brûlis : culture qui se pratique après avoir incendié les herbes qui recouvrent la terre.

Cultures vivrières : qui nourrissent les campagnes proches.

Cyclone : gigantesque tourbillon d'air chaud qui provoque des vents très violents et dévastateurs et des pluies très abondantes.

D

Décentralisation : politique favorisant l'implantation d'entreprises dans des zones qui jusque-là n'en avaient pas.

Demande d'asile politique : demande d'asile faite par une personne persécutée pour ses idées dans son pays d'origine.

Démocratie : régime politique dans lequel le peuple élit ses représentants en vue d'exercer le pouvoir.

Densité de population : nombre moyen d'habitants vivant dans un espace carré de 1 km de côté.

Désert : région très sèche caractérisée par une végétation et un peuplement rares.

Désindustrialisation : baisse du nombre d'emplois dans les entreprises industrielles d'un pays.

Développement : amélioration des conditions de vie d'une population (espérance de vie, scolarité, revenus, santé).

Développement durable : développement qui répond aux besoins des gens d'aujourd'hui et préserve les ressources de la planète pour les générations futures.

Diplomatie : ensemble des relations et des négociations entre les États.

DOM : départements d'Outre-mer.

E

Effet de serre : couche d'air qui entoure la Terre et retient la chaleur de la Terre.

Élevage hors-sol : les animaux sont élevés dans des espaces fermés et nourris avec des aliments industriels.

Emploi saisonnier : emploi lié à la fréquentation d'un lieu par les touristes à une saison donnée.

Entreprise multinationale : entreprise qui a des établissements dans plusieurs pays.

État : territoire délimité par des frontières et dirigé par un gouvernement.

Exode rural : départ des paysans pour la ville.

Explosion démographique : augmentation très forte de la population.

F

Famille monoparentale : famille avec un seul parent.

Famille recomposée : famille formée d'enfants qui ne sont pas du même père ou de la même mère.

Famine : manque de nourriture qui entraîne la mort des gens.

FEDER : Fonds européen de développement régional.

Foyer de peuplement : espace où se concentre la population.

Francophonie : ensemble des pays qui parlent le français.

Friche : espace autrefois cultivé et abandonné.

Frontière : limites d'un État.

G

Ghetto : quartier dégradé abritant des gens de même origine.

Grande puissance : État qui fait partie des États les plus puissants de la planète.

Graphique : représentation d'une donnée par des lignes ou des figures.

I

Immigrant : personne arrivant d'un pays étranger.

Immigration : arrivée dans un pays de personnes nées à l'étranger.

M

Malnutrition : nourriture insuffisante ou mal équilibrée.

Marché : ensemble des consommateurs.

Marché commun : marché où les droits de douane ont été abolis.

Médina : ville ancienne de la ville musulmane.

Mégalopole : région urbaine de très grande dimension qui regroupe plusieurs agglomérations.

Mentalités : manières de penser des gens.

Métropole : – la France de l'Hexagone par opposition aux DOM-TOM.
– très grande agglomération.

Métropole d'équilibre : grande ville choisie pour réduire le déséquilibre entre Paris et la province.

Migration : déplacement de population.

Mondialisation : interdépendance et imbrication des différents marchés du monde.

Mousson : vent saisonnier qui apporte des pluies très abondantes en Asie.

N

Nœud de communications : important carrefour de voies de communication.

O

ONG : organisation non gouvernementale.

P

Parc naturel : espace naturel protégé.

Pauvreté absolue : se dit d'une personne disposant de moins d'un euro par jour pour vivre.

Peuple : groupe humain ayant une origine commune, la même langue et la même culture.

Prévention : action pour éviter une catastrophe ou pour s'en protéger.

R

Rayonnement : influence que peut exercer un pays ou un groupe de pays dans le monde.

Reconversion industrielle : activités industrielles qui remplacent d'anciennes productions.

Réfugié : personne qui fuit un pays pour des raisons politiques, ethniques ou religieuses.

Région urbaine : région qui s'organise en fonction d'une ou plusieurs villes.

Rendement : quantité de céréales ou d'autres cultures produite sur un hectare de terre.

Réseau urbain : ensemble de villes et de voies de communication.

Risques naturels : dangers qui menacent les populations soumises à des phénomènes naturels catastrophiques.

Risques technologiques : dangers qui proviennent des activités humaines.

Rizière : champ où l'on cultive le riz.

RMI : revenu minimum d'insertion.

S

Schéma : figure simplifiée, élaborée à partir d'une carte ou d'une photo, qui montre l'organisation du territoire.

Secteur agroalimentaire : ensemble des industries qui transforment les productions agricoles avant leur mise sur le marché.

Services : activités administratives, financières, commerciales et culturelles.

Station balnéaire : station en bord de mer aménagée pour les vacances.

T

Taux d'urbanisation : part de la population des villes dans la population totale.

Technologie de pointe : ensemble de savoirs et de pratiques scientifiques de haut niveau.

Technopôle : espace aménagé pour accueillir des entreprises de haute technologie.

Télécommunications : communications par satellite.

Terroir : territoire cultivé d'un village.

TOM : territoires d'Outre-mer.

Tourisme : ensemble des activités liées aux déplacements des personnes pour leurs loisirs.

Tourisme de masse : tourisme pratiqué par une très grande partie de la population.

Tourisme vert : tourisme à la campagne.

Touriste : personne qui voyage ou séjourne en un lieu pour ses loisirs.

Tsunami : vague géante déclenchée par un séisme en mer.

U

UNESCO : Organisation des Nations Unies pour l'éducation, la science et la culture.

Urbanisation : concentration de la population dans les villes.

V

Ville nouvelle : ville créée de toutes pièces pour désengorger une grande agglomération.

Z

Zone d'influence d'une ville : partie du territoire dépendant de la ville pour les services et les achats.

Crédits photographiques

Histoire

P. 12a : © Y. Arthus-Bertrand / Altitude. **P. 12b :** détail d'une coupe à figures rouges attribuée au peintre Cleomenos, art classique grec du IVe siècle avant J.-C., musée du Louvre © Dagli Orti. **P. 13a :** © ASL (Actualités Suisse Lausanne). **P. 13b :** Popperfoto / Presse Sports. **P. 15 :** © *L'Humanité*. **P. 16a :** collection privée © Archives Charmet / Bridgeman Giraudon. **P. 16b :** © Delius / Leemage. **P. 18 :** musée du Louvre © C. Jean / RMN. **P. 19 :** musée Carnavalet, Paris © Photo Josse. **P. 20 :** musée du Louvre © Photo Josse / Photothèque Hachette. **P. 21 :** musée du Louvre © G. Blot / Photo RMN. **P. 22 :** © Photothèque Hachette. **P. 23a :** musée Marie Curie © Photothèque Hachette. **P. 23b :** le phonographe d'Edison, illustration de Williams parue dans le journal *Saturday Evening Post* en juin 1907 © collection Jonas / Kharbine-Tapabor. **P. 24a :** musée des Beaux-Arts, Nîmes © Bridgeman Giraudon / D.R. **P. 24b :** © Document Écomusée de la Communauté urbaine Le Creusot Montceau-les-Mînes / D. Busseuil. **P. 25 :** © Kharbine-Tapabor / ADAGP, Paris, 2006. **P. 26 :** © Document Écomusée de la Communauté urbaine Le Creusot Montceau-les-Mînes / D. Busseuil. **P. 27 :** © musée Carnavalet, Paris © Photo Josse / ADAGP, Paris, 2006. **P. 28 :** Library of Congress, Washington D.C., USA © Bridgeman Giraudon. **P. 29a :** © collection CL / Kharbine-Tapabor. **P. 29b :** bibliothèque des Arts décoratifs, Paris © Archives Charmet / Bridgeman Giraudon. **P. 31 :** musée des Beaux-Arts, Reims © Lauros / Giraudon. **P. 33a :** musée Fornay © Archives Charmet / Bridgeman Giraudon. **P. 33b :** © Roger-Viollet. **P. 34 :** © Archives Charmet / Bridgeman Giraudon. **P. 35a :** Leeds Museum and Galleries (City Art Gallery), Leeds, Royaume-Uni © Bridgeman Giraudon. **P. 35b et P. 36a :** © Photothèque Hachette. **P. 36b :** musée Carnavalet, Paris © Photo Josse. **P. 37a :** © collection Sirot-Angel / Photo Josse. **P. 37b :** © Roger-Viollet / Photothèque Hachette. **P. 37c :** © RATP / Photothèque Hachette. **P. 38 et P. 39 :** © Photothèque Hachette. **P. 40 :** © AKG-Images. **P. 41 :** collection privée © Archives Charmet / Bridgeman Giraudon. **P. 42 :** maison Victor Hugo © Photo Josse. **P. 43 :** © Photothèque Hachette. **P. 44a :** bibliothèque municipale de Versailles © Jean Vigne. **P. 44b :** © Jean Vigne. **P. 45a :** musée Carnavalet, Paris © E. Lessing / AKG-Images / ADAGP, Paris 2006. **P. 45b :** © Collection Christophel. **P. 46 :** musée d'art et d'histoire, Saint-Denis © cliché I. Andréani. **P. 47 :** © Bridgeman Giraudon. **P. 48a :** © Photothèque Hachette. **P. 48b :** collection privée © D.R. **P. 49 et frise p. 51 :** Galeria d'Arte Moderna, Turin, Italie © Bridgeman Giraudon. **P. 50 :** bibliothèque des Arts décoratifs, Paris © Archives Charmet / Bridgeman Giraudon. **P. 51a :** bibliothèque de l'Institut de France, Paris © Archives Charmet / Bridgeman Giraudon. **P. 51b :** © AKG Images. **P. 52 et P. 53a :** © Photo Josse. **P. 53b :** Perls Gallery, New York, USA © Bridgeman Giraudon / ADAGP, Paris 2006. **P. 54 :** © Keystone-France. **P. 55a :** New York Historical Society, New York, USA © Bridgeman Giraudon. **P. 55b :** © Rue des Archives. **P. 57a :** © Kharbine-Tapabor. **P. 57b :** Centre historique des Archives nationales, Paris © Archives Charmet / Bridgeman Giraudon. **P. 58a :** A. Gesgon / CIRIP. P. **58b :** © AKG-Images. **P. 59a :** © Jean Vigne. **P. 59b et P. 60 :** © Photothèque Hachette. **P. 61a :** © A. Gesgon / CIRIP. **P. 61b :** © E. Sampers / Keystone-France. **P. 62a :** © AKG-Images. **P. 62b :** © A. Gesgon / CIRIP. **P. 62c :** Goethe Institut, Paris © Jean Vigne. **P. 64 et frise p. 63 :** © Rue des Archives. **P. 65a et b :** © Collection Christophel. **P. 66a :** © Photothèque Hachette. **P. 66b :** © Keystone-France. **P. 67 :** © Official U.S. Air Force / Photothèque Hachette. **P. 68 :** © Kharbine-Tapabor. **P. 69 (frise) :** détail d'une affiche de Vichy imprimée le 19 août 1943 © Photothèque Hachette. **P. 69 :** © Photothèque Hachette. **P. 70a :** © OFF / Fond CERCIL / AFP. **P. 70b :** © Jean Vigne. **P. 70c :** © Roger-Viollet / Photothèque Hachette. **P. 71 (texte) :** Christiane Desroches-Noblecourt, *Sous le Regard des dieux*, avec l'aimable autorisation des Éditions Albin Michel, 2003. **P. 71 :** © Henri Michel / Photothèque Hachette. **P. 72 :** © Photo Van Rhijn / Photothèque Hachette. **P. 73 :** © F. Le Diascorn / Rapho. **P. 74 :** © N. Quidu / Gamma. **P. 75 et frise p. 75 :** © Tom Stoddart Archive / Getty Images. **P. 76a :** © Keystone-France. **P. 76b :** A. Gesgon / CIRIP. **P. 77a :** © Ludovic / REA. **P. 77b :** © Thomas Fred / Hoa-Qui. **P. 78a :** Museo Nacional Centro de Arte Reina Sofia, Madrid, Espagne © Bridgeman Giraudon / Succession Picasso 2006. **P. 78b :** © Collection Christophel. **P. 78c :** J. Gavard / REA / ADAGP, Paris, 2006. **P. 79a :** collection privée © Photothèque René Magritte / ADAGP, Paris, 2006. **P. 79b :** musée des Beaux-Arts, Dijon, donation Granville © H. Maertens / musée des Beaux-Arts de Dijon / ADAGP, Paris, 2006. **P. 80 :** © Keystone / Photothèque Hachette. **P. 81 :** A. Gesgon / CIRIP. **P. 82a :** © AFP / Photothèque Hachette. **P. 82b :** © Gamma. **P. 83a :** © Photothèque Hachette. **P. 83b :** NASA / Photothèque Hachette. **P. 84a, b et c :** © Keystone-France. **P. 84d :** © J.-H. Lartigue / La Documentation Française. **P. 84e et f :** © Gamma / Gamma. **P. 85a :** © J.-P. Charbonnier / Rapho / TOP. **P. 85b :** © J. Niepce / Rapho. **P. 86a :** © G. Merillon / Gamma. **P. 86b :** © A. Brunet / Gamma. **P. 87a :** © H. Champollion / TOP / Hoa-Qui. **P. 87b :** © J. Saget / STF / AFP. **P. 88a :** © Keystone-France. **P. 88b :** © F. Le Lan / REA. **P. 89a :** © J.-P. Charbonnier / Rapho / TOP. **P. 89b :** © Beateworks / AgenceImages. **P. 91a :** © Y. Arthus-Bertrand / Altitude. **P. 91b :** © Dufour-Travers / Gamma. **P. 92a :** © Villeneuve / Gamma. **P. 92b et P. 93 :** © Keystone-France. **P. 94 :** © Gamma / Gamma. **P. 95a :** © S. Franklin / Magnum Photos. **P. 95b :** R. Clark / Aurora / Cosmos Photos. **P. 96a :** © C. Penn / Gamma. **P. 96b :** © S. Benhamou / Gamma. **P. 98 :** © *Mon Quotidien*, le quotidien d'actualité dès 10 ans, www.playbac-presse.com. **P. 99 :** © J. Loic / Photononstop.

Géographie

P. 105 : © J. Cancalosi / Age Fotostock / Hoa-Qui. **P. 106 :** © L. Grive / Grandeur Nature / Hoa-Qui. **P. 105 (texte) :** © 2005, avec l'autorisation gracieuse du *Nouvel Observateur*. **P. 109 :** © PlanetObserver.com / Hoa-Qui. **P. 112a :** © J. Fuste Raga / Age Fotostock / Hoa-Qui. **P. 112b :** © T. A. Hoffmann / LAIF-REA. **P. 113a :** © S. Dunwell / Age Fostostock / Hoa-Qui. **P. 113b :** © P. Wang / Hoa-Qui. **P. 114a :** © W. van Capellen / Reporters-REA. **P. 114b :** © Rex Interstock / Sunset. **P. 115a et b :** © C. Treal / J.-M. Ruiz / Hoa-Qui. **P. 116a :** © C. Dumont / REA. **P. 116b :** © J. Horner / Corbis. **P. 117 :** © G. Clive / Age Fotostock / Hoa-Qui. **P. 118a :** © P. Lapoirie / Journal *Nice Matin* du 1er juillet 2005. **P. 118b :** © J. Wark / Altitude. **P. 119a :** © P. Menzel / Cosmos. **P. 119b :** © J.-P. Hervy / Explorer / Hoa-Qui. **P. 120a :** © B. Morandi / Age Fotostock / Hoa-Qui. **P. 120b :** © M. Renaudeau / Hoa-Qui. **P. 121a et b :** © M. Renaudeau / Hoa-Qui. **P. 124 :** © F. Demange / Gamma. **P. 125a :** © C. Sungsu / Gamma. **P. 125b :** © G. Bassignac / Gamma. **P. 127a :** © P. Wang / Hoa-Qui. **P. 127b :** © T. Pupkewitz / Rapho. **P. 128a et b :** © European Space Imaging / PlanetObserver.com / Hoa-Qui. **P. 129 :** © M. Fraudreau / TOP / Hoa-Qui. **P. 130 :** © J.-M. Loubat / Gamma. **P. 131a :** © E. Valentin / Hoa-Qui. **P. 131b :** © C. Laurent / ASK Images. **P. 132a :** © Bettmann / Corbis. **P. 132b :** © H. Silvester / Rapho. **P. 133 :** © Mangakana / Dargaud. **P. 136a et b :** © J. Fuste Raga / Age Fotostock / Hoa-Qui. **P. 137 :** © Plantu 1992. **P. 138 :** © J.-P. Lescourret / Explorer / Hoa-Qui. **P. 140a :** © H. Champollion / TOP / Hoa-Qui. **P. 140b :** © W. Otto / Age Fotostock / Hoa-Qui. **P. 140c :** © G. Peress / Magnum Photos. **P. 141a :** © W. Otto / Age Fotostock / Hoa-Qui. **P. 141b :** © M. Hilgert / Age Fotostock / Hoa-Qui. **P. 142a :** © Architecture Studio-ADAGP, Paris 2006. **P. 142b :** © F. Demange / Gamma. **P. 145 :** © Communauté urbaine Le Creusot-Montceau-les-Mines. **P. 146 :** © S. Grandadam / Hoa-Qui. **P. 147 :** © Fornaciari-Nusca / Gamma. **P. 148 :** © Jiang Yi / AP / SIPA. **P. 149 :** © A. Duclos / Gamma. **P. 150a et b :** © P. Lilja / Age Fotostock / Hoa-Qui. **P. 151 :** © T. Perrin / Jacana / Hoa-Qui. **P. 153a :** © Pichon / L'Équipe / Presse Sports. **P. 153b :** © Sani / Stills / Gamma. **P. 156a :** © S. Kopper. **P. 156b et P. 157 :** © IGN / Paris 2005 / autorisation n° 80-5066. **P. 159a :** © Y. Arthus-Bertrand / Altitude. **P. 159b :** © J. Cousin / Ciric. **P. 159c :** © J. Harris / Report Digital / REA. **P. 161a :** © E. Raz / Altitude. **P. 161b :** © Aksaran / Gamma. **P. 162 :** © P. Fruitier / Photo Blot. **P. 163 :** © Y. Arthus-Bertrand / Altitude. **P. 165 :** © P. Body / Hoa-Qui. **P. 166a :** © Frilet / SIPA. **P. 166b :** © H. Champollion / TOP / Hoa-Qui © BNF-ADAGP, Paris 2006. **P. 168 :** © Y. Arthus-Bertrand / Altitude. **P. 170a :** © P. Roy / Hoa-Qui. **P. 170b :** © Photo Blot. **P. 172a et b :** © M. Petzold. **P. 177a et b :** © A. Gesgon / CIRIP. **P. 178 et P. 179 :** © SGM / Age Fotostock / Hoa-Qui. **P. 181a :** © S. Grandadam / Hoa-Qui. **P. 181b :** © A. Fuchs / Hoa-Qui. **P. 182 :** © La Poste / Médecins Sans Frontières / Plantu 1998. **P. 183 :** © Lellouch / WPA / SIPA. **P. 184 :** © Adenis / SIPA.

Imprimé en Italie par Deaprinting
Dépôt légal : Mai 2008 - Collection 93 - Édition 04
11/7298/0

Les grandes dates du programme

622
Hégire,
début du calendrier musulman

vers 650 (?)
le Coran

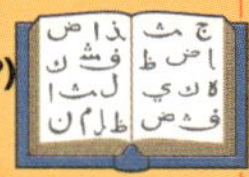

732
bataille de Poitiers

de 481 à 511
règne de Clovis

vers 496
conversion de Clovis
au christianisme

de 481 à 751
dynastie des
Mérovingiens

de 751 à 987
dynastie des
Carolingiens

987
avènement
de Hugues Capet

de 768 à 814
règne de Charlemagne

800
Charlemagne
sacré empereur

1099
prise de Jérusalem
(1re croisade)

843
partage de Verdun

de 406 à 500
Grandes Invasions

406
entrée des peuples germaniques
dans l'Empire romain

476
fin de l'Empire
romain d'Occident

IXe à fin Xe siècle
derniers raids
(normands, sarrasins,
hongrois)

J.-C. | 1000 | 1100

Antiquité

1815
chute de Napoléon

1848
IIe République
suffrage universel masculin
abolition de l'esclavage

1841
interdiction du travail
des enfants de moins de 8 ans
en France

1825
1re ligne de
chemin de fer en Angleterre

1800 | 1820 | 1840 | 1860

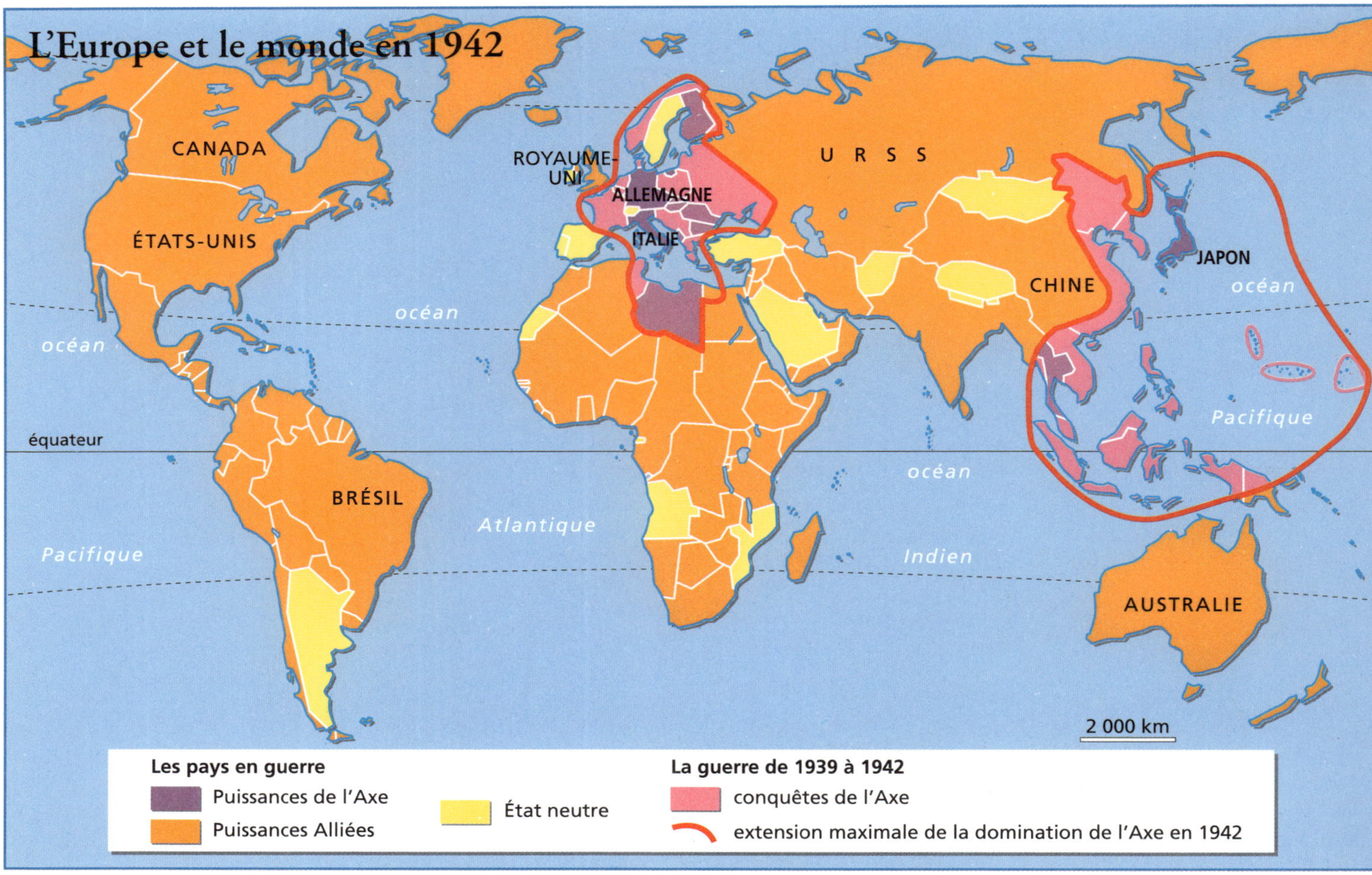

L'Europe et le monde en 1942
CANADA
ÉTATS-UNIS
ROYAUME-UNI
ALLEMAGNE
ITALIE
U R S S
JAPON
CHINE
BRÉSIL
AUSTRALIE
océan
océan
océan
océan
Atlantique
Pacifique
Pacifique
Indien
équateur
2 000 km
Les pays en guerre
Puissances de l'Axe
Puissances Alliées
État neutre
La guerre de 1939 à 1942
conquêtes de l'Axe
extension maximale de la domination de l'Axe en 1942

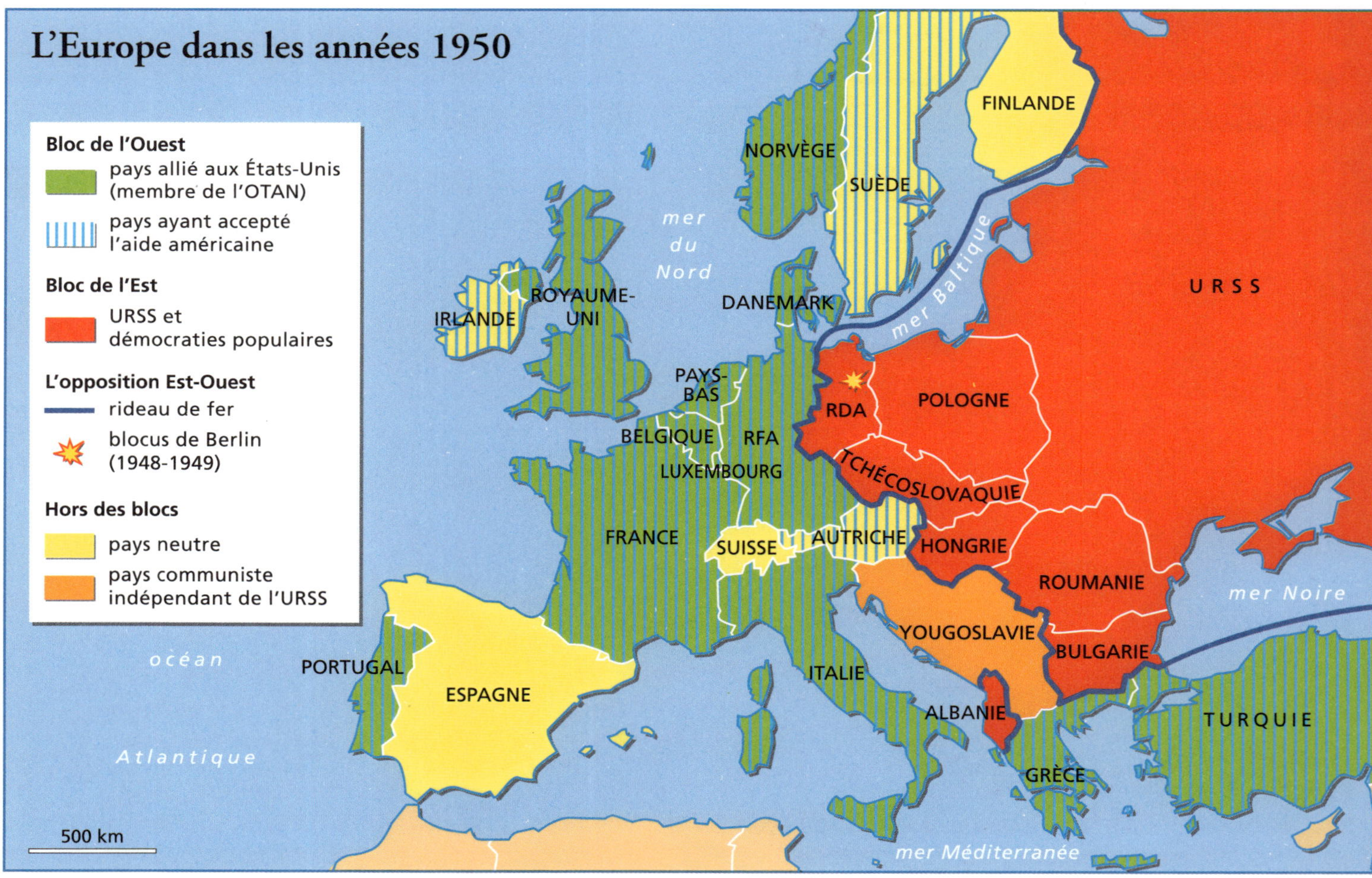

L'Europe dans les années 1950
Bloc de l'Ouest
pays allié aux États-Unis (membre de l'OTAN)
pays ayant accepté l'aide américaine
Bloc de l'Est
URSS et démocraties populaires
L'opposition Est-Ouest
rideau de fer
blocus de Berlin (1948-1949)
Hors des blocs
pays neutre
pays communiste indépendant de l'URSS
FINLANDE
NORVÈGE
SUÈDE
mer du Nord
mer Baltique
URSS
IRLANDE
ROYAUME-UNI
DANEMARK
PAYS-BAS
RDA
POLOGNE
BELGIQUE
RFA
LUXEMBOURG
TCHÉCOSLOVAQUIE
FRANCE
SUISSE
AUTRICHE
HONGRIE
ROUMANIE
mer Noire
YOUGOSLAVIE
BULGARIE
PORTUGAL
ESPAGNE
ITALIE
ALBANIE
TURQUIE
GRÈCE
océan
Atlantique
mer Méditerranée
500 km

Les alliances dans l'Europe en guerre
Le camp des Alliés (Entente)
1914
de 1915 à 1917
après avril 1917
Le camp de l'Alliance
1914
1915
État neutre
ROYAUME-UNI
NORVÈGE
SUÈDE
DANEMARK
mer du Nord
mer Baltique
EMPIRE RUSSE
PAYS-BAS
BELGIQUE
LUX.
EMPIRE ALLEMAND
EMPIRE AUSTRO-HONGROIS
FRANCE
SUISSE
ROUMANIE
mer Noire
océan Atlantique
PORTUGAL
ESPAGNE
ITALIE
SERBIE
BULGARIE
EMPIRE OTTOMAN
ALBANIE
GRÈCE
500 km
Afrique du Nord (France)
Malte (R-U)
mer Méditerranée
Chypre (R-U)
Égypte (R-U)
Libye (Italie)

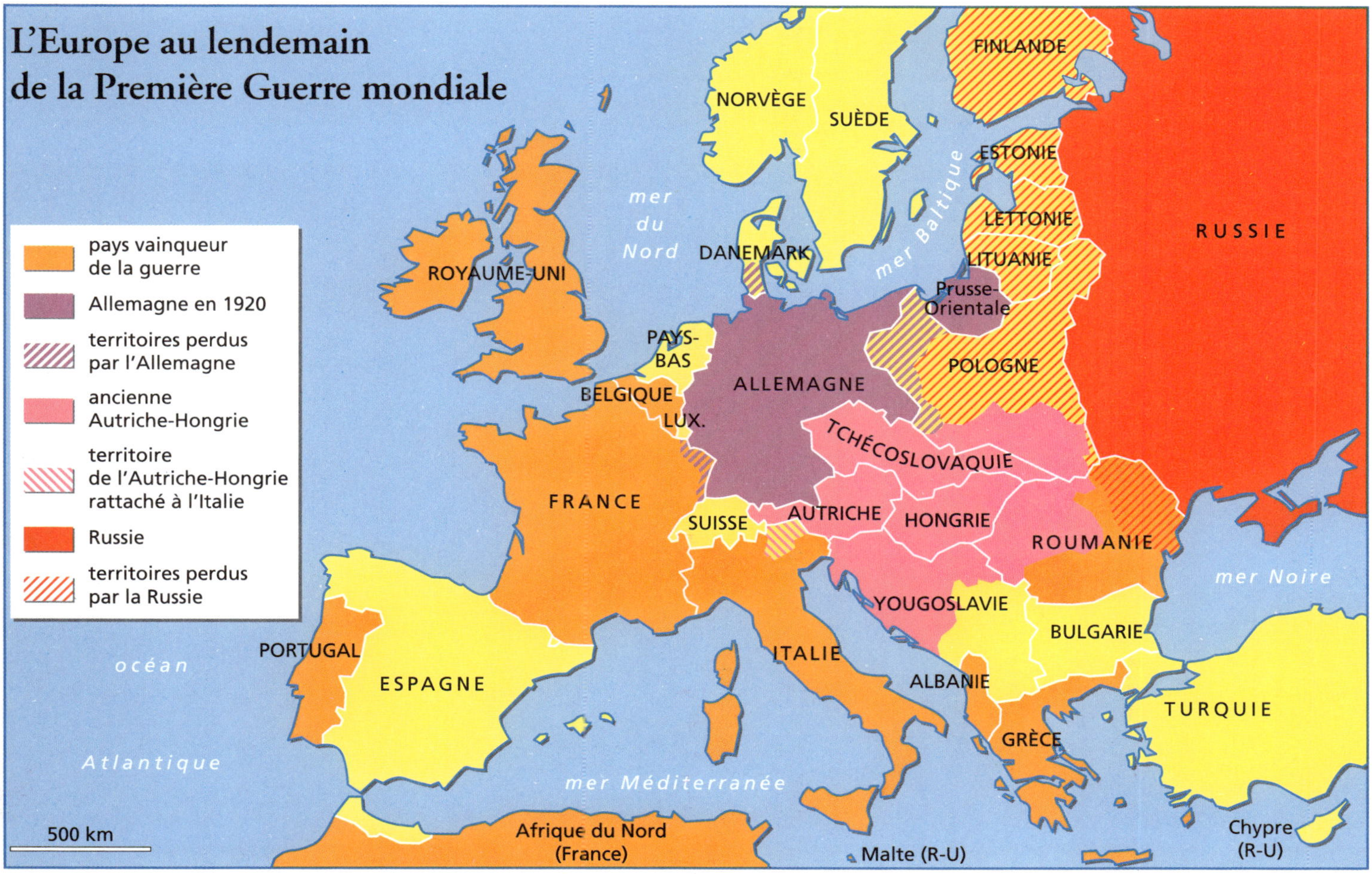
L'Europe au lendemain de la Première Guerre mondiale
pays vainqueur de la guerre
Allemagne en 1920
territoires perdus par l'Allemagne
ancienne Autriche-Hongrie
territoire de l'Autriche-Hongrie rattaché à l'Italie
Russie
territoires perdus par la Russie
FINLANDE
NORVÈGE
SUÈDE
ESTONIE
LETTONIE
LITUANIE
RUSSIE
mer du Nord
mer Baltique
DANEMARK
ROYAUME-UNI
Prusse-Orientale
PAYS-BAS
POLOGNE
ALLEMAGNE
BELGIQUE
LUX.
TCHÉCOSLOVAQUIE
FRANCE
SUISSE
AUTRICHE
HONGRIE
ROUMANIE
mer Noire
YOUGOSLAVIE
BULGARIE
PORTUGAL
océan Atlantique
ESPAGNE
ITALIE
ALBANIE
TURQUIE
GRÈCE
mer Méditerranée
500 km
Afrique du Nord (France)
Malte (R-U)
Chypre (R-U)

de 1226 à 1270
règne de Louis IX
(Saint Louis)

1271-1295
voyage de Marco Polo

1412-1431
Jeanne d'Arc

1453
prise de Constantinople par les Turcs
et fin de l'Empire romain d'Orient

1492
Christophe Colom
découvre les Amériq

1455
1er livre imprimé
à Mayence par Gutenberg

1452-1519
Léonard de Vinci

1300 | 1400 | 1500

Moyen Âge

1870
IIIe République

1871
achèvement de
l'unité allemande

1881
mise au point du vaccin
contre la rage par Pasteur

1882
école gratuite,
laïque et obligatoire

1886
1re automobile

1889
achèvement de la construction
de la tour Eiffel

1895
1re séance
de cinéma à Paris

1903
1er vol en avion
des frères Wright

1914-1918
Première
Guerre mondiale

1917
Révolution russe

1880 | 1900 | 1920

Époque contemporaine

1543
…olonais Copernic affirme que
…Terre tourne autour du Soleil

de 1515 à 1547
…ne de François Ier

de 1589 à 1610
règne de Henri IV

1598
fin des guerres de Religion
(édit de Nantes)

1600

de 1661 à 1715
règne personnel
de Louis XIV

1685
suppression
de l'édit de Nantes

1700

1694-1778
Voltaire

1743-1794
Condorcet

1751
1er volume
de l'*Encyclopédie*

1763
1re machine
à vapeur

1776
déclaration
d'indépendance
des États-Unis

1789
début de la Révolution française
Déclaration des droits de l'homme et du citoyen

1792
Ire République

1795
adoption
du système métrique

1800

1804
Napoléon sacré empereur
à Notre-Dame de Paris

1804
Code civil

1815
chute de
Napoléon

Temps modernes

1939-1945
Seconde
Guerre mondiale

1940

1944
droit de vote
des femmes en France

1945
création de l'ONU

1946
1er ordinateur

1954-1962
guerre d'Algérie

1957
traité de Rome

1958
Ve République

1960

1969
1er homme sur la Lune

1980

1989
chute du Mur de Berlin
(construit en 1961)
Convention internationale
des droits de l'enfant

2000

2002
l'euro, monnaie
européenne

L'Europe industrielle à la fin du XIXe siècle

Les empires coloniaux en 1914

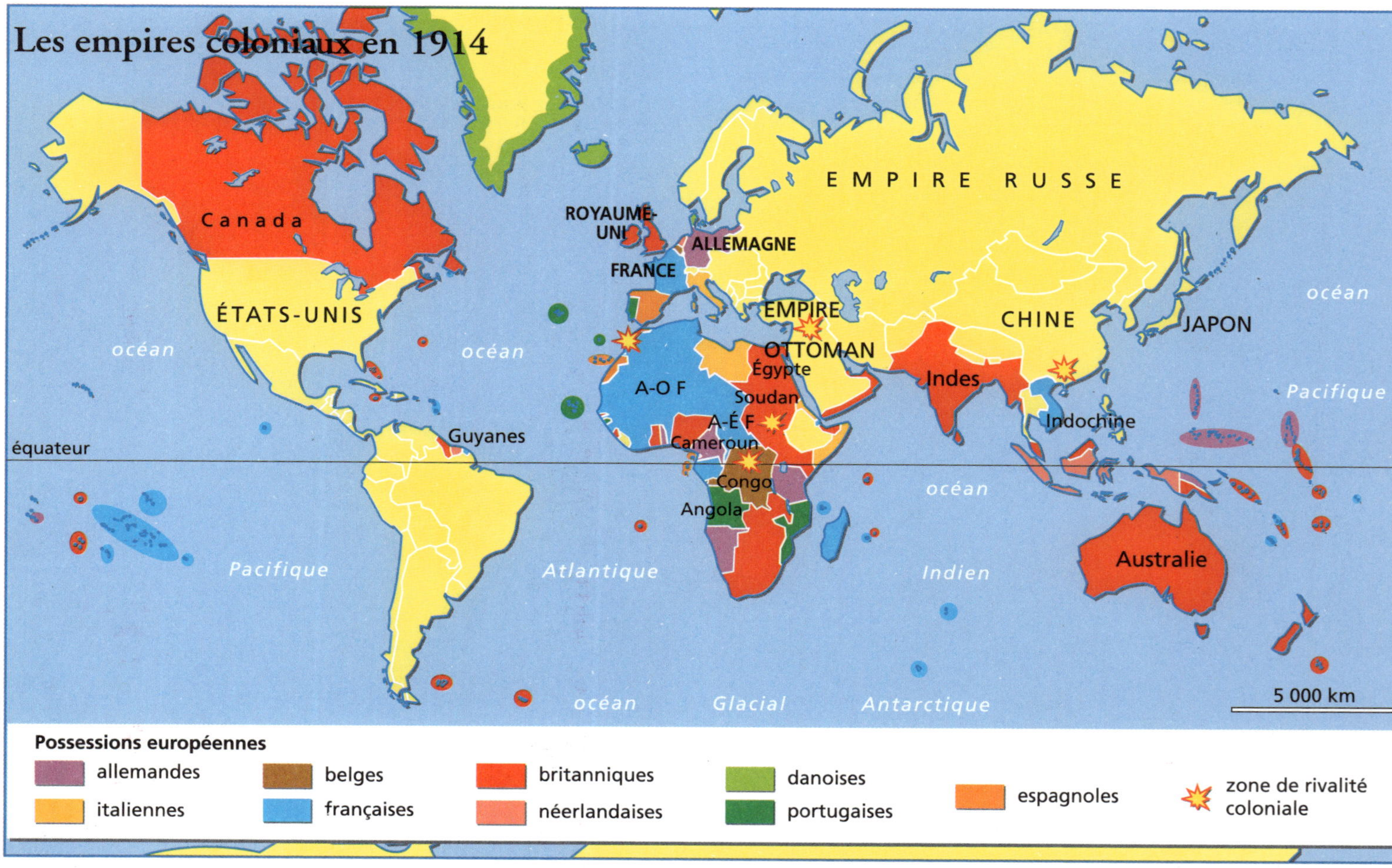